엄마, 결국은 해피엔딩이야!

엄마, 결국은 해피엔딩이야!

초판 1쇄 발행 2013년 10월 25일
초판 25쇄 발행 2021년 1월 21일

글·사진 태원준

펴낸이 金滇玟
펴낸곳 북로그컴퍼니
주소 서울시 마포구 월드컵북로1길 60(서교동), 5층
전화 02-738-0214
팩스 02-738-1030
등록 제2010-000174호

ISBN 978-89-94197-47-0 04810
　　　978-89-94197-48-7 04810 (세트)

Copyright ⓒ 태원준, 2013

· 잘못된 책은 서점에서 바꿔드립니다.
· 이 책은 저작권법에 의해 보호받는 저작물이므로, 저자와 출판사의 허락 없이는 어떠한 형태로도 내용의 전체 또는 일부를 사용할 수 없습니다.

키만 큰 30세 아들과
깡마른 60세 엄마,
미.친. 척. 500일간
세계를 누비다! 02

엄마, 결국은 해피엔딩이야!

글·사진 태원준

북로그컴퍼니

프롤로그

제 여행 파트너를
소.개.합.니.다.

짧은 시간을 사이에 두고 아주 소중한 사람 둘을 잃었습니다. 제게는 아버지, 외할머니였지만 엄마에게는 남편, 어머니였지요. 저 역시 슬픔에 휘청 다리가 풀릴 판이었는데 엄마는 오죽했을까요. 강단 있던 엄마가 가끔씩 눈물을 보였습니다. 그 눈물이 너무 뜨거워 제 가슴이 다 타버렸습니다.

그런 서로를 위한 '힐링캠프'라고 해야 할까요. 아니, 30년 동안 가족만을 살피며 작은 가게를 운영하던 엄마의 인생 2막을 위한 '환갑 선물'이라고 해야 할까요. 엄마와 함께 배낭 하나씩 짊어지고 세계여행을 해야겠다고 마음먹었습니다. 이 여정에서 엄마가 매일 세 번, 더도 말고 덜도 말고 딱 세 번 아무 걱정 없이 신나게 웃을 수만 있다면 그것으로 족하다고 생각했습니다.

세계여행 파트너로 엄마를 초청했다고 하니 혹자는 무모하다 했고, 혹자는 대단하다 했습니다. 하지만 저는 언젠가 한 번은 해야 할 당연한 선택이라 느꼈습니다. 해가 갈수록 엄마가 세계여행을 할 기회는 점점 줄어들 테니까요.

어느 정도 여행이 구체화된 뒤, 하던 일을 그만두고 엄마가 운영하는 작은 가게를 정리하면서 30여 년간 자식을 위해 일해온 엄마의 은퇴 순간을 함께했습니다. 더없는 영광이라 생각합니다. 그날 밤, 누나와 함께 조촐하게나마 은퇴 파티를 준비한 뒤, 어설프게 만든 '세계여행 상품권'을 엄마에게 내밀었죠. 그때 환하게 웃던 엄마의 얼굴을 어찌 잊을 수 있을까요.

　그렇게 엄마와 저는 거침없이 세계에 발을 내디뎠습니다. 칭다오에서 시작해 런던으로 끝나는 장장 10개월간의 여정. 그동안 왜 소소한 말싸움이나 생각지도 않은 위험이 없었겠어요. 언제라도 엄마가 돌아가자, 하면 돌아갈 생각이었습니다. 하지만 엄마는 해냈습니다. 서른 살 저도 힘들었던 세계여행을 예순 살 아줌마가 소화해낸 것이지요. 엄마의 귀국 소감은 더 놀랍습니다. "세계여행, 별거 아니네!"

　세계 어디를 가도 똑같은 질문을 받았습니다. 도대체 왜, 연인도, 친구도 아닌 엄마랑 여행을 하느냐고요. 글쎄요. 연인만큼, 친구만큼 소중한 엄마와 여행을 하면 안 될 이유가 없었으니까요. 그리고 이 여행의 주인공은 처음부터 끝까지 엄마였으니까요. 엄마가 아니었다면 이 여정은 시작조차 되지 않았을 테니까요.

　이 여행을, 그때는 몰랐지만 지금에 와서야 너무 그리워하게 될 시간을 선물해준 아버지께 드립니다. 한국에서 끝없는 지지와 사랑을 전해주고, 이 책을 멋지게 편집해준 누나에게 고마움을 전합니다. 엄마와 제게 늘 큰 힘이 되어준 친지분들께 이 책이 보답이 되었으면 합니다.

여행을 떠난다 했을 때 자기 일처럼 기뻐하던 지인들, 제 블로그 〈둘이 합쳐 계란 세 판, 세계여행을 떠나다〉를 읽어주신 모든 분들, 일면식도 없는 우리를 위해 댓글과 메일로 끊임없는 응원과 격려를 보내주신 블로그 이웃님들께 이 글을 드립니다. 마지막으로 이 이야기에 큰 숨을 불어넣어 세상에 퍼질 수 있도록 도와주신 북로그컴퍼니 식구들께도 감사의 마음을 전합니다.

때로는 드라마처럼, 때로는 시트콤처럼 당신의 눈물 콧물을 쏙 빼놓겠다는 의지를 담아 이야기를 시작하려 합니다. 이 글은 슬픈 이야기가 아닙니다. '놀 줄 아는' 반전 있는 엄마와 그런 엄마를 부추기는 아들이 등장하는 유쾌한 여행기입니다. 저희 여행에 동참하실 분들은 세계지도를 준비하셔도 좋습니다. 웃다가 흐른 눈물을 훔칠 손수건을 준비하셔도 좋습니다. 무엇보다 옆에 있는 엄마의 손을 꼬옥 붙잡으면 더욱 좋겠지요.

자, 그럼 준비되셨나요? 시작해볼까요?

태원준

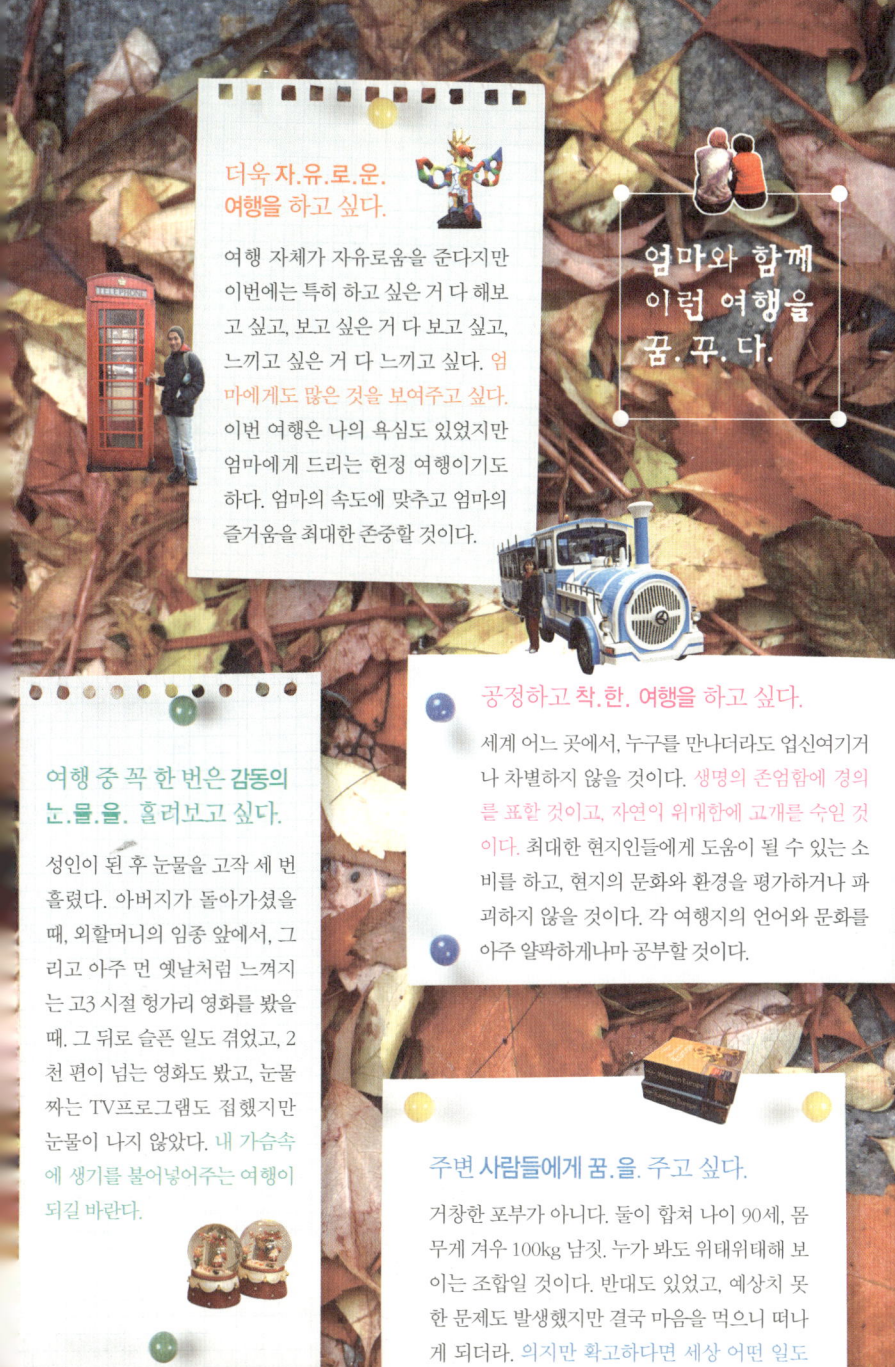

엄마와 함께 이런 여행을 꿈.꾸.다.

더욱 자.유.로.운. 여행을 하고 싶다.

여행 자체가 자유로움을 준다지만 이번에는 특히 하고 싶은 거 다 해보고 싶고, 보고 싶은 거 다 보고 싶고, 느끼고 싶은 거 다 느끼고 싶다. 엄마에게도 많은 것을 보여주고 싶다. 이번 여행은 나의 욕심도 있었지만 엄마에게 드리는 헌정 여행이기도 하다. 엄마의 속도에 맞추고 엄마의 즐거움을 최대한 존중할 것이다.

여행 중 꼭 한 번은 감동의 눈.물.을. 흘러보고 싶다.

성인이 된 후 눈물을 고작 세 번 흘렸다. 아버지가 돌아가셨을 때, 외할머니의 임종 앞에서, 그리고 아주 먼 옛날처럼 느껴지는 고3 시절 헝가리 영화를 봤을 때. 그 뒤로 슬픈 일도 겪었고, 2천 편이 넘는 영화도 봤고, 눈물 짜는 TV프로그램도 접했지만 눈물이 나지 않았다. 내 가슴속에 생기를 불어넣어주는 여행이 되길 바란다.

공정하고 착.한. 여행을 하고 싶다.

세계 어느 곳에서, 누구를 만나더라도 업신여기거나 차별하지 않을 것이다. 생명의 존엄함에 경의를 표할 것이고, 자연의 위대함에 고개를 숙일 것이다. 최대한 현지인들에게 도움이 될 수 있는 소비를 하고, 현지의 문화와 환경을 평가하거나 파괴하지 않을 것이다. 각 여행지의 언어와 문화를 아주 얄팍하게나마 공부할 것이다.

주변 사람들에게 꿈.을. 주고 싶다.

거창한 포부가 아니다. 둘이 합쳐 나이 90세, 몸무게 겨우 100kg 남짓. 누가 봐도 위태위태해 보이는 조합일 것이다. 반대도 있었고, 예상치 못한 문제도 발생했지만 결국 마음을 먹으니 떠나게 되더라. 의지만 확고하다면 세상 어떤 일도 시작할 수 있다는 사실을 알려주고 싶다. 꿈꾸는 자들이여, 떠나라.

Jean

Tartare de bœuf 15.00
Confit de canard 13.00
Saumon béarnaise 13.50
Cheeseburger 17.00
Andouillette aaaaa 15.00
Dos de Cabillaud 13.50

Soupe à l'oignon

차례

004 __ 프롤로그 제 여행 파트너를 소개합니다

MOROCCO 022 __ 도대체 우리 비행기는 어디 간 거야?
032 __ 너희 집 소파 좀 빌려줄래?
042 __ 올 것이 왔다, 라마단
052 __ 라마단에 대처하는 모로코 가정의 자세
064 __ Just Passing By 쉐프샤우엔
066 __ 모로코 천사, 강희삼

TURKEY 078 __ 이스탄불이 제일 예뻐!
089 __ 웰컴 투 힐링 시티
098 __ 이곳은 지구가 아니다
107 __ 우리들만의 추억
114 __ Just Passing By 파묵칼레
116 __ Just Passing By 에페스 유적
118 __ 엄마는 진짜 배낭여행자

ROMANIA 126 __ 공부합시다!
132 __ Just Passing By 티미쇼아라

KOSOVO 134 __ 코소보의 꿈

MACEDONIA 140 __ 단잠과 빨간 사과 한 알의 여유

ALBANIA 145 __ 세상에서 가장 유쾌한 모녀
152 __ Just Passing By 베라트

MONTENEGRO 154 __ Just Passing By 코토르

BOSNIA AND 156 __ 제발 조심 좀 해, 이 자식아!
HERZEGOVINA 163 __ 엄마의 마음

CROATIA	168	사위는 희삼이, 며느리는 아나!
	178	Just Passing By 두브로브니크
	180	Just Passing By 플리트비체 국립공원
HUNGARY	182	20분간의 연애
SLOVAKIA	188	Just Passing By 브라티슬라바
AUSTRIA	190	목숨 건 하이킹
CZECH REPUBLIC	200	Just Passing By 체스키 크룸로프
POLAND	202	역사를 마주하는 두 가지 방법
LATVIA	212	이번엔 버섯 사냥!
ESTONIA	217	엄마, 일단 또 가고봅시다!
FINLAND	226	가을이 아름다운 이유
SWEDEN	230	콰지모도를 만나다
	236	Just Passing By 스톡홀름
	238	초콜릿게이트
NORWAY	245	북유럽 물가는 반칙!
GERMANY	258	누나, 지금이야!
	266	추억의 냄비 자국
	270	Just Passing By 베를린
THE NETHERLANDS	272	Just Passing By 잔세스칸스

SWITZERLAND 274 ___ 재닌의 깜짝 선물
282 ___ 도대체 어디서들 오셨어요?

BELGIUM 288 ___ 잠깐 옛날이야기, 애증의 브뤼셀
296 ___ 벨지움 아파트먼트

ITALY 305 ___ 엄마가 뭘 알아? 엄마는 다 알아!

VATICAN CITY & MONACO & ANDORRA
312 ___ Just Passing By 바티칸, 모나코, 안도라

SPAIN 314 ___ Just Passing By 바르셀로나
316 ___ 마드리드 나이트라이프

PORTUGAL 322 ___ Just Passing By 리스본
324 ___ 동쪽 끝에서 출발한 가녀린 모자, 서쪽 끝에 서다

FRANCE 330 ___ 고마워, 파리!
334 ___ 삼척동자도 알 만한 유명 인사들의 아지트

UNITED KINGDOM 346 ___ 우리는 길 찾기 고수
353 ___ 템즈 강변 따라 마지막 호스트의 집으로
362 ___ Just Passing By 런던
364 ___ 여행의 끝, 여행의 시작

책 속 부록 376 ___ 엄마에게 보내는 편지 by 동익
고마워, 엄마! 그리고 미안해, 엄마!
380 ___ 300일간의 여행 루트
382 ___ 우리가 만난 카우치 호스트

도대체 우리 비행기는 어디 간 거야?

"어? 엄마, 우리가 탈 비행기가 스케줄 모니터에 안 뜨는데?"

"설마… 공항이 여기가 맞아? 알렉산드리아에 공항이 두 개라며?"

분명 이 공항이 맞는데도 엄마의 한마디에 뜨끔해 프린트한 비행 티켓을 다시 살펴본다. 알렉산드리아 보르그 알 아랍공항. 여기가 맞다. 체크인 시간까지 남은 시간은 한 시간 남짓. 더 늦은 시간에 출발하는 비행기들도 이미 출도착 스케줄 모니터에 다 떴는데 우리가 탈 비행기만 감감무소식이다.

"저희가 타야 할 비행편이 스케줄 모니터에 안 뜨는데요?"

공항 안내데스크에 문의하자 직원은 우리의 티켓을 확인한 뒤 어딘가로 전화를 건다.

"문제없습니다. 잠시만 기다려보세요. 곧 모니터에 뜰 겁니다."

그래야죠, 당연히 떠야지요. 너무나 당연한 질문과 대답이 오갔다는 것에 헛웃음이 나온다. 일단 기다려보기로 한다. 10분이 지나고, 20분이 지나고, 30분이 지난다. 그러나 상황은 매한가지다. 나는 다시 안내데스크를 찾는다.

"문제없습니다. 공항관제센터에서 오타를 낸 걸 수도 있으니 기다려보

세요."

아니, 공항관제센터 직원이 PC방 알바생도 아닌데 설마 오타를 낼까. 어이가 없지만 달리 방법이 없어 또 기다린다. 시간이 하염없이 흐른다. 이제 10분만 지나면 체크인 시간이다. 그런데도 우리가 타야 할 비행기는 온데간데없다. 나는 하는 수 없이 다시 안내데스크를 찾는다. 역시나 돌아오는 대답은 '노 프라블룸'. 시간은 계속 흘러가고 비행 스케줄은 여태 정해지지 않았는데 이게 어찌 문제가 아니란 말인가!

결국 체크인 시간이 지나버린다. 될 대로 되라는 심정으로 엄마를 이끌고 출국 게이트로 향한다. 하지만 게이트 직원이 우리를 제지한다.

"죄송합니다만 출국 스케줄 모니터에 해당 비행편이 없습니다."

"내 말이 그 말이에요. 우리 비행편이 모니터에 안 떠요. 어떻게 좀 해줘요."

"아무튼 입장하실 수 없습니다. 안내데스크에 확인해보세요."

내가 이를 악물고 안내데스크로 달려가려던 찰나, 우리를 주시하고 있던 안내데스크 직원이 달려와 또 '노 프라블룸!'을 외친다. 그러면서 긴급히 어딘가로 무전을 보낸다. 갑자기 직원의 표정이 심각해진다. 하지만 여기서 제일 심각해야 할 사람은 엄마랑 나다.

안내데스크 직원이 게이트 직원을 납득시킨 건지 설득시킨 건지 모르겠지만 결국 우리는 체크인 카운터가 있는 내부로 이동한다. 하지만 그곳엔 더 황당한 장면이 연출되고 있다. 20개 정도의 항공사 체크인 카운터가 전부 닫혀 있는 것이다. 직원 한 명, 승객 한 명 없다. 예정대로라면 벌써 발권을 마치고 비행기 탑승을 준비하고 있어야 하는데 도대체 이게 무슨 상황이람?

아무 말도 없이, 아무 생각도 없이 그냥 한 시간을 앉아 있었다. 간간이 깊은 숨을 내쉬던 엄마가 다시 한 번 한숨을 내쉬려는데 갑자기 어두웠던 실내가 환해진다. 그러더니 항공사 체크인 모니터에 카사블랑카행 비행편이 뜬다.

'어? 뭐지, 이건… 설마 몰래카메라?!'

모니터를 보고도 이런 의심이 드는 건 불이 들어온 카운터에 직원이 들어올 생각을 하지 않아서다. 설마 셀프 체크인이란 제도가 있는 건 아닐까, 하며 인터넷을 검색해보려던 순간 직원 하나가 헐레벌떡 뛰어온다. 아까 그 안내데스크 직원이다.

"어? 뭐하시는 건가요?"

"아, 발권해드리려고요."

"아저씨, 공항 직원 아니셨어요? 여기 항공사 직원이세요?"

"아니요, 공항 직원인데요."

"근데 왜 아저씨가 발권하세요? 항공사 직원이 해야 되잖아요."

"지금 항공사 직원들이 다 퇴근해서 제가 대신 해드리려고요."

맙소사, 공항 직원이 항공사를 대신해 티켓을 발권해주는 초유의 사태가 벌어지고 있다. 인천공항 직원이 대한항공 직원을 대신해 티켓을 발권해주고 있는 셈이다. 이 아저씨의 정체는 뭘까? 아니, 대체 이 공항의 정체는 뭘까? 우리는 과연 카사블랑카에 갈 수 있을까? 불안한 내 마음도 모르고 드디어 비행기를 타는구나 싶어 기분이 좋아진 엄마가 끝도 없는 질문을 퍼붓기 시작한다.

"비행기가 어디 있대? 세상에, 이런 경우도 있구나. 그런데 사람이 하나도 없잖아? 우리 비행기가 좀 작은가? 이제 어디로 가야 하는 거야? 카사블랑카는 여기서 많이 멀어? 나는 비행기만 타려고 하면 기분이 좋더라. 그런데 원준아, 우리가 탈 비행기는 도대체 어디 있는 거야?"

글쎄요, 미안한데 나도 잘 모르겠어요, 엄마. 이제 겨우 발권을 끝냈을 뿐인데 우리가 탈 비행기의 이륙 시간은 코앞으로 다가와 있다. 더 이상 뭘 어떻게 해야 할지 모르겠어서 나는 웃고 있는 엄마만 멍하니 바라본다. 이보다 더 황당한 일이 있을까 싶다. 그런데 여권 검사를 받기 위해 도착한 출국 심사대에서도 황당한 일은 이어졌다. 직원을 찾아볼 수 없었던 것이다. 눈에 보이지 않는 건 그들인데 마치 엄마와 내가 투명인간이라도 된 듯한 기분이다. 난감해도 이렇게 난감할 수가 없다.

몇 분쯤 지났을까. 우리를 발견한 공항 경비원이 다가온다. 경찰이나 공항 경비대는 아닌 것 같고, 그냥 아파트 경비 아저씨 같은 친근한 분위기의 남자다. 영어도 못하신다. 내가 심사대를 가리키며 사람이 없다는 시늉을 하자 아저씨가 심사대 근처에 있는 방문을 쾅쾅 두드린다. 하지만 아무런 대답도 들려오지 않는다. 그러자 다시 한 번 엄마와 나를 경악시킬 만한 일이 벌어진다. 귀찮다는 표정의 아저씨가 출국 심사대로 들어가는 것이다. 도대체 아저씨가 왜?! 아저씨는 서랍 속을 뒤져 출국 스탬프를 찾아내더니 이내 우리 여권에 도장을 찍어준다. 엄마 얼굴도 확인 안 했는데?! 나는 푹 눌러 쓴 모자도 안 벗었는데?! 우린 서로 말도 안 통했는데?! '당황'을 계속 씹어 삼키고 있는 내게 엄마가 여행하다보면 이런 일이 종종 있느냐고 묻는다. 있을 리가 있나! 지금까지의 출국 과정은 내가 여행하면서, 아니 내가 살아오면서 겪은 가장 황당한 일이다.

근데 이게 끝이 아니었다. 짐 검사를 위해 검색대에 섰는데 다급히 뛰어나온 검색대 직원이 한국 여권은 처음 본다며 배시시 웃는다. 아니, 여권을 왜 봐요? 짐 스캔 화면을 봐야죠! 한 명뿐인 직원이 넉살 좋게 웃으며 짐 검사도 하지 않고 우리를 보내준다. 내 배낭에 마약이 가득 차 있고, 엄마 가방에 폭탄이 가득 차 있으면 어쩌려고?! 이스라엘 출입국 수속 때

는 되지도 않는 오해와 의심으로 가슴이 답답했는데, 이곳에선 황당함에 머릿속이 하얘진다.

    이 황당함은 줄줄이 비엔나처럼 이어졌다. 황당하게 체크인을 마치고, 더 황당하게 출국 도장을 받고, 더더욱 황당하게 짐 검사를 마친 뒤 대기 공간에 들어섰는데 개미 새끼 한 마리 없다. 면세점은 다 문을 닫았고, 카사블랑카행 비행기가 도착한다는 게이트에도 직원이 없다. 기다리는 승객도 없고 당연히 유리창 밖 활주로에도 비행기가 없다. 완전한 패닉 상태. 여기서도 나는 아무 말 없이 앉아 있다. 비행기를 탈 줄 알고 기분이 좋았던 엄마도 다시금 지쳐간다.

    얼마쯤 시간이 지났을까. 히잡을 두른 아주머니 한 분과 어린 두 아들이 게이트 안으로 들어선다. 나는 너무 반가운 마음에 그들에게 달려가 말을 건넨다.

"혹시 모로코 카사블랑카에 가세요?"

"네, 그런데 갈 수 있을지 모르겠네요."

이 사람들도 우리와 똑같은 상황을 겪었을 터다.

"그런데 총각, 비행기가 뜨긴 뜰 것 같아요?"

    그걸 내가 어찌 알겠는가?! 나도 아주머니도 황당하다는 듯 그냥 깔깔 웃고 만다. 아무튼 동지가 생겨서 그런지 마음이 한결 놓인다. 그렇게 또 한참을 앉아 있으니 아까 우리에게 '노 프라블롬!'을 외쳤던 안네데스크 직원이 황급히 달려온다. 그는 우리가 탈 비행기의 승객이 달랑 우리 뿐이라는 사실을 알려준다. 정말 끝까지 버라이어티하구나. 승객이 다섯 이지만 그래도 비행기는 뜨지 않겠냐며 함께 기다려보잔다. 이거 올인원 고객 감동 서비스다. 공항 안내데스크 직원, 체크인 직원, 게이트 직원. 혼자 1인 3역을 해내고 있다.

저가 항공사라 다섯 명 티켓 값을 합쳐봐야 백만 원도 안 될 텐데 과연 비행기를 운행할까. 게다가 엄마와 나는 파격적인 할인 혜택으로 각각 170달러에 티켓을 예매했다. 이렇게 의심에 의심을 더해가는데 다시 한 번 거짓말 같은 장면이 펼쳐진다. 비행기 한 대가 어둠을 뚫고 들어오는 것이다. 우리 모두의 얼굴에 화색이 돌기 시작한다.

"야호! 우리 비행기다!"

함께 기다리던 모두가 한마음으로 외친다. 비행기가 신속하게 게이트 통로와 접속하자 활주로에 직원 열댓 명이 나와 비행기 점검을 시작한다. 그리고 드디어 게이트가 열린다. 퇴근한 항공사 직원 대신 안내데스크 직원이 직접 비행기 앞까지 우리를 인도한다. 어떤 대안도 없이 '문제없다!'고만 말할 땐 얄미웠지만 이젠 밥이라도 한 끼 사주고 싶다. 그새 정이 든 기분이랄까.

기내 직원은 기장과 부기장, 승무원 넷, 총 여섯 명으로 승객보다 머릿수가 많다. 이런 경우는 자기도 처음이라는 수석 승무원이 우리더러 비행기를 전세 내는 데 얼마냐고 물으며 박장대소한다. 우리도 웃고, 아주머니 가족도 웃고, 데려다준 안내데스크 직원도 깔깔댄다. 지금까지 동고동락한 안내데스크 직원이 환히 웃으며 뒤돌아선 후 우리는 과연 탈 수 있을까 싶던 비행기에 씩씩하게 올라탄다. 공항에서부터 비행기에 탑승하기까지 티켓을 확인한 사람은 기내 승무원이 유일하다. 정말 믿기지 않는 사실이다.

비행기는 예정 시간보다 세 시간이나 늦게 하늘을 가른다. 승무원들은 티켓에 적혀 있는 좌석 대신 다리를 쭉 뻗을 수 있는 맨 앞자리로 우리를 안내한다. (저가 항공사라 비즈니스석이 없는 게 안타깝다!) 수석 승무원이 바로 옆에 앉아 헤죽거리며 기내 안내 방송을 시작한다. 한참 방송을

하던 수석 승무원이 '아놔! 나 진짜 이 안내 방송 계속 해야 해?'라며 너스레를 떤다.

"됐고, 신고 안 할 테니까 자려면 자고, 놀려면 놀아요."

내 말이 떨어지기가 무섭게 진짜지, 라고 말한 수석 승무원이 아주머니 가족에게도 양해를 구한다. 아주머니도 흔쾌히 오케이. 그러자 승무원 전원이 뒷좌석으로 몰려가 순식간에 곯아떨어진다. 와, 진짜 이런 경험을 우리만 해도 되는 걸까?

승무원들은 돌아가며 일어나 돈 주고 사 먹어야 할 기내식과 음료를 공짜로 챙겨주고, 인형이나 여행용품 같은 선물도 안겨준다. 텅 빈 비행기가 그저 신기한 엄마는 틈틈이 기내를 돌아다니며 인증샷을 남긴다. 이거 설마 꿈일까 싶어 창밖을 바라본다. 손에 잡힐 듯한 구름이 한가득 넘실댄다. 두말할 것 없이 생시다! 정신없이 이 특별한 순간을 만끽하고 있는 사이 비행기는 시나브로 카사블랑카에 접어들고 있다.

엄마의 여행 노트 #1

시간으로만 따져본다면 이번 여행은 내 인생의 찰나와도 같을진대 어찌 이 짧은 순간에 이리 많은 선물을 받는 걸까. 하늘 가까이에서 받은 선물은 남편이 준 것일지도, 엄마가 준 것일지도…. 텅 빈 비행기 안에 차오르는 행복이 나를 감싼다.

너희 집 소파 좀
빌려줄래?

"원준아, 엄마가 영어를 못하는데 상관없을까?"
"그럼. 영어 못한다고 쫓겨날 일 없으니까 걱정하지 마."

카사블랑카 대로변의 맥도널드 앞. 엄마와 나는 기대 반, 초조함 반으로 누군가를 기다리고 있다. 이미 여러 매체를 통해 이런 만남이 가능하다는 건 파악했지만 우리에게까지 그런 기회가 돌아올지는 잘 모르겠다. 모로코에서 우린 처음으로 '카우치서핑'이란 걸 시도했다. 소파(카우치, Couch)와 파도타기(서핑, Surfing)의 합성어로 말 그대로 남의 집 소파를 파도타기 하며 여행하는 게 바로 카우치서핑이다. 쉽게 말해 일반 숙소가 아닌 현지인의 집에서 숙박을 하는 것이다.

카우치서핑은 여행을 사랑하는 전 세계의 배낭여행자들의 비영리 온라인 커뮤니티다. 대부분 '신뢰'와 '배려'를 무기로 국경을 초월한 새로운 '우정'을 만들고 싶다는 것이 카우치서핑 이용자들의 기본적인 마음가짐이다. 우리나라엔 다소 생소한 커뮤니티지만 이미 전 세계 500만 명에 가까운 회원들이 카우치서핑을 통해 잠자리를 제공받고, 또 제공하고 있다. 카우치서핑을 통해 자신의 집에 이방인을 초대하는 사람을 '호스트'라 부르고 우리처럼 초대받는 사람을 '서퍼'라 부른다.

스스로 여행에 잔뼈가 굵다고 생각하는 나에게도 카우치서핑은 정말 엄청난 발견이었다. 누군지도 모르는 이방인에게 단지 '인간에 대한 믿음'만으로 자신의 문을 활짝 열어주고 여행을 공유하려는 이들의 커뮤니티가 있다는 사실이 놀라웠다. 한국의 젊은 세대가 그렇듯 나 역시 옆집에 누가 사는지도 모르고 살아왔는데 이토록 뜨거운 인류애가 여전히 활발히 오고 있다는 사실에 마음이 찡했던 것이다.

해서 이 멋진 아이디어를 여행 중 한 번쯤은 꼭 실현해보고 싶었다. 숙박비를 줄일 수 있다는 생각을 안 한 건 아니다. 하지만 그런 생각만으로 카우치 호스트에게 메시지를 보낸다면 그들은 귀신같이 알아채고 거절의 답을 보내온다. 그보단 현지인의 집에서 현지 음식을 먹으며 현지 문화를 체험하고 현지인들과 부대끼며 잠을 잘 수 있다는 사실이 내겐 엄청난 매력으로 다가왔다. 이게 바로 현지의 문화를 섭렵할 수 있는 진짜 여행이 아니겠는가?

하지만 엄마와 여행 중이라는 사실이 발목을 잡았다. 물론 엄마는 호텔이든 호스텔 도미토리든, 하다못해 야간열차나 야간 버스, 그 어디에서도 잘 주무신다. 하지만 언어도 통하지 않는 이방인의 가정집에서 자는 건 좀 생경하고 힘들 거라 생각했다. (후에 나는 이 생각이 얼마나 부질없는 생각이었는지 제대로 깨달았다.) 그래서 머릿속 어딘가에 카우치서핑이라는 옵션은 준비해두고 있었지만 정작 여행 다섯 달이 넘도록 써먹을 생각을 하지 못했다.

그러다 모로코에서 드디어 칼을 빼들었다. 모로코는 시리아 내전 사태로 인해 터키로 가는 육로가 막히면서 우연히 루트에 추가된 나라다. 때문에 나는 모로코에 대한 어떠한 정보도 손에 쥐고 있지 않았다. 심지어 지금 도착한 카사블랑카가 모로코의 수도인 줄 알았다. (모로코의 수도

는 라바트다.) 나는 아무것도 모르는 나라에서 보름 정도의 여행을 계획했기 때문에 여행 전반에 대한 도움이 절실했다. 그때 생각난 것이 바로 이 카우치서핑이다. 여행의 내공이 쌓인 엄마도 이제는 새로운 경험을 두려워하지 않을 거라는 판단이 섰기에 적절한 타이밍이란 생각도 들었다.

"엄마, 이렇게 또 새로운 경험을 하게 되네."

"엄마가 말하지 않았나? 여행을 하니 매일 새로 태어나는 것 같다고!"

나는 엄마를 앞에 두고 껄껄 웃는다. 제법 장기여행자다운 말투와 어휘를 척척 쓰고 있는 엄마가 얼마나 장하고 귀엽던지. 바야흐로 여행 153일째다. 엄마는 여행 전보다 더 말랐고 (과연 더 마를 살이 있을까 싶지만) 가게에만 있어 새하얗던 피부는 붉게 탔다. 하지만 지금이 훨씬 더 건강하고 멋져 보인다. 지금까지 여행을 해오고 있다는 게 신기할 따름인데 엄마가 그 꿈같은 현실을 넌지시 일깨워주니 이 여행, 정말 시작하길 잘했다는 생각이 든다. 나는 바보 같은 표정으로 엄마에게 머리를 내민다. 그러자 엄마가 내 마음을 다 알겠다는 듯 기분 좋게 머리를 쓸어준다.

멀리 모범생 인상에 다부진 체구를 가진 한 남자가 눈에 들어온다. 그 역시 동양에서 온 모자가 한눈에 들어왔는지 환하게 웃으며 우리에게 다가온다. 그러더니 다짜고짜 엄마와 아들을 초대하는 건 처음이라며 반갑게 손을 내민다. 내가 어색하게 악수를 하고 무슨 말을 건네야 하나 망설이자 일단 집으로 가자며 우리를 앞서는 남자. 그렇다. 이 친구가 바로 우리의 첫 카우치 호스트, 필립이다.

"그냥 내 집이라 생각하고 마음껏 있어. 화장실과 샤워실은 이렇게 따로 있고 이쪽이 주방이야. 먹고 싶은 건 다 꺼내 먹고 빨래는 저기 있는 세탁기를 쓰면 돼. 세제가 떨어졌는데 이따 사다놓을게. 아 참, 짐은 이쪽

방에 풀면 돼."

 필립이 방문을 여는 순간 우리는 배낭을 내려놓을 생각도 못하고 멍하니 서로를 쳐다본다. 잠시 후, 나는 나도 모르게 한마디를 내뱉는다.
 "여긴 우리에게 너무 과분해!"
 소파를 개조한 더블베드와 화장대, 탁자와 의자까지 있는 널찍한 방이다. 천장엔 샹들리에가 은은한 빛을 뿜어내고 있고 벽엔 화려한 그림들이 걸려 있으며 고급스런 책장엔 모로코는 물론 전 세계의 여행가이드북이 가득하다. 침대 머리맡엔 스탠드도 갖추어져 있고 방 한편에는 빨래 건조대와 옷걸이까지 있다. 7성급 호텔도 부럽지 않은 이 방은 지금껏 우리가 묵었던 숙소 중 단연 '최고'다. 필립이 여독을 좀 풀라며 옆방으로 들어간 뒤에도 엄마와 나는 방 안에 발을 딛지 못하고 멍하니 서 있다. 와우, 난 그저 작은 카우치를 원했을 뿐인데!

 필립은 나보다 다섯 살 어린 독일 청년으로, 세계적인 선사회사의 카사블랑카 지점에서 일하고 있는 친구다. 필립과 내가 이야기하는 내내 엄마는 우리 두 사람의 얼굴을 들여다보며 알 수 없는 낱말들을 조합하느라 미간을 찡그린다.
 "필립이 뭐래?"
 "응. 스웨덴의 웁살라대학교를 조기 졸업하고 석사 학위까지 받았대. 여기서 3년 있었다고 모르는 건 다 물

어보래."

"첫인상이 아주 똘똘해 보이더니 정말 수재였구나!"

엄마가 엄지를 치켜들자 필립이 엄마의 말을 알아들은 듯 쑥스러운 미소를 짓는다. 엄마도 필립의 반응에 신이 나는지 굿, 굿, 하며 어린아이처럼 웃는다. 알고보니 필립은 한국 잡지 〈한겨레 21〉의 표지 사진에도 등장했던 환경운동가다. 세상에, 이런 인연이 있나! 나는 해당 잡지를 받아보지 못했다고 아쉬워하는 필립을 위해 〈한겨레 21〉 홈페이지에 접속, 기사 전문을 보여준다. 필립의 기사는 지구온난화를 걱정하는 다국적 청년들이 스웨덴 웁살라대학교에서 덴마크 코펜하겐까지, 약 700킬로미터를 자전거로 원정한 이야기였다. 이 친구, 겉모습뿐만 아니라 속마음까지 멋진 친구인걸! 필립은 알지 못하는 언어로 쓰인 기사인데도 마치 뜻을 다 알겠다는 표정으로 흥미롭게 기사를 들여다본다. 반가운 친구를 만난 듯 그의 입가에 웃음이 가득하다. 나는 필립에게 뭔가를 해줄 수 있어 다행이라는 생각에 기분이 좋아진다.

"유, 굿! 멋있어! 컴, 코리아! 오케이?!"

손짓과 한국말, 아는 영어 단어를 조합해 절대 못 알아먹을 수 없게 말하는 엄마의 모습에 필립도 나도 한바탕 웃는다.

필립의 화려한 이력도 흥미로웠지만 정작 엄마와 나의 관심을 잡아끈 건 바로 그의 카우치서핑 경험담이다. 그는 카우치서핑만을 이용해 유럽 일주를 했고, 백 명이 넘는 서퍼들을 자신의 집에 초대한 카우치서핑 베테랑이란다. 그러고보니 카우치서핑 현수막과 스티커들이 집 안 곳곳에 붙어 있다.

카우치서핑에 막 첫걸음마를 뗀 우리가 필립을 첫 카우치 호스트로 맞은 건 행운이다. 그는 카우치서핑에 대한 팁과 조언을 아끼지 않았는데,

이는 신인 선수가 입단하자마자 같은 팀에 있는 전설적인 베테랑의 조언과 지도를 받는 것이나 다름없었다.

사실 나는 카우치서핑을 처음 접하는지라 요청부터가 서툴렀다. 카우치서핑은 '카우치 요청' 버튼을 누른 뒤 메시지를 보내면서 시작된다. 그래야 커뮤니티의 프로세스에 의해 카우치서핑 교류가 시작되는데, 나는 그조차도 몰라 개인 쪽지를 통해 '하룻밤 재워달라.'는 메시지를 세 명의 호스트들에게 보냈다. 당연히 다른 두 명의 호스트들은 나의 메시지를 무시했다. 하지만 다행히 필립이 카우치서핑 요청법을 상세히 적은 답장을 보내줬다. 메시지 끝에는 흔쾌히 우리를 초대하고 싶다는 말도 덧붙여서 말이다. 아마 필립의 조언과 초대가 없었다면 카우치서핑이란 게 꽤 복잡하고 어렵다고 생각해서 아예 시도조차 안 했을지도 모른다. 필립은 수많은 조언 끝에 '이 방은 우리에게 과분해!'와 같은 말들이 서퍼와 친구가 되려는 호스트의 호의를 부담스럽게 느낀다는 이야기로 들릴 수 있다고도 말해준다.

"서로가 서로를 부담 없이 만나면서 친구가 되어가는 게 바로 카우치서핑이야."

"미처 생각지 못했어. 이젠 조심할게! 초대해줘서 정말 고마워!"

내 말에 필립이 생긋 웃는다. 우리는 그렇게 시간 가는 줄 모르고 이야기를 나눈다. 필립을 만나기 전까지는 보통 해가 지기 전에 하루 일정을 마무리하고 숙소로 돌아왔다. 엄마의 체력과 안전을 최우선시한 조치였다. 대부분 2인실에 묵었기에 엄마와 저녁 내내 어제와 다를 바 없는 비슷한 대화를 나누거나 노트북으로 한국 뉴스를 보았고, 가끔 야경을 보러 나갈 때를 빼고는 일찍 잠자리에 들었다. 하지만 카우치서핑을 하면 상황이 완전히 달라질 것이다. 저녁까지 시내 곳곳을 둘러본 후 호스트의 집

으로 돌아오면 또 다른 여행이 시작될 테니까.

 필립의 이야기들은 우리를 자주 놀라게 했는데, 그중 최고는 이 어린 청년이 기혼자였다는 사실이다. 그리고 카우치서핑을 통해 아내를 만났다는 사실! 멕시코인인 그녀는 현재 중동에서 근무 중이며 필립도 올해까지만 모로코에서 일하고 내년부터는 쿠웨이트에서 아내와 함께 일할 예정이라고 한다. 아, 가슴속 저 멀리에 꽁꽁 싸매둔 나의 로맨스 본능에 또다시 습기가 차오른다. 하지만 어쩌랴. 나는 엄마와 함께 여행하는 아들인 것을. 나는 그저 웃을 뿐이다.

 창으로 스며들던 햇살이 점점 옅어지더니 금세 밤이 찾아온다. 카사블랑카에서의 첫날 밤, 카우치 서퍼로서의 첫날 밤이다.

"엄마, 자?"

"아니."

"불편하진 않아?"

"불편하긴! 그동안 이런 여행도 있단 걸 왜 얘기 안 했어? 남의 집 구경하는 게 제일 재밌는데. 게다가 친구도 사귀고 문화 체험도 할 수 있잖아. 아, 밥도 해먹을 수 있고! 우리 이거 매일 하면 안 돼? 매일!"

하하. 역시 우리 엄마다.

올 것이 왔다, 라마단

    당연히 관광객인 우리에겐 해당되지 않는 일인 줄 알았다. 하지만 예상이란 건 빗나가기 위해 존재한다는 걸 여행을 통해 깨달은 지 오래!
    카사블랑카를 떠나는 날 이슬람교의 금식 기간, 라마단이 시작됐다. 아랍어로 '더운 달'을 뜻하는 라마단은 이슬람력 9월에 해당하는 시기로, 무슬림이라면 해가 떠 있는 시간 동안 철저한 금욕 생활을 해야 한다. 다시 말해 라마단을 맞은 무슬림들은 해가 뜨는 새벽 5시부터 해가 지는 오후 8시까지 음식뿐 아니라 물과 담배(모로코인들에게 물과 담배, 아니 물 담배는 떼려야 뗄 수 없는 관계다.), 성관계까지 금기시하고, 침을 삼키는 것조차 조심스러워한다고 한다. 때문에 이 기간 동안 무슬림들의 일상은 라마단 이전, 이후의 일상과는 완전히 다르다. 보통 오후 8시가 되면 아침 식사를 하고 자정쯤 점심을 먹으며 해가 뜨기 전에 저녁을 챙겨 먹은 뒤 오전, 오후엔 잠을 청하는 식이다.
    카사블랑카를 나설 때만 해도 그러려니 했는데 마라케시행 버스 안에서 본 창밖 풍경은 다소 충격적이었다. 도대체 그 많던 아저씨들은 다 어디로 갔을까? 모로코 거리엔 정말 셀 수도 없이 많은 노천카페가 있다. 분위기 좋은 카페라기보다는 전통차를 파는 서민적인 찻집인데, 테이블마

다 한가롭게 차를 마시며 수다를 떠는 남성들로 발 디딜 틈이 없다. 물담배를 뻐끔거리는 이들도 만만치 않게 많다. 이 많은 사람들이 이 시간에 일을 하지 않으면 대체 뭘 먹고 살까, 라는 걱정이 들 만큼 어마어마한 숫자의 남성들이 거리를 메우고 있는 것이다. 우리야 이미 이집트에서 같은 장면을 봐온 터라 익숙하지만 처음 본 사람들은 도대체 이게 무슨 일인가 싶을 만큼 생소할 것이다.

하지만 라마단이 시작되자 거짓말처럼 모든 찻집이 문을 닫았다. 거리를 메우고 있던 아저씨들도 사라졌다. 어제까지만 해도 분출을 멈추지 않던 활화산이 순식간에 얼어버린 것 같다. 한창 점심을 먹을 시간인데 모든 음식점도 문을 닫았다. 간단한 먹을거리를 살 수 있는 길거리 음식점도 마찬가지고 심지어 프랜차이즈 패스트푸드점조차 문을 걸어 잠갔다. 배고픈 우리는 컬처쇼크에 빠져버렸다.

여차저차 모로코 최고의 관광도시 마라케시에 도착했지만 이곳 역시 문을 연 음식점이 전무하다. 가끔 오렌지주스를 파는 가게가 눈에 띌 뿐이다. 우리는 섭씨 50도에 육박하는 폭염과 맞서는 동시에 굶주림과의 싸움에 돌입해야 한다. 이거 참 큰일이다. 많이 먹진 않지만 배가 고프면 예민해지는 엄마에게, 아니 그 예민함을 온몸으로 받아내야 할 나에게 청천벽력과도 같은 상황이다. 나는 바로 비상사태를 선포하고 비상대책위원회를 가동시킨다. 일단은 비축해둔 식량으로 배고픔을 달래보기로 한다. 과자 몇 봉지가 순식간에 사라진다. 과자로 입에 풀칠은 했지만 배만 더 고파질 뿐이다. 엄마의 마른 뺨이 더 수척해 보인다.

"저기, 원준아, 우리 그거 있잖아…."

나는 말을 흐리는 엄마의 얼굴을 보며 비장하게 고개를 끄덕인다. 그러고는 가축의 배를 가르듯 천천히 배낭을 열어 안쪽 깊은 곳으로 손을

집어넣는다. 손끝에 익숙한 무엇이 닿는다. 비상식량으로 아끼고 아끼던 한국의 컵라면이다. 이후엔 기억이 나지 않는다. 정신을 차려보니 우리는 마치 쌍둥이처럼 이 뜨거운 날씨에 뜨거운 라면을 아껴 먹고 있다. 땀이 비 오듯 쏟아지지만 용광로처럼 끓어오르는 라면 국물을 거부할 수가 없다. 천국의 맛이 이러할까. 지금 뺨을 타고 흘러내리는 이 끈적끈적한 액체가 라면 국물인지 땀인지 눈물인지 분간할 수가 없다.

  드디어 해가 저 먼 곳 어딘가로 사라졌다. 우린 빼앗긴 조국의 독립이라도 맞은 듯 감격에 휩싸여 시장으로 달려간다. 시장 음식점엔 이미 우리와 같이 굶주림에 사경을 헤매던 관광객들로 앉을 자리가 없다. 현지 무슬림들도 배가 고프기는 마찬가지. 야시장 광장은 수천 명의 굶주린 이들이 뿜어내는 '쩝쩝' 소리로 가득하다. 수십 톤의 음식이 수천 명의 위장

속으로 놀랍도록 빠르게 흡수되고 있는 것이다. 마치 씨름부, 역도부, 유도부가 연합 회식을 하는 듯하다. 우리는 이미 배를 채웠음에도 불구하고 내일의 배고픔을 예상하며 눈앞의 음식을 모조리 입 안으로 밀어 넣는다.

  하지만 밤이 가고 아침이 오자 고난은 다시 시작되었다. 밤에 사다놓은 빵과 음료로 배고픔을 달래보지만 헛배만 찰 뿐 포만감은 느껴지지 않는다. 오후 3, 4시도 아니고 8시까지 버틴다는 건 그렇지 않아도 배고픈 장기여행자에겐 재앙이나 다름없다. 엄마는 환갑 먹고 이게 웬 보릿고개냐며 비탄에 잠긴 지 오래다. 그런 엄마를 위로하기 위해 아껴둔 샌드위치를 건넨다. 그런데 아뿔싸! 나와 엄마의 호흡이 안 맞아 샌드위치가 바닥으로 낙하하고 만다. 그 장면이 슬로모션처럼 보이는 건 나 혼자뿐일까. 엄마와 나는 먼지 속에서 뒹구는 샌드위치를 한참 동안이나 멍하니 쳐다본다. 후반전 추가시간에 내어준 통한의 결승골도 이렇게 충격적이지는 않을 것이다. 늘 차분하고 침착하던 엄마가 갑자기 화를 내기 시작한다. 반 년간 이어진 여행에서 숱한 고난과 역경을 겪으면서도 도리어 아들을 격려하고 여유롭기만 하던 엄마가 화를 내다니! 샌드위치도 울고 나도 울고 엄마도 운다.

  결국 우리는 이 상태로 한 달을 버틴다는 건 여행 최대의 위기가 될 수 있다고 판단, 돌발 행동에 나서기로 했다. 우리는 현지의 문화와 관습, 종교와 역사를 존중하는 여행을 추구해왔다. 라마단 역시 무슬림들의 신성한 종교의식이라고 생각하고 겸허히 받아들이기 위해 노력했다. 하지만 이번만큼은 어쩔 수 없다. 먹어야 산다. 여행자는 먹어야 움직일 수 있다. 해가 중천에 떠 있음에도 우리는 먹을거리를 찾아 돌아다녔다. 다행히 비상시를 위해 운영 중인 빵집이나 구멍가게들을 찾을 수 있었다. 그곳에서 어렵게 구한 과일과 빵을 도로 한가운데서 뜯어 먹었다. 하지만 이 조차도 만만치가 않았다. 드문드문 지나가던 무슬림들이 다가와 무서운 눈빛으로 먹지 말라는 시늉을 했기 때문이다. 하지만 우리는 굴하지 않았다. 땀을 뻘뻘 흘리며 근성 있게 빵을 뜯었다. 목에 칼이 들어온다 해도 집요하게 빵을 뜯었을 것이다.

하지만 점차 이런 행동도 어려워졌다. 한번은 겨우 구한 귀한 부침개를 광장 구석에서 먹고 있는데 동네 꼬마들이 단체로 뛰어와 우리를 조롱하기 시작했다. 손을 휘휘 저으면 흩어졌다가 다시 성가신 파리처럼 달라붙었다. 친절한 아저씨가 관광객들 괴롭히지 말라며 신발을 벗어들고 꼬마들을 물리쳐줬지만 우리의 마음이 편할 리 없었다. 아이들의 조롱도 그렇고 이들의 문화에 어긋나는 일을 한다는 게 미안했다.

해서 우리는 작전을 바꾸기로 했다. 음식을 먹을 만한 인적이 드문 장소들을 물색하기 시작한 것이다. 사람들이 거의 다니지 않는 외진 골목길에서 삶은 계란을 씹어 먹었고, 인기척이 나면 봉지에 먹던 걸 다 집어넣은 후 딴청을 부렸다. 은행 ATM기 부스 안에서 급히 빵 한 조각을 헤치우기도 했고, 한적한 나무 그늘에 숨어들어 코로 들어가는지 입으로 들어가는지 모르게 음식을 넘기기도 했다. 참담한 기분이 들었지만 그래도 배고

엄마의 여행 노트 #2

보릿고개 시절, 그때도 참 예뻤던 큰언니는 여러 상점에서 일하던 청년들의 마음을 사로잡았었는데, 큰언니는 기억할까? 큰언니가 심부름을 가면 그 청년들이 빵도 하나 더 얹어주고, 쌀도 한 줌 더 올려주던 그 시절, 우리는 참 뭘 먹어도 배가 고팠어. 그리고 지금, 나는 매일 허기에 시달리지만 추억을 곱씹어 배를 채우게 되네. 여행이란 과거와 현재를 자꾸만 이어주는 것 같아.

품이 우선이었다. 뜻하지 않게 음식의 중요성을 이리도 뼈저리게 느끼게 되다니. 아, 이것이 여행이로구나.

문 닫은 가게의 천막 뒤에서 몰래 음료를 마시던 엄마가 말한다.

"그래도 지나고 나면 이게 다 재밌었던 추억으로 기억되겠지?"

나는 차마 이제 고작 일주일이 지났다는 말로 엄마의 가슴에 비수를 꽂을 수 없었다.

"응, 이제 조금만 버티면 돼."

'조금만'이란 단어를 말할 때 엄마의 눈동자가 흔들린다. 떨리던 눈동자는 내게 '이 자식, 어디 엄마 앞에서 되도 않는 뻥을 쳐!'라고 말하는 듯하다. 끝내 입 밖으로 내뱉지 못했지만 우리는 이미 알고 있다. 이 가슴 찢어질 듯한 고통이 오래가리라는 것을. 어떡해서라도 적응하고 극복해야 한다는 것을.

우리는 타오르는 목마름으로 말없이 음료를 홀짝거린다.

라마단에 대처하는
모로코 가정의 자세

모로코의 천년 고도이자 만 개의 골목을 지녔다는 페스. 이곳의 카우치 호스트 수카가 손님방으로 우리를 안내하더니 이내 어둠 속으로 사라진다. 정오에 가까운 시간이지만 집 안이 몹시 어둡다. 라마단 기간이란 걸 다시 한 번 깨닫는다.

꼬르륵. 엄마 배에서 난 건지 내 배에서 난 건지 모를 배고픔의 아우성이다. 페스로 오는 동안 우리는 아무것도 먹지 못했다. 잠시 후 이런 사정을 훤히 안다는 듯 수카가 몰래 먹으라며 모로고 전통 과자를 가져다준다. 엄마의 얼굴이 갑자기 환해진다.

페스 중앙역에서 만난 수카는 170센티미터가 훌쩍 넘는 늘씬한 키에 히잡을 두른 대부분의 모로코 여성들과 달리 청바지에 반팔 티셔츠를 입은 자유분방한 모습이라 굉장히 눈에 띄었다.

그녀는 어머니와 남동생을 비롯해 세 분의 이모님들과 함께 살고 있었는데 삼촌과 조카들도 자주 놀러 와 자고 간다고 하니 집은 늘 사람들로 복작댈 게 분명했다. 지금 모든 식구들은 거실에서 곤히 자고 있다. 라마단을 이겨내기 위한 이들의 방식이다. 수카가 눈을 좀 붙이겠다며 거실로 나가자 엄마도 피곤하다며 수카를 따라 나가 그녀의 이모님들 사이에 눕

는다. 아, 정말 대단한 적응력이다. 그간 엄마를 핑계로 카우치서핑을 시도하지 않았던 내가 바보 같이 느껴진다. 잠든 사람들을 보고 있으니 나도 잠이 쏟아진다. 에라, 모르겠다. 나도 소파에서 잠든 가족들 틈에 자리를 잡고 눈을 감는다.

부스럭거리는 소리에 잠이 깬다. 시계를 보니 오후 3시다. 엄마가 곤히 자고 있는 수카네 가족들 사이에서 살금살금 빠져나오고 있다. 단지 눈만 마주쳤을 뿐인데 우리는 서로가 무지 배고프다는 것을 직감한다. 나도 조심스레 소파에서 기어 나와 간단한 짐을 챙겨 엄마와 집을 나선다.

아, 정말 라마단은 너무도 혹독하다. 우리는 또 어딘가에 있을 문 연 상점을 찾아 거리를 누빈다. 그나저나 수카네 가족들은 정말 해가 져야 일어날까? 그간 유지하던 삶의 패턴까지, 아니 본능까지 바꿔가며 종교의식을 실행하는 건 그들에게 어떤 의미일까?

이런저런 생각을 하며 길을 걷다가 드디어 작은 구멍가게를 발견한다. 일단 목을 축이기 위해 음료수 두 병을 산다. 허겁지겁 뚜껑을 따는 우리를 지켜보던 주인아저씨가 갑자기 우리를 음침한 지하실로 이끈다. 당구대와 TV가 있는 작은 공간이다. 아저씨는 이곳에서 눈치 보지 말고 마음껏 마시라고 한 뒤 급하게 지하실 계단을 오른다. 아무리 관광객이라도 자신의 가게 앞에서 음료수를 마시게 한다는 게 못내 부담스러웠던 모양이다.

오, 라마단이여!

우리는 시장과 거리를 돌며 먹을 것을 찾아다녔지만 무참히 실

MOROCCO

패하고 결국 빈손과 빈 배로 수카네 집으로 돌아온다. 오후 8시까지 두 시간이나 남았지만 수카네 집은 이미 식사 준비로 분주하다. 맛있는 냄새를 쫓아 콧구멍을 벌름거리며 수카네 가족들과 인사를 나눈다. 특히 이모님들이 또래인 엄마의 방문을 무척이나 반긴다. 엄마를 에워싸고 통하지도 않는 언어로 연신 질문을 쏟아내는 것도 흥미로운데, 더 재밌는 건 엄마도 전혀 알아듣지 못하면서 한국말로 대답을 늘어놓고 있다는 거다. 혹시 저분들이 나만 모르는 언어로 대화를 하고 있는 게 아닐까, 라는 생각이 들 정도로 수많은 이야기(?)가 오가고 있다.

카우치서핑 마니아인 수카는 우리가 나간 사이에 또 다른 카우치 서퍼 두 명을 초대했다. 세계일주 중인 중국계 캐나다인 에릭과 오토바이로 모로코를 일주 중인 이탈리아인 루카가 그들이다. 수카까지 포함해 또래인 우리 넷은 영어로 쉴 새 없이 서로의 여행 이야기를 쏟아내고, 역시나 또래이신 이모님들과 엄마는 여전히 손짓·발짓·몸짓을 섞어가며 심오한 내화를 나눈다.

오후 7시쯤 되니 식탁이 음식으로 가득 찬다. 수카의 사촌과 조카까지 놀러 와 수카네 가족은 순식간에 열일곱 명으로 불어난다. 모두가 김이 모락모락 나는 식탁을 보며 입맛을 다시고 있지만 음식을 건드리는 사람은 없다. 슬슬 해가 지고 있을 뿐 햇살이 완전히 사라진 건 아니니까.

내가 하염없이 밥상을 쳐다보고 있자 수카가 해가 지자마자 밥을 먹기 위해 이렇게 미리 밥상을 차려놓은 거라고 설명해준다. 아무렴. 모두가 배가 고플 테니까. 하지만 이건 정말 고문이라고! 스무 명이 넘는 사람들이 거실에 모여 앉아 두런두런 이야기를 나누고 있지만 모두의 머릿속엔 음식 생각뿐일 터다. 에릭과 루카도 정말 참기 힘든 시간이라며 입맛만

다신다. 그래도 현지 가정에서 현지 무슬림과 함께하는 라마단 체험이라니… 이건 정말 돈 주고도 하기 힘든 경험이다. 엄마는 그새 이모님들과 절친한 친구가 되었다.

'아기다리고기다리던' 밤이 찾아왔다. 해가 꼴깍 넘어가자 이 대가족과 외국인 여행자들은 누가 이야기하지 않았는데도 각자 자리를 잡고 앉아 식사를 시작한다. 감사를 표할 겨를이 없다. 엄마와 나는 쉴 새 없이 숟가락을 움직여 음식들을 해치운다. 모로코의 전통 부침개와 전통 과자, 전통 음료까지, 일흔 살은 되어 보이는 수카의 큰 이모님이 준비하신 음식들은 하나같이 맛이 좋다. 물론 굶주림 때문이기도 하겠지만 자극적이지 않고 달짝지근한 모로코 음식들은 정말 입안에서 살살 녹는다. 완벽한 현지 식사를 맛볼 수 있다는 것. 카우치서핑의 장점이 한 가지 더 추가된다. 한국에 와서 된장찌개에 나물과 김치, 후식으로 숭늉까지 먹는 외국 여행자들이 몇이나 있겠는가? 그것도 현지 가정에서!

너무나 맛있고 귀한 음식을 대접받은 엄마와 나, 에릭, 루카가 나서서 식탁을 치우고 설거지를 한다. 수카네 이모님들은 우리를 막으며 만류하고 다른 친지들도 그릇은 그냥 놔두라며 미소를 짓는다. 정말 훈훈한 풍경이다. 정리를 끝내자마자 수카의 어머니와 이모님들이 거실에 모여 앉아 밀가루 반죽을 하며 또다시 음식을 준비한다.

"수카, 저거 설마 우리 주려고 또 뭘 만드시는 건 아니지? 배불러."

"아니야. 밤 12시쯤에 또 먹어야 하니 바로 음식을 준비하시는 거야. 라마단 기간엔 먹을 수 있을 때 많이 먹어서 체력을 비축해야 하거든."

역시 그런 심오한 뜻이 있었군. 신성한 마음가짐으로 라마단을 보내는 이들도 인간의 근원적 욕망인 배고픔은 쉽게 참아낼 수 없는 것이다. 이 모든 상황이 이방인에겐 여러모로 신기한 경험이다.

 어둠이 깔리자 수카가 꽃단장을 시작한다. 약속이 있나보다 했는데 난데없이 나와 에릭, 루카에게 나갈 준비를 하라고 한다.
 "해가 지면 마음껏 먹고 놀아도 돼. 내가 너희들에게 모로코의 색다른 모습을 보여줄게!"
 수카 말의 요지는 젊은 친구들끼리 나가 놀자는 건데 나는 엄마한테 미안하기도 하고 혼자 두는 게 걱정되기도 해서 선뜻 대답하지 못한다. 하지만 엄마는 이미 열 명이 넘는 이모님들과 삼촌들에게 둘러싸여 있다. 노트북 속 사진을 가리키며 지난 무용담을 이야기하는 (물론 한국말로) 엄마를 바라보는 얼굴들이 반쯤 입을 벌리고 있다. 그러다가 엄마의 말이 끝나기라도 하면 옅은 환호성을 내뱉는다. 엄마는 아들과 함께 세계여행을 하고 있을 뿐인데 영웅으로 대접받고 있다. 그런데 저분들, 엄마의 말을 도대체 어떻게 알아듣는 것일까? 나의 걱정이 무색할 만큼 엄마가 이리 잘 '놀 때'마다 머릿속에선 '너나 잘 하세요.'라는 차분한 여배우의 목

소리가 들리는 것 같다. 나는 엄마에게 미소를 날리고 젊은이들과 함께 집을 나선다.

수카는 모로코의 자유분방한 젊은이들로 발 디딜 틈 없는 락카페로 우리를 안내한다. 수카, 너 한때 껌 좀 씹던 언니로구나. 나는 자리에 앉자마자 급하게 메뉴판을 뒤진다. 이집트에서부터 모로코까지, 장장 한 달이 넘도록 맥주를 마시지 못했다. 이런 곳이라면 시원한 맥주가 있을 것 같았다. 하지만 역시나. 모로코도 이슬람 국가다. 고로 내게 술을 허락할 리 없다. 나는 잠시 비통에 잠겨 아무 말도 하지 못한다. 하지만 '배부르게 먹을 수 있다!'라는 생각이 들자 다시 겸허하게 모든 걸 받아들이게 된다. 아무렴, 배부르게 먹을 수 있는 게 어디야!

떠들썩한 테이블로 음료수와 물담배가 배달된다. 사실 나는 담배 연기조차 들이켜지 못하는 샌님이다. 하지만 이집트와 모로코 거리에서 물담배를 피는 아저씨들을 하도 많이 본지라 꼭 한 번 도전해보고 싶었다. 수카가 알려준 대로 몇 번 물담배를 뻐끔거리자 묘하게 몸과 마음이 노곤해진다. 이 맛에 담배들을 피는 거구만! 여행이라는 공통분모로 똘똘 뭉친 국적 다른 네 젊은이가 연신 물담배를 나눠 피우며 급속도로 가까워진다.

수카가 좀 개방적이다 했더니 역시 얼마 전까지 세계를 돌아다니며 여행 가이드를 했었단다. 우리는 여행과 카우치서핑에 대한 예찬론을 펼치며 끝없이 대화를 이어간다. 다들 여행엔 일가견이 있는 친구들이라 말도 잘 통한다. 가령 한 명이, "거기 이름이 뭐였더라? 오토바이 엄청 많고 대도시인데 오토바이에 소, 돼지도 막 싣고 다니는 복잡한 도시."라고 말하면 남은 셋이 동시에 "하노이!"라고 외치는 수준이다.

잠시 뒤엔 수카의 모로코 친구들까지 합류한다. 젊은이들로 둘러싸인 테이블 위에 콜라와 주스가 깔려 있다는 사실이 좀 웃기다. 우리나라였으면 맥주병과 소주병이 나뒹굴고 있을 텐데. 앞에 놓인 '하와이'(열대과일 맛의 모로코 최고의 인기 음료)를 보고 있자니 '소맥' 생각이 간절해진다. 하지만 지금 이곳의 열기는 소맥을 마신 사람들만큼이나 격정적이고 활기차다. 우리의 목소리가 시끄러운 음악을 헤치며 주변을 가득 채운다.

∴

 수카네서 지내는 마지막 날이다. 어제 저녁에는 이탈리아 친구 루카가 우리 모두를 위해 자국의 대표 요리인 스파게티를 만들었다. 한바탕 식사를 끝낸 젊은이들은 수카를 따라 집 근처 리조트에 있는 수영장으로 몰려갔다. 한밤중에 수영을 즐기고 춤을 추는 젊은이들을 보니 여기가 내가 알고 있던 이슬람 국가 모로코가 맞나 싶었다. 역시 현지 친구가 생기니 여행자가 닿기 힘든 그들만의 아지트에 가볼 수 있고, 그들의 속살까지 들여다볼 수도 있다. 카우치서핑의 매력 포인트 한 단계 또 상승!
 계속 신세만 졌으니 오늘은 엄마와 나도 가만있을 수 없다. 우리는 머리를 맞대고 고민하다가 비빔밥을 만들어 저녁을 대접하자는 결론을 내린다.
 "수카, 오늘 저녁은 우리가 한국 음식을 준비할게."
 "와우! 한국 음식은 처음이야. 그러면 우리 친척들까지 모두 부를게!"
 "어… 그, 그래. 친척분들이 오시면 나도 기쁠 거야."
 말은 그렇게 했지만 갑자기 부담감이 엄습해온다. 괜히 마음이 급해진 나는 엄마의 손목을 잡아끌어 집을 나선다. 장을 보기 위해 나선 걸음이지만 자꾸만 페스의 멋진 풍경들이 발목을 잡는다. 천년 동안 단 한 번도 바뀌지 않았다는 구시가지에는 수많은 골목길이 미로처럼 나 있어서 시

선을 잡아끄는 장면이 한둘이 아니다. 특히 염색 공장 '탄네리'의 모습이 이색적이다. 어제도 본 장면이지만 다시 봐도 장관이다. 수백 개는 되어 보이는 구덩이마다 염료를 탄 물이 가득하고, 그 안에 들어가 천이며 가죽 등을 염색하는 인부들의 모습이 입을 벌어지게 만든다.

"와… 대단하네, 엄마."

"응. 그런데 마음이 좀 무겁다. 멀리서 볼 때는 멋졌는데, 가까이서 보니 저 사람들 몸에 다 염색이 되어 있어. 측은해."

엄마의 말에 카메라에서 눈을 떼고 인부들을 살피니 정말 몸이 성한 곳이 없어 보인다. 사람을 가까이 들여다보면 삶의 고단함이 보이기 마련일까. 그런 고단함을 나보다 엄마가 먼저 느낀다는 게 왠지 서글퍼진다. 바람 한 줄기가 불자 지독한 염료 냄새가 훅 끼쳐온다. 우리는 왠지 모를 숙연함을 가슴에 담은 채 골목을 돌아 나온다.

이제 정말 장을 봐야 한다. 대한민국 대표 요리이자 외국인들도 거부감 없이 먹을 수 있는 비빔밥 재료를 공수하기 위해 우리는 발 빠르게 움직인다. 호박과 당근, 무 등은 어렵지 않게 구한다. 하지만 각종 나물과 고추장이 문제다. 고민 끝에 양상추, 가지, 양파 등으로 나물을 대신하고 고추장 대신 칠리소스와 간장으로 간을 하기로 한다.

수카네 집으로 돌아오니 멕시코에서 온 카우치 서퍼 마리아와 그녀의 어머니도 와 있다. 정말 수카네 집은 카우치서핑의 요새 같다. 엄마는 그간 다져온 음식 실력을 유감없이 발휘하며 신속하고 정확하게 비빔밥 제조에 들어간다. 손놀림이 보이지 않을 정도로 빠른 칼질 속에서 야채들이 일정한 크기로 잘린다. 이렇게 준비된 열 가지 이상의 고명 위에 계란프라이까지 얹으니 내가 봐도 먹음직스러운 비빔밥이 완성된다.

엄마가 준비한 음식들을 식탁으로 옮기자 집 안의 모든 사람들이 몰려

와 이토록 컬러풀한 음식은 처음 본다며 열광한다. 맛에 대한 반응도 좋다. 한 그릇씩 더 먹는 건 물론이요, 완벽한 건강식이라고 칭찬 일색이다. 그간 받아먹기만 했던 엄마와 나는 이렇게 밥을 대접할 수 있다는 데에 신이 난다. 역시 받는 것도 기분이 좋지만 주는 건 더 기분이 좋다.

다음 날 아침, 식구들과 일일이 포옹을 나눈 뒤 아쉽게 발걸음을 돌린다. 집을 나서자마자 엄마는 카우치서핑을 극찬하며 '보통 사람들은 알지도, 꿈꾸지도 못할 새롭고 놀라운 여행법'이라는 깔끔한 한 줄 논평을 남긴다.
"엄마, 아예 카우치서핑만으로 여행해도 되겠어."
"그러게, 다시 생각해도 이런 여행이 있다는 게 신기해. 현지 친구들을 만나는 것도 재밌고 숙소비도 안 들잖아."
"에이, 애들이랑 수영장 가고, 카페에서 놀고, 비빔밥 하고 선물 주고 하니까 돈은 오히려 숙소비보다 더 많이 나갔어."
"그래도 같은 돈 나갈 기면 친구들 만나 쓰는 게 훨씬 낫지. 엄마는 어떻게 요청하는지 모르니까 네가 열심히 좀 해라. 그리고 카우치서핑 친구들한테 비빔밥은 무조건 해주자. 우리도 맛있게 먹을 수 있고 한국 음식과 문화도 알릴 수 있잖아. 아주 일석이조다! 일석이조!"
그렇게 우리는 모로코에서의 마지막 카우치서핑을 위해 탕헤르로 향한다.

Just Passing By
쉐프샤우엔

모로코 여행 중 만난 파란 나라, 쉐프샤우엔. '파란 나라를 보았니?'로 시작되는 동요가 절로 흘러나오는, 세상의 어떤 푸른 색보다도 농도 짙은 파란색으로 뒤덮여 있는 곳이다. 나는 센스 있게 파란 옷으로 갈아입고 푸른 바다와도 같은 수많은 골목을 유유자적 걸어 다녔다.

"엄마, 이 마을에선 파란색을 쓰지 않으면 건축 허가가 나지 않는대."라는 시시한 농담을 건넸는데 엄마가 당연한 일이라며 고개를 끄덕였다. 장난기가 발동한 나는 거짓말이라는 걸 알리지 않았다. 엄마는 지금까지도 그 농담이 사실이라고 믿고 있을 거다.

모로코 천사,
강희샴

"세상에서 가장 아름다운 모자를 모시게 되어 영광입니다."

탕헤르의 카우치 호스트 히샴의 첫마디에 모자의 마음은 완전히 무장 해제된다. 선한 인상만큼이나 따뜻한 마음을 가진 히샴. 그는 내가 카우치서핑 요청 메시지를 보냈을 때부터 감동적인 답변을 보내왔다.

'와우, 당신들의 여행은 정말 놀랍고 아름다워. 혹시 다른 호스트에게 메시지를 보냈다 하더라도 부디 우리 집에서 묵고 가. 내가 당신들의 첫 탕헤르 가이드가 되기를 진심으로 원해.'

메시지에서도 볼 수 있듯 히샴은 따뜻한 도시 남자였다. 나긋나긋한 말투도 그렇고, 행동 하나에도 배려가 넘친다. 차를 몰고 나온 그가 자신의 차(현대 차)를 가리키며 우리를 위해 특별히 구입했다고 너스레를 떨자 엄마가 엄지를 세우며 말한다.

"초대해줘서 고마워."

엄마의 한국말에 살짝 놀란 히샴이 나를 슬쩍 바라본다. 그러다 이내 무슨 말인지 알겠다는 듯 엄마를 바라보며 활짝 웃는다. 언제부터인지는 모르겠지만 엄마의 한국말은 국제어가 되어버렸다. 정말 신기하다, 라고 말하며 큭큭대는 나를 히샴도 엄마도 의아하다는 듯 바라본다. 아쉽게도 나의 말은 국제어가 될 수 없는 모양이다. 뻘쭘한 마음에 얼른 차에 올라탄다. 곧 현대 차가 탕헤르를 시원하게 내달린다.

탕헤르는 푸르디푸른 지중해에 위치한 아름다운 해변도시다. 때문에 이웃 대륙인 유럽에서도 소문난 관광도시란다. 히샴의 집은 말만 들어도 꿈에 잠길 것 같은 지중해 바로 앞에 위치한 고급 아파트의 로열층이다. 그의 집에 들어서자마자 엄마와 나는 커다란 발코니 창문에 달라붙는다. 창밖으로 가슴 시릴 만큼 아름다운 바다가 펼쳐져 있었기 때문이다. 다이빙을 하면 닿을 듯 가까이에 있는 지중해가 하얀 물보라와 무지개를 반짝이며 우리의 환호에 화답한다. 그간 아름다운 바다를 많이 봐왔는데 바닷가에 살고 싶다는 생각을 하게 만든 바다는 탕헤르의 바다가 처음이다.

"한국에 가면 엄마도 이런 집 사줘!"

나의 감상을 깨는 엄마의 한마디. 순간 어떻게 대답해야 할지 몰라 머뭇대는데 마침 히샴이 점심을 먹자며 모로코 전통 죽을 내온다.

"엄마, 밥이래!"

내 말에 엄마가 히샴 쪽으로 고개를 틀더니 이내 전통 죽으로 관심을 돌린다. 아, 다행이다. 어? 근데 라마단은?

"아유, 나도 라마단 때문에 힘들어 죽겠어. 밖에서는 안 먹지만 집에 있을 땐 못 참고 그냥 먹어. 하하하."

건축 공부를 위해 파리와 스페인 등에서 생활해서인지 히샴은 비교적 종교로부터 자유로워 보인다.

"건축가면 건물도 많이 지었겠다. 시내에서 볼 수 있는 건물이 있어?"

나의 질문에 히샴이 수줍게 웃더니 생각지도 못한 이야기를 꺼낸다.

"지금 이 아파트가 내 작품이야."

와우! 족히 60평은 되어 보이는 이 넓은 집이 히샴이 건축한 아파트라니. 히샴은 건축가이신 아버지의 회사에서 일하면서 이 아파트 건축을 총괄했단다. 이 친구 완전 엄친아다.

"대단해, 히샴!"

쑥스럽다는 듯 웃는 히샴을 앞에 두고 그에게 들은 이야기를 엄마에게 속사포로 통역하자 엄마가 더 열광한다. 하도 심성이 따뜻해서 마음에 꼭 드는 청년이었는데, 능력까지 있다며 무한 호감을 드러내는 것이다. 그 호감은 곧 엄마들 특유의 환심으로 뒤바뀐다.

"윤미 신랑감으로 딱이네. 우리가 탕헤르에 있을 게 아니라 윤미를 여기로 불러야겠다."

엄마들이란. 하지만 이거 괜찮은 생각이다. 누나는 주택보다 아파트를 선호하고 산보다 바다를 좋아한다. 그리고 남자도 좋아한다. 이제 마음만 생기면 되는 것이다. 나는 머릿속에 누나와 히샴이 차렷 자세로 정면을 바라보는 장면을 연출해본다. 어울리나? 음, 어색하게 서로를 흘깃대는 모습까지 그려본다. 그러자 웃음이 터져 나온다. 지금 내가 뭘 하고 있

는 거지? 내 코가 석 자인데. 히샴과 엄마가 또 한 번 의아한 눈빛으로 나를 쳐다보지만 이번에는 웃음이 멈추질 않는다.

"어머니, 다 드셨으면 나가볼까요?"

히샴이 우리에게 탕헤르의 모든 것을 보여주겠다는 의지를 불태운다. 그는 내일이 마침 공휴일이라 우리와 함께 이틀간 돌아다닐 수 있어 너무 기쁘다고까지 말한다. 엄마는 히샴의 달디단 에스코트에 마음이 녹아내린다. 그를 바라보는 눈빛이 아들을 바라보는 것보다 더 흐뭇하니 말 다했다. 히샴은 차에 올라타자마자 음악을 크게 틀어 자신의 달뜬 기분을 표현한다. 카우치 호스트가 도시를 구경시켜주는 건 이번이 처음이다. 우리는 너무도 따뜻한 히샴의 환대에 정신을 못 차리며 기꺼이 '히샴 투어'에 참가한다.

히샴과 나는 동년배라 금세 친해진다. 지중해가 한눈에 들어오는 언덕을 등지고 나란히 사진을 찍기도 하고, 탕헤르 구시가지 골목에서 온갖

유치한 장난을 치며 엄마의 눈 흘김을 받기도 한다. 탕헤르의 주요 관광지를 족집게처럼 보여준 히샴은 이제부터 가이드북에서 볼 수 없는 환상적인 풍경을 보여주겠다며 우리에게 윙크를 날린다. 엄마와 내가 박수를 치며 환호한다.

먼저 대저택이 널린 한적한 언덕길을 달린다. 우리나라의 연희동이나 평창동과 흡사한 분위기였는데 역시나 탕헤르의 부호들이 살고 있는 동네라고 한다. 집집마다 꽃과 나무를 어찌나 아름답게 가꿔놓았는지 그 모습만 보고 있어도 가슴에서 꽃이 피어나는 것 같다. 창문에 이마까지 부딪쳐가며 열심히 구경을 하고 있는 사이 우리는 또다시 푸른 바다가 펼쳐지는 언덕에 다다른다. 모로코는 아프리카 대륙의 북서쪽 끝에 위치하고 있기 때문에 북쪽으로는 지중해가, 서쪽으로는 대서양이 넘실댄다. 지금 우리가 도착한 이곳은 정확히 지중해와 대서양이 만나는 곳이라고 한다. 히샴 덕에 우리는 평생 볼 일이 없었을, 푸르른 지중해와 광활한 대서양이 만나 몸을 부대끼는 장면을 보게 된 것이다. 온몸이 짜릿하다.

"원준아, 히샴이는 우리의 수호천사인가봐."

격하게 인정. 이 수호천사는 피곤하지도 않은지 모로코의 전설이 깃든 해저동굴로 우리를 안내하고, 이어 탕헤르의 전경을 한눈에 볼 수 있는 산꼭대기로 차를 몬다. 히샴은 쉴 새 없이 감탄사를 내뱉는 우리를 지켜보며 "원하는 만큼 머물다 가." "사진 찍고 싶은 만큼 찍고 가." "더 잘 보이는 곳으로 올라갈까?"라는 말들로 우리의 마음을 뒤흔들어놓는다.

히샴은 무엇보다도 어른에 대한 예의와 공경이 몸에 밴 친구라 엄마에 대한 배려가 최고 그 이상이었다. 나와 깔깔대며 농담을 주고받다가도 엄마가 말을 꺼내면 즉시 장난을 멈추고 엄마에게 귀를 기울였다. 그리고 엄마의 말을 알아듣는 것도 아니면서 엄마의 말이 끝나기를 기다렸다가

내게 통역을 부탁했다. 운전을 하다가도 엄마가 무슨 말을 하면 길가에 차를 세우고 엄마와 눈을 마주치며 대화를 나누었다. 길에서 무언가를 팔고 있는 아이들을 보며 저들이 뭘 팔고 있는 거냐고 물으면 갑자기 차를 후진시켜 아이들이 파는 잣을 구입해 엄마의 손에 한 움큼 쥐여주었고, 길가에 서 있는 신기한 모양의 나무가 무슨 나무냐고 물어보면 나무 가까이에 차를 댄 후 스마트폰을 뒤적여 엄마에게 알려주었다. 차 안에서 뭘 물어보기가 미안할 정도였다.

"히샴! 너 대체 날개는 어디다 숨긴 거야?"
앞서 가는 히샴의 등짝을 때리며 농담을, 아니, 진담을 건넨다.
"야! 어머니 모시고 여행하는 네가 진짜 천사지!"

이런 멋진 녀석! 누가 들어도 손발이 오그라드는 지극히 재수 없는 대화에 우리는 누가 먼저랄 것도 없이 어깨를 들썩이며 웃는다.

．

이튿날, 히샴은 규모가 큰 재래시장으로 우리를 이끈다. 난생처음 보는 희한한 채소와 생소한 전통 음식을 하나하나 가리키며 세세하게 설명해주고, 조금씩 구입해 맛까지 보여준다. 우리가 이런 호의를 덥석덥석 받아도 될까? 여행자라 제대로 된 무언가를 줄 수도 없는데 그의 친절을 이렇게 즐겨도 되는 걸까? 마치 평생 알고 지낸 친구처럼 뜨거운 정을 나눠주는 히샴을 보며 나는 대혼란에 빠진다.

오후엔 탕헤르 최고의 전망을 보여준다며 백 년 전통을 가진 멋진 야외 카페로 우리를 인도한다. 지중해가 16:9 와이드 앵글로 펼쳐지는 새하얀 테이블 위에 달콤한 민트티가 준비된다. 목으로 지중해가 넘어가는

건지 민트티가 넘어가는 건지 모를 정도로 시각과 미각이 동시에 자극된다. 너무도 달콤하고 완벽한 순간이다.

집으로 돌아오자 엄마는 비빔밥을 준비하겠다며 분주하다. 이미 오전에 방문했던 시장에서 히샴의 도움을 받아 재료 구입을 마친 상태. 돕겠다는 히샴과 나의 손을 물리친 엄마가 빠른 속도로 비빔밥을 만든다. 히샴과 나는 이때다 싶어 거실에서 비디오 게임을 하며 키득거린다. 곧 엄마표 비빔밥이 식탁에 오른다. 히샴의 눈이 휘둥그레진다.

"와. 진짜 맛도 좋고 보기도 좋다! 음식 때문에라도 한국에 한번 가봐야겠어."

"엄마, 진짜 맛있대. 한국에 오고 싶을 정도래."

"정말? 그럼 꼭 한국에 오라고 그래. 엄마가 대표적인 한국 음식 다 해주겠다고 꼭 전해!"

비빔밥 한 그릇을 말 그대로 한 입에 털어버리고 한 그릇 더 뚝딱하는 히샴. 이렇게 맛있는 건 처음 먹어본다는 립서비스도 잊지 않는다.

자정이 가까운 시간, 히샴은 때가 되었다며 우리를 다시 차에 태운다.

"이 시간에 또 뭘 보여주려고?"

"어렵게 발견해낸 라이브 카페인데 정말 말도 안 되게 멋진 곳이야!"

히샴이 입에 거품을 물며 칭찬을 거듭한 카페는 네댓 평도 안 되어 보이는 작은 카페다. 아니 카페라기보다는 엄청 작은 단칸방 같은 느낌이랄까. 그곳엔 이미 소문을 듣고 모여든 열 명 남짓의 손님들이 앉아 있고, 그 옆에는 연로한 할아버지들이 악기를 세팅하고 계신다. 모로코 전통 기타를 튕기고 있는 밴드의 리더는 딱 봐도 여든이 넘으셨다. 바이올린을 켜는 분과 젬베를 두드리는 분도 일흔은 넘어 보인다. 아마도 세계 최고령 밴드가 아닐까 싶을 정도로 백발이 성성하다. 이분들이 과연 힘 있는 연주를 할 수 있을까 싶었는데, 웬걸. 동시에 기합을 넣더니 멋진 연주를 시작하신다. 그리고 마법이 펼쳐진다.

밴드의 음악이 아라비안나이트에 나오는 이야기들처럼 신비롭고 매혹적으로 다가온다. 마치 시간을 거슬러 올라가 양탄자를 탄 마법사들의 연주를 듣고 있는 것만 같다. 저마다 자신의 악기를 연주하며 세상에서 가장 오묘한 멜로디를 만들어내고 있는 악사들. 연주가 격렬해지자 흥분한 관객들이 음악에 맞추어 아랍어 노래를 부르기 시작한다. 정신이 흐릿해질 정도로 몽환적인 순간이다. 마음이 이 음악을 감당해내지 못할 정도다. 음악에 흠뻑 취한 몸을 가누기 위해 벽에 기대앉는다. 그러고는 탁자에 놓인 민트티를 연신 벌컥거린다. 무언가에 제대로 홀린 느낌이다. 집에 가자며 나를 흔드는 히샴의 손길에 순간 꿈에서 깨어난다. 나는 눈을 끔뻑이며 히샴에게 말한다.

"이 작은 공간에서 들은 연주는 평생 간직할 거야."

집으로 어떻게 돌아왔는지 모르겠다. 정말 노년의 악사들이 타국 청년에게 마법이라도 부린 걸까? 그리고 히샴은 천사의 피를 수혈받은 게 아닐까? 필립이 하지 말라던 말이 마음속에서 울려 퍼진다. '히샴, 네가 주

는 추억의 조각들이 내게는 너무 과분해!'

하지만 어김없이 헤어짐의 순간은 다가올 터. 엄마도 나와 같은 마음인지 그간의 고마움을 조금이라도 표현하고 싶다며 펜을 든다.

'강희샴.'

엄마는 모로코인 '히샴 가타비'에게 친히 한글 이름을 하사한다. 그러곤 한글로 또박또박 한 글자씩 적어 나간다.

'모로코에서 가장 기억에 남는 사람, 모로코에서 가장 친절한 사람…'

말이 통하지 않는 엄마가 히샴에게 마음을 전할 수 있는 최선의 방법이다. 엄마의 짧은 편지를 받아든 히샴은 내가 번역을 해주지 않았는데도 엄마의 마음을 느낄 수 있다며 편지를 쓰다듬는다. 매일 집에 들어서자마자 보겠다며 현관문에 편지를 붙여놓는 히샴. 정말, 고마워. 우리는 널 잊지 못할 거야. 우리 셋은 정말 가슴이 부서지도록 뜨거운 포옹을 나눈다.

엄마의 여행 노트 #3

환갑이 내게 준 과제. 세상을 돌아다니며 친구를 사귀는 일.
그리고 마음속에 그들을 담아 가는 일.

이스탄불이 제일 예뻐!

터키까지 다다랐다는 설렘도 잠시 긴 비행을 마친 뒤라 몸이 천근만근이다. 해가 뜨기를 기다렸다가 이스탄불행 첫차에 몸을 싣는다. 오로지 빨리 숙소를 구해 침대 위에 드러눕고 싶은 마음뿐이다. 그렇게 얼마쯤 눈을 붙였을까. 남은 기력을 다 짜내어 최선을 다해 졸고 있는데 엄마가 내 어깨를 격하게 흔든다.

"원준아, 창밖 좀 봐봐!"

"으… 으, 응?"

나는 오만상을 찌푸리며 눈을 뜬다. 대충 창밖을 내다보는 시늉만 하고 다시 잠을 청하려고 했는데 눈이 번쩍 떠진다.

'어라? 여기가 이스탄불이야?!'

엄마도 깨우지 못한 아들을 창밖 풍경이 단숨에 일으켜 세운다. 푸른 바다 위를 가르고 있는 빼어난 미모의 현수교가 어떻게 자기를 보고도 잠을 잘 수 있냐며 나의 가슴을 찰싹 때렸기 때문이다. 다리 건너편엔 다채로운 색을 가진 깜찍한 집들이 바위에 촘촘히 박힌 수정처럼 빛나고 있다. 첫눈에, 그것도 정신없이 졸다가 깨어난 그 순간에 나는 이스탄불에 마음을 빼앗기고 만다.

저기 있는 저 집들 좀 보라며 옆자리를 더듬었는데 아무도 손끝에 닿지 않는다. 얼른 몸을 돌려보니 건너편 좌석으로 이동한 엄마가 창문에 찰싹 붙어 있다. 엄마의 감탄사에 맞장구를 치듯 버스가 기분 좋게 덜컹거린다. 엄마의 눈이 순간순간 바다 건너의 집들처럼 '반짝' 빛을 낸다.

이스탄불은 시작부터가 좋았다.

"한국에서 왔군요! 엄마를 모시고 여행을 하다니, 역시 한국 사람들은 다정해요!"

순박한 미소를 머금은 숙소 사장님이 나를 덥석 안은 후 이내 엄마한테 다가가 양 볼을 비빈다. 터키식 인사에 적잖이 당황했지만 지금껏 어떤 숙소에서도 받아보지 못한 환대다. 사장님은 '특별히 멋진 청년'에겐 숙박비를 할인해줘야 한다며 오늘이 주말임에도 불구하고 주중 숙박비를 받으시겠단다. '멋진 청년'이란 말은 듣기 좋았지만 '특별히'라는 말에는 좀 머쓱해진다. 내가 활짝 웃으며 고개를 꾸벅 숙이자 사장님이 껄껄대며 방이 있는 곳을 가리킨다. 우리는 가뿐한 마음으로 짐을 풀고 약속이라도 한 듯 시내로 달려 나간다. 비타민 같은 이스탄불의 모습에 새벽의 피곤이 사라진 지 오래다.

숙소가 위치한 신시가지 탁심 광장에서부터 이스탄불 최대 번화가인 이스티클랄 거리를 따라 구시가지로 향한다. 솔직히 말하면 거리를 걸으면서 꽤 많이 놀랐다. 깨끗한 거리와 잘 차려입은 시민, 초대형 마트와 백화점 들에 시선을 빼앗겼던 것이다. 내가 이렇게 말해도 될지 모르겠지만 터키가 이리 발전된 나라인 줄 몰랐다. 그간 인프라 발전이 더딘 나라들을 여행해서인지 현대적인 터키의 모습이 나를 살짝 당황시킨 것이다.

"과연 이스탄불은 명불허전이네!"

사람들이 파도처럼 들고 나는 이스티클랄 거리를 걷던 엄마가 말한다. 나도 고개를 끄덕인다. 이 거리는 정신을 쏙 빼놓을 정도로 복잡한데도 끊임없이 감탄사를 쏟아내게 하는 매력을 품고 있다. 거리 양옆을 채우고 있는 아름다운 가게들도 보이지 않는 손가락으로 우리를 유혹한다. 수많은 종류의 향신료를 파는 가게와 온갖 음식들을 진열해놓은 레스토랑, 형

형형색의 생과일들을 산처럼 쌓아놓은 생과일주스 카페 등 각자의 개성을 드러낸 가게들이 자꾸만 얇은 지갑을 더듬게 만든다.

갑자기 입에 침이 고인다. 숙소 주방에서 끼니를 해결하고 나왔건만 곳곳에서 지글대는 케밥의 향기가 '당신은 여전히 배고프다.'며 최면을 걸어온다. 어느새 엄마와 내 손을 크고 먹음직스러운 케밥이 차지한다. 한국에서 먹던 케밥과는 차원이 다르다. 고기의 육질도 좋고 맛도 좋다. 엄마도 케밥이 입에 맞는지 당신 얼굴만 한 걸 단숨에 해치운다. 저렇게 드시는 분이 어째 한국에서는 새 모이만큼 드셨을까. 어디선가 까르르 웃음소리가 들려온다. 재빠르게 고개를 돌리니 전통 아이스크림 가게 직원이 쫀득한 아이스크림을 돌리고 던지고 줬다 뺏었다 하며 아이들과 장난을 치고 있다. 인사동 거리에서 보던 장면이라 괜히 더 정감이 간다.

이스티클랄 거리를 오가는 한 량짜리 붉은 트램이 이곳을 더욱 로맨틱하게 만든 것일까. 저마다 '넘버원'이란 간판을 내건 레스토랑에서 흘러나오는 향신료의 향기도 그만이고, 노천카페의 커피향도 유독 더 진하게 느껴진다. 깜찍이 꼬마 트램이 오갈 때마다 거리 위의 여행자들이 우르르 몰려가 환호를 보내는 것도 참 이색적이다.

귀여운 거리 표지판을 따라 들어선 작은 골목들도 우리의 기대를 저버리지 않는다. 거리의 예술가들이 담벼락에 그려놓은 원색 그라피티들이 골목의 어둠을 단숨에 걷어낸다. 조금 더 안쪽으로 들어가자 수많은 예술가들이 자신만의 개성을 담뿍 담은 독특한 작품들을 내어놓고 손님을 기다리고 있다. 이스티클랄 거리 끝에 있는 갈라타 타워에 다다르자 거지꼴을 한 자유로운 영혼들이 바닥에 앉아 기타를 퉁기고 젬베를 두드리고 있다. 그들의 연주가 끝나자 나이가 지긋한 어르신이 색소폰을 불며 실력을 뽐내신다. 그 곁에는 자신의 순서를 기다리며 노래를 흥얼대는 거리의 밴드들이 수두룩하다.

　어느새 신시가지와 구시가지를 잇는 갈라타 다리에 도착한다. 흑해와 지중해가 만나는 바다가 펼쳐진 곳으로, 바다가 있는 도시가 왜 아름다울 수밖에 없는지를 온몸으로 말해주는 곳이다. 다리 위엔 수백 명이라 표현해야 할지 수천 명이라 표현해야 할지 난감할 정도로 많은 이들이 낚싯대를 드리우고 있다. 여기저기서 환호성이 터질 때마다 그들의 밥상에 오를 싱싱한 물고기들이 펄떡거리며 수면 위로 올라온다.

　이스탄불을 신비로운 곳이라 부르는 이유는 '서로 다른 것'과 '어울리기 힘든 것'들이 만나 마법처럼 조화를 이루는 도시이기 때문이라고 가이드북들은 말한다. 처음에는 그게 무슨 말인지 알 수 없었는데 이스탄불의 두 개의 심장이라 불리는 '성 소피아 성당'과 '블루 모스크' 앞에 서니 그 의미를 이해할 수 있을 것 같다.

　성 소피아 성당은 화려한 로마 문명을 싹틔웠던 비잔틴제국 때 건설된 성당으로 그리스 성교회의 총본산이자 기독교의 상징과도 같은 선물이다. 비잔틴제국을 정복한 오스만제국은 성 소피아 성당의 아름다움에 반

해 그곳을 파괴하는 대신 이슬람 사원으로 사용했고, 현재는 비잔틴 문명과 이슬람 문명의 공존을 위해 박물관으로 탈바꿈시켜 관광객들을 불러 모으고 있다. 반면 천 년 뒤에 지어진 블루 모스크는 오스만제국의 찬란한 영화를 보여주는 이슬람교의 성지 같은 곳으로, 터키를 대표하는 사원이다. 여섯 개의 첨탑은 술탄의 권력과 무슬림들이 지키는 1일 5회의 기도를 뜻한단다.

외관을 보는 것만으로도 다리에 힘이 풀려버리는, 우열을 가리기 힘들 정도로 거대하고 환상적인 이 두 건물은 불과 몇백 미터의 거리를 둔 채 마주보고 있는데, 걸으면 딱 3분 거리다. 도저히 한 공간에 있을 수 없을 것만 같은 비잔틴과 오스만이라는 두 제국, 기독교와 이슬람이라는 두 종교, 동양과 서양이라는 두 문명을 한눈에 품으니 가슴이 다 두근거린다. 그간 어느 곳에서도 보지 못한 놀라운 장면이다.

게다가 이스탄불은 아시아와 유럽의 접점으로 아시아 대륙과 유럽 대륙을 동시에 품고 있는 세계 유일의 도시다. 도시를 관통하는 보스포루스 해협을 중심으로 동쪽이 아시아 대륙에 속해 있고 서쪽이 유럽 대륙에 속해 있다. 갈라타 다리 근처의 선착장에서 배를 타면 10분 만에 유럽 대륙에서 아시아 대륙으로 넘어갈 수 있다. 때문에 이곳의 배를 두고 '비행기보다 빠른 배'라는 우스갯소리를 한다. 우리는 유럽에서 아침을 먹고 아시아에서 산책을 했으니 다시 유럽으로 돌아가 야경을 감상하기로 한다.

골든혼 만을 중심으로 북쪽의 신시가지와 남쪽의 구시가지를 차례로 구경한다. 신시가지에는 수많은 패션 브랜드숍과 명품숍, 클럽 들이 즐비하고, 구시가지에는 오스만제국의 번영을 상징하는 건물들과 옛 정취가 느껴지는 골목들이 끝도 없이 이어져 있다. 과거와 현재가 공존하는 것도 놀라운데, 심지어 골든혼 만과 마르마라해, 보스포루스해협이 이곳에서

극적으로 만나 몸을 부대낀다. 웬만한 몽상가도 상상하기 힘든 장면이다.

더 말할 것도 없이 이스탄불의 다양한 문화와 역사는 이방인의 마음을 심하게 동요시킨다. 수백 개의 재료를 넣었지만 그 맛 하나하나가 모두 느껴지는 훌륭한 요리 같은 곳!

이스탄불 기념 티셔츠를 펼쳐 든 엄마가 열여덟 소녀처럼 설레는 표정과 말투로 묻는다.

"우와, 이게 유럽의 매력인 거야? 유럽은 다 이렇게 멋져?"

나는 이전에 밟았던 유럽 대륙의 모습들을 하나씩 되새겨본다. 그리고 확신에 찬 목소리로 답한다.

"아니, 엄마. 여기 이스탄불이 훨씬 더 예뻐!"

웰컴 투
힐링 시티

    그저 조용한 시골 마을인데 볼 만한 게 있을까? 터키의 수도 앙카라로 가기 전에 들를 곳을 찾다가 오스만제국 때 지어진 터키의 전통가옥 수백 채가 보존되어 있다는 사프란볼루에 관심이 갔다. 그 안에서도 차르시라는 시골 마을을 콕 찍어 발걸음을 옮겼는데, 이거 워낙 화려했던 이스탄불에서 며칠을 보내서인지 첫인상이 너무 심심하다. 하지만 그것도 잠시. 우리의 발자국 수가 많아지면 많아질수록 마을이 숨겨두었던 매력을 천천히 드러낸다.

    마을에는 수백 년의 세월을 품은 옛집들이 듬성듬성 자리 잡고 있고, 그 사이로 백 년은 거뜬히 되어 보이는 돌담길이 끝없이 이어져 있다. 커다란 고목나무의 가지들이 미풍에 느릿느릿 움직이는가 싶더니 지천에 널려 있던 포도 넝쿨에서 설익은 포도송이들이 툭툭 터져 나와 어깨를 스치고 굴러간다. 모두가 새로운 물결에 휩쓸릴 때 고집스레 자신의 모습과 자리를 고수한 뚝심이 느껴지는 마을, 마치 수십 년 외길을 걸어온 장인의 굳은살 같은 마을이다. 어디를 걸어도 '새것'은 보이지 않고 오로지 '옛것'만이 깊게 패인 주름살처럼 펼쳐져 있다. 이 마을의 백 년 전 모습을 보지는 못했지만 그때와 별반 달라진 게 없을 거라는 확신이 든다.

"여긴 시간이 멈춰 있네. 참 조용하다."

엄마도 마을의 고요함을 가슴으로 느낀 모양이다. 시골 마을을 방문한 것도 꽤 오랜만인데 소란스런 여행자가 이곳에 방문했다는 사실 자체가 미안해질 만큼 차르시 마을의 평화로움은 말로 다 표현할 수가 없다.

엄마와 앞서거니 뒤서거니 하며 옛집 사이의 돌담길을 거닌다. 묵직한 고목나무로 만든 전통 문들이 삐걱거릴 때마다 연로한 어르신들이 온화한 미소를 지으며 나와 우리를 향해 조심스레 손을 흔든다. 젊은이들은 모두 도시로 떠났는지 마을에서 내 또래의 젊은이를 만나는 일이 무척이나 힘들다.

"엄마, 여기서는 엄마도 젊은이네."

"그러게."

"엄마, 나 그때 그 일 생각나."

"뭐?"

"외할머니가 노인정 젊은이 얘기하셨던 거."

곰곰 생각에 잠기는기 싫던 엄마기 배를 잡고 웃기 시작한다. 외할머니는 아침을 드시고 노인정에 마실 가는 게 일이셨는데, 어느 날은 집에 돌아와 이런 말씀을 하셨다.

"젊디 젊은 게 아주 차려주는 밥에 깎아주는 과일만 먹고 누워 있어. 그래, 먹는 거야 그렇다지만 한참 젊은 게 설거지할 생각도 안 해!"

평소에 워낙 얌전하신 분이 씩씩거리며 말씀하시기에 옆에 있던 엄마가 놀라서 물었다.

"엄마, 요즘엔 젊은 사람도 노인정에 놀러 가? 도대체 몇 살인데?"

"새파랗게 젊어! 일흔다섯!"

외할머니가 그때 아흔을 바라보실 나이셨으니 분명히 일흔다섯이라

면 젊디 젊은 분이 분명하다. 그래도 '새파랗다'라는 표현은 너무 웃기지 않은가. 주변에 있던 우리들은 외할머니의 말에 얼마나 웃었는지 배가 다 아플 지경이었다.

"내가 이제 막 예순이 넘었으니, 이 마을에 오면 온갖 심부름은 도맡아야 할 거야!"

"맞아! 엄마는 새파래도 너무 새파라니까!"

옛 돌담길에서 피워내는 옛이야기라 그런지 더 맛이 좋다. 우리는 주거니 받거니 옛일들을 떠올리며 눈앞에 나타난 언덕길을 천천히 오른다. 그때 저 멀리 담벼락에서 히잡을 두른 할머니가 불쑥 고개를 내미신다. 그러더니 다급히 터키어로 뭐라 뭐라 말씀하신다. 알아들을 방법이 없어 그저 눈만 동그랗게 뜨고 있는데, 할머니가 가까이 오라는 듯 손을 흔드신다. 역시 몸으로 말하는 언어에는 엄마가 한 수 위라 내가 할머니의 마음을 읽기도 전에 엄마가 먼저 그쪽으로 다가간다.

오랜만에 집으로 돌아온 자식을 맞이하듯 할머니의 눈에 웃음이 가득하다. 우리가 담벼락에 닿자 할머니는 오래전부터 준비해두었다는 듯 잘 익은 자두 몇 알을 건네신다. 워낙 담이 높아 서로 손이 닿지 않자 할머니는 있는 힘껏 팔을 뻗으시고, 엄마는 까치발을 한다. 두 사람의 손 위로 붉은 자두와 따뜻한 정이 오고 간다. 할머니는 자두를 더 주고 싶은 마음에 엄마의 모자를 가리킨다. 엄마가 하얀 모자를 벗자 그 위로 자두 몇 알을 떨어뜨리시는 할머니. 엄마와 할머니가 마주 보며 얼마나 환하게 웃는지. 나는 이 장면을 놓칠세라 얼른 카메라를 들이댄다. 찰칵. 할머니의 마음, 엄마의 마음, 그리고 나의 마음이 모자 위의 빨간 자두 알처럼 한데 어우러진다.

"여기는 정말 할머니 생각나게 하는 곳이다."

"그러게. 엄마, 평소에도 할머니 생각 많이 나지?"
"그럼, 엄만데."
 엄마의 말에 가슴이 뭉클해진다. 그럼, 엄만데. 곁에 있든 없든 늘 날 지켜주고 이해해줄 것만 같은 엄만데… 어찌 생각이 나지 않겠는가.
"엄마. 오랫동안 건강만 해. 또 알아? 나중에 남미도 가고 아프리카도 가게 될지?!"
"알았어."
"엄마 없으면 나하고 누나 고아 돼."
 엄마가 '고아'라는 말에 픽 웃는다.
"원래 누구든 언젠가는 다 고아가 되는 거야."
 이번엔 내가 피식 웃는다. 뭐라 대꾸할 수 없는 사실인데. 영 마뜩찮은 진실이다. 엄마는 약간 넋이 나간 표정이다. 아무래도 외할머니를 떠올리는 것 같다. 엄마와 나는 말들을 곱씹으며 마을에서 가장 높다는 흐드를룩 언덕 정상에 오른다.
"아…! 평화롭다!"
 그리고 정말 조용하다. 우리는 언덕에서 마을을 굽어본다. 오래된 장난감 같은 집들 사이에서 불던 바람이 언덕을 타고 올라와 우리의 뺨을 간질인다. 여행 중 지금만큼 고요했던 순간이 또 있었을까? 비단 이번 여행뿐 아니라 살면서도 이토록 조용하고 정적인 마을은 본 적이 없다. 엄마와 나는 서로를 한 번 바라보곤 희미한 미소만 교환한 채 다시 마을로 시선을 옮긴다. 오랜 시간 동안 잊고 있었던 고요함과 엄마, 그리고 엄마의 엄마인 외할머니 생각에 이내 가슴이 벅차오른다.

지금만큼은 내가 딸이었다면 더 좋았겠구나, 라는 생각이 든다. 누나라면 이 순간을 함께하며 엄마와 두런두런 여러 가지 이야기를 나눴을 텐데. 어쩌면 엄마와 아빠가 처음 만났던 순간을, 또 어쩌면 살면서 우리가 몰랐던 엄마의 아픔을 조곤조곤한 엄마의 목소리로 들을 수 있었을 텐데. 엄마랑 24시간을 붙어 다니고 있지만 나는 여전히 속 깊은 이야기를 나누기엔 너무나 쑥스러운 아들이다. 하지만 이 고요함을 지키는 것도 결코 나쁘지 않다는 생각이 든다.

바스락거리는 나뭇잎 소리와 들릴 듯 말 듯 한 바람 소리가 고요의 틈을 채운다. 모두가 분주히 움직일 시간임에도 인기척조차 느껴지지 않는 차르시 마을. 시간이 멈춘 것만 같아 손목시계를 바라본다.

'치유의 마을이라 불리는 이유가 있었군.'

세상의 모든 이들이 나를 등졌다 해도 이곳에 일주일만 머무른다면 그 상처에 새살이 돋을 것만 같은 곳, 차르시. 이 고요한 순간에서 깨고 싶지 않은 엄마와 나는 간간이 나누던 대화를 멈추고 치유의 마을을 굽어보며 감동과도 같은 평화로운 시간을 보낸다. '찰칵' 소리조차 내기가 미안해 카메라도 슬며시 내려놓는다.

엄마의 여행 노트 #4

"그렇게 맛이 있어?" 내가 처음 먹는 스파게티를 너무 달게 먹으니 딸이 의아해 하며 물었다. 솔직히 맛만 좋았던 게 아니라 기분까지 좋아졌는데. 엄마들은 이런 음식 좋아하지 않을 거야, 라는 자식들의 생각이 어쩌면 큰 오산일 수도 있겠다는 생각을 했다. 엄마 살아생전에 이런 음식을 사드렸다면 엄마 역시 그릇을 말끔히 비우며 이렇게 얘기하지 않으셨을까? "얘, 이게 도대체 무슨 음식인데 이렇게 맛이 좋니?" 미안해, 엄마. 내가 너무 늦게 깨달았어.

이곳은
지구가 아니다

젠장! 나도 모르게 욕이 튀어나왔다. 남자들이란 도저히 감당할 수 없는 풍경을 불현듯 마주치면 욕이 먼저 튀어나오는 동물이란 걸 다시 한 번 깨달았다. 엄마가 좀 피곤하다며 숙소에 남은 게 차라리 다행이었다.

마치 방언 터진 신자처럼 입이 닫힐 줄을 몰랐다. 저녁 무렵인데도 절경은 스스로 빛을 내고 있었다.

우리는 터키 중앙부에 위치한 카파도키아 지역, 그중에서도 여행자들의 거점이라 할 수 있는 마을 '괴레메'에 와 있다. 이곳은 지구상에서 가장 극적인 풍경을 가지고 있는 곳이라고 했는데, 직접 와보니 그 의견에 이견을 낼 수 없을 만큼 독특함으로 무장한 마을이 맞았다. 가만히 눈앞에 있는 것들을 둘러보면 외계의 행성에 온 듯한 기분이 들었다. 아니나 다를까, 이곳은 조지 루카스 감독의 SF영화 〈스타워즈〉의 배경이었단다. 루카스 감독의 안목에 절로 박수가 나왔다.

날이 밝자마자 나는 내가 느꼈던 전율을 엄마에게 옮겨 심기 위해 갓

은 호들갑을 떨며 엄마의 등을 떠민다. 혹시라도 엄마가 절경에 너무 놀라 정신을 잃지나 않을까, 라는 말도 안 되는 걱정을 하며 마을 앞동산으로 급하게 발걸음을 옮긴다. 역시나! 나는 다시 한 번 터져나오려는 욕 때문에 손으로 입을 막기에 이른다. 엄마는 욕 대신 침묵으로 일관하며 눈앞에 펼쳐진 풍경을 뚫어져라 바라본다. 그 침묵은 실망의 침묵이 아닌, 너무도 감동해서 아무런 말도 할 수 없을 때의 바로 그 침묵이다. 한참 동안 정신을 못 차리던 엄마가 절규에 가까운 목소리로 묻는다.

"이게 웬일이니!? 이걸 사람들이 깎은 거야?"

"아냐, 엄마. 이게 사람 손 한 번 닿지 않은 자연 그대로의 모습이래!"

눈앞에 펼쳐진 모습을 글로 묘사한다는 건 거의 불가능에 가까운 일이지만 굳이 설명하자면 이렇다. 이름으로만 듣던 기암괴석들이 수천 개, 아니 수만 개가 모여 있는데, 기암괴석의 '기'와 '괴'에 곱하기 100 정도는 해줘야 눈에 보이는 걸 조금이라도 표현했다고 할 수 있다. 바닥에서 우뚝 솟아난 삼각형 꼴의 기괴한 바위들이 하늘을 향해 거침없이 삿대질을 한 채 지평선 끝까지 펼쳐져 있다니! 구멍까지 송송 뚫려 있는 이 '미친 존재감'의 바위 군락들은 아무리 보고 있어도 저 바위들이 실제 저곳에 있는 것들인가, 되묻게 만든다. 초현실주의 화가 수천 명이 모여 탈진할 때까지 상상력을 짜내도 재현할 수 없는 거짓말 같은 장면이다.

사실 저 기암괴석들을 과학적으로 설명하자면 간단하다. 화산이 폭발했고, 용암이 쌓였고, 지각변동과 침식작용이 일어나 만들어진 지형. 다 들으면 알고 있는 이야기인데, 그리고 이해 못할 이야기가 아닌데 그 지형을 실제로 마주하니 과학이고 뭐고 그저 충격적일 따름이다.

우리는 이 놀라움을 그대로 안고 괴레메 야외박물관으로 향한다. 그곳

까지 걸어가는 동안에도 자연의 경이로움은 끝날 줄을 모른다. 박물관에 다다르자 기괴한 바위를 깎고 파내어 만든 수십 개의 동굴 교회가 나온다. 수 세기 전 이슬람의 핍박을 받던 기독교인들이 방어에 용이한 지형을 가진 카파도키아로 몰려들었고, 생존을 위해 바위를 파내어 그 안에서 생활하기 시작하면서 형성된 교회들이란다. 바위 자체도 넋을 잃을 만큼 신기하게 생겼는데 그걸 깎고 다듬어 삶의 터전으로 만들어낸 사람들이 있었다니! 더 놀라운 건 그 안에 층까지 나눠놓고 주방과 화장실, 기도실 등 모든 걸 갖춰놓았다는 것, 그리고 벽과 천장을 형형색색의 프레스코화로 장식해놓았다는 것이다. 밖에서 볼 때는 분명 각각의 바위였는데, 내부에 들어서니 정말 기가 막히게 뚫리고 다듬어진 상태로 이어져 있다.

'파샤바'라고 불리는 버섯 바위 골짜기도 이곳에서 빼놓을 수 없는 볼거리다. 말 그대로 버섯보다 더 버섯같이 생긴 바위들이 골짜기 전체를 뒤덮고 있다. 송이버섯과 너무도 흡사한 모양이라 아무도 모르는 새에 누군가 조각한 게 아닐까라는 의심이 마땅히 드는 곳이다. 이곳 역시 핍박을

피해 흘러든 수도사들이 바위마다 구멍을 뚫고 안식처를 만들어놓았다. 현지 사람들은 이 버섯 바위마다 요정이 살고 있다고 믿어 이곳을 '요정이 춤추는 바위 골짜기'라고 부른다고 한다. 실제로 요정이 눈앞에 나타나 춤을 춘다 해도 '뭐 그럴 수도 있지.' 하고 그냥 지나칠 만큼 신비로움으로 가득한 곳이다. 아직도 여기가 지구라는 사실이 믿기지 않는다. 어디선가 ET가 자전거를 끌고 나와 검지를 내밀어도, 멀더와 스컬리가 나타나 X-파일을 건네준다 해도 놀랄 것 같지 않다.

    엄마와 나는 괴레메에 머무는 동안 서로를 전혀 챙기지 못했다. 발걸음이 닿는 곳마다 충격과 반전의 연속이었기에 서로를 챙기기는커녕 각자의 정신을 챙기기에도 버거웠다. 강력한 카운터펀치를 날렸음에도 괴레메는 마지막 남은 한 방을 숨겨두고 있었다. 매일 동틀 무렵 괴레메 대협곡에서 펼쳐지는 열기구 투어가 바로 그것이다. 안 그래도 환상적인 지형 사이에서 붉은 해와 함께 수백 개의 다채로운 열기구가 떠오른다니,

상상만으로도 입을 다물 수가 없다. 열기구 투어가 인당 20만 원 정도였는데, 이미 몇 주 전 예루살렘-페트라 투어에 100만 원 가까운 돈을 쓴지라 우리는 눈물을 머금고 열기구 투어를 포기했다. 하지만 그렇다고 기암괴석 사이로 떠오르는 열기구의 행렬을 볼 수 있는 기회마저 사라진 것은 아니다.

새벽 5시, 깨워도 일어나지 못하는 엄마를 두고 깜깜한 숙소를 빠져나온다. 그러고는 괴레메의 환상적인 협곡을 한눈에 볼 수 있는 언덕 위로 뛰어 올라간다. 아직 어두웠지만 이미 수백 개의 열기구들이 불꽃을 뿜어내며 어둠을 걷어내고 있다. 협곡 사이로 솟아오른 붉은 해가 '출발' 신호를 보내자 박자를 맞추며 일제히 하늘로 솟아오르는 원색 풍선들의 향연.

"…!"

눈앞에 펼쳐진 어마어마한 장관에 정신이 혼미해진다. 지상에선 햇빛을 마주한 기암괴석들이 붉은빛과 노란빛으로 반짝이며 위대한 SF영화를 찍고 있고, 공중에선 물감보다 진한, 알록달록함의 절정을 머금은 풍선들이 화려한 애니메이션을 찍고 있다. 이 장면을 엄마가 놓치다니. 정말 아쉽고 아쉬워 또다시 눈물이 날 것만 같다. 나는 사진이라도 보여주기 위해 쉴 새 없이 셔터를 누른다. 렌즈로 바라보는 하늘도 너무 멋져 손에 땀이 찬다. 사진을 찍는 동안 희열로 가득 찬 몸이 여러 번 떨린다. 동시에 한껏 부푼 마음도 하늘 위로 두둥실 떠오른다.

우리들만의
추억

괴레메에서의 환상적인 며칠을 보내고 근처에 있는 '위르귑'이라는 작은 마을을 찾았다. 이곳 역시 카파도키아 지역을 대표하는 관광지 중 하나다. 하지만 일요일 오후라 그런지 마을의 모든 상점들이 문을 닫았고 인적도 드물다. 아담한 위르귑 마을은 기암괴석들도 아담했는데 괴레메의 그것과 비교하면 가슴을 살짝 간질이는 수준이랄까. 물론 뜬금없이 블록버스터급 바위산이 눈앞에 펼쳐지기도 했지만 전체적으로는 좀 심심해 보이는 마을이었다.

동네를 한 바퀴 휙 돌았는데도 채 한 시간이 걸리지 않는다. 동네를 다 구경하는 동안 깜짝 놀랄 만한 반전은 나타나지 않았고 엄마는 차라리 괴레메를 좀 더 둘러볼 걸 그랬다며 볼멘소리를 한다. 엄마의 눈높이가 괴레메에서 너무 높아진 것도 사실이고, 엄마의 볼멘소리에 아무런 대꾸를 할 수 없을 만큼 이 마을이 심심한 것도 사실이다. 고민 끝에 다시 괴레메로 돌아가기로 하고 버스를 알아본다. 하지만 워낙 작은 마을이라 다음 버스를 타려면 두 시간이나 기다려야 한단다. 그냥 앉아 있기엔 발바닥이 근질거릴 것 같으니 슬슬 더 주변을 둘러보자고 엄마를 설득해보지만 엄마는 단호히 거부 의사를 전한다. 그러고는 날이 덥다며 마을 중앙에 있

는 목욕탕 앞 그늘에 털썩 주저앉는다. 하는 수 없이 나는 나홀로 마을 심층 취재에 나서기로 한다.

"엄마, 그럼 여기서 기다려. 금세 한 바퀴 더 돌고 올게."

중국 청두에서 엄마를 거리에 홀로 두고 숙소를 구하러 갔다가 혹시라도 모를 위험을 떠올리며 가슴을 쓸었던 게 엊그제 같은데 벌써 6개월 전 이야기다. 엄마도 혼자 남겨지는 것에 대한 두려움이 사라졌고 나 또한 거리 한가운데에 엄마를 두고 이동하는 게 그리 부담스럽거나 걱정되지 않는다. 역시 시간이 흐르면 모든 게 적응되기 마련인가보다.

딱히 어디를 가야겠다는 생각 없이 혼자 골목길을 쏘다닌다. 하지만 들어선 골목마다 한결같이 한산해 자동으로 한숨이 나온다. 드문드문 동굴집도 나오고 요상하기 짝이 없는 기묘한 바위들이 등장했지만 역시 괴레메의 매머드급 경이로움에 노출됐던 나의 말초신경은 전혀 자극을 받지 못한다. 그냥 엄마랑 수다나 떠는 게 낫겠다 싶어 왔던 길을 되돌아 나가려던 찰나, 멀지 않은 곳에서 아이들의 왁자지껄한 목소리가 들려온다. 어디에서나 듣곤 했던 아이들의 장난기 가득한 목소리인데 마을이 너무도 한산해서인지 그 소리가 유독 반갑게 들린다. 나는 귀를 세우고 소리가 나는 곳으로 걸음을 옮긴다. 몇 개의 골목길을 지나치니 드디어 목소리의 주인공들이 나타난다.

대여섯 명 정도의 아이들이 골목에 내다 버린, 먼지가 풀풀 날리는 소파 위에서 방방 뛰며 까르르 웃고 있다. 그러다가 나의 기척을 느꼈는지 꼬맹이들의 시선이 일제히 나에게로 쏠린다. 그 시선은 이내 내 어깨에 걸린 카메라로 옮겨갔고, 아이들은 누가 먼저랄 것도 없이 소파에 앉아 포즈를 취하기 시작한다. 나는 꼬맹이들의 기습적인 포즈에 잠시 당황했지만 반사적으로 카메라를 들어 '리틀 갱단' 같은 그들의 모습을 카메라

에 담기 시작한다.

  셔터 소리를 들은 아이들이 박수를 치며 좋다고 뒤집어진다. 그중 가장 큰형으로 보이는 사내아이가 조심스레 다가와 사진을 찍어봐도 되냐는 시늉을 한다. 여느 때 같았으면 떨어뜨릴까 걱정돼 망설였겠지만 호기심 가득한 눈동자를 굴리며 셔터를 누르는 시늉을 하는 아이를 보자 나도 모르게 카메라를 아이의 목에 걸어주고 만다.

  그제야 아이들이 조심스레 내게 다가온다. 이 한적한 마을의 작은 골목까지는 여행객의 발걸음이 닿지 않는지 이방인의 출현을 몹시 신기해한다. 나는 한국말로, 아이들은 터키말로 정신없는 대화를 시작한다. 카메라를 든 사내아이가 흥분을 가라앉히지 못하고 우리의 모습을 찍어댄다.

  이내 나와 아이들의 경계심이 홍차 속에 넣은 각설탕처럼 순식간에 스르르 녹아내린다. 예닐곱 살쯤 되어 보이는 꼬마들은 내 팔에 매달려 칭얼거리고, 열두 살은 되어 보이는 녀석들은 끊임없이 무언가를 내게 묻는다. 나 역시 이 갑작스럽고 기분 좋은 만남에 살짝 들떠 아이들과 일일이 눈을 맞춰가며 몸짓으로 대화를 이어간다. 카메라를 든 사내아이는 자신이 찍은 사진을 보이며 평가를 부탁한다. 나는 주저 없이 엄지를 치켜든다. 아닌 게 아니라 초보사진사 치고는 순간포착 능력이 대단하다.

  그렇게 뭐 하나 재미있을 게 없을 것 같던 좁은 골목길에서 작은 축제가 벌어진다. 우리들의 목소리를 들은 앞집 아이와 옆집 아이가 뛰어나온다. 우리 집 장롱 어딘가에 처박혀 있을 법한 구식 휴대폰을 가지고 나온 아이가 벨소리를 틀어놓고 춤을 추다가 내 손을 잡아끈다. 춤이라면 젬병인 내가 흥에 겨워 막춤을 추니 아이들의 환호성이 더욱 커진다. 카메라를 든 사내아이는 어떻게 알았는지 우리의 모습을 동영상으로 찍고는 키득거리며 다가와 내게 보여준다.

동영상 속의 나는 아이들과 아무런 공통점이 없다. 당연히 국적과 생김새도 다르고 나이도 한참 많은 데다 단 한마디 말도 통하지 않는다. 하지만 나는 아이들과 함께 천진난만하게 춤을 추고 있다. 이제는 없어진 줄로만 알았던, 어느 순간 내 안에서 빠져나간 줄로만 알았던 어린 시절의 순수했던 내가 카메라 LCD 안에서 새로 사귄 친구들과 춤을 추고 있는 것이다. 등장인물의 수가 점점 늘어난다. 나이가 있어 보이는 (그래봐야 열 살쯤 되어 보이는) 여자아이가 막냇동생으로 보이는 두 살배기 아기를 안고 나와 고개를 까닥이고, 가장 독특한 춤사위를 선보이던 당돌한 여자아이는 집으로 달음박질치더니 새끼고양이를 품에 안고 뛰어나와 또다시 몸을 흔든다. 동영상 속 아이들의 행동 하나하나에 나의 웃음보가 제대로 터진다.

무리에서 가장 큰 여자아이가 나한테 물도 떠다주고 집 마당에 말려놓은 살구도 가지고 나와 내게 한 움큼 쥐어준다. 그러자 짓궂은 한 사내 녀석이 큰누나를 나를 향해 밀치며 팔짱 끼는 시늉에 결혼행진곡까지 흥얼댄다. 여자아이의 얼굴이 붉게 달아오른다. 나는 그 모습도 너무 귀여워 자지러지게 웃는다. 우리는 손짓·발짓으로 이야기를 나누고 손뼉을 마주치고 볼을 부비며 시간 가는 줄 모르고 논다.

그제야 아차 싶어 시계를 보니 어느덧 버스를 타러 가야 할 시간. 나는 시계를 가리키며 아이들에게 작별의 시간이 왔음을 알린다. 카메라를 돌려주는 사내아이의 얼굴에서도, 다른 아이가 달라고 할 때도 안 주던 풍선껌을 내 주머니에 넣어주는 여자아이의 얼굴에서도 아쉬움이 뚝뚝 떨어진다. 나도 너무나 아쉬워 발걸음이 떨어지지 않는다. 아이들과 작별함과 동시에 앞집 초인종을 누르고 도망가던, 짓궂게 여자아이들의 치마를 들추던, 엄마 몰래 불량식품을 사 먹던 나와도 작별을 해야 한다. 힘겹게

돌아서는 내게 아이들이 서운한 표정으로 손을 흔든다. 나도 질세라 한 명 한 명 눈을 맞추며 손을 흔든다.

골목을 돌아 엄마가 기다리고 있는 마을 중심으로 걸어가며 불룩해진 주머니에 손을 넣는다. 아이들이 건네준 살구아 껌, 과자들이 가득하다. 나는 그것들을 하나하나 만지작거리며 우리들만의 추억을 곱씹어본다.

You are in the World Heritage Site
HIERAPOLIS-PAMUKKALE
Dünya Mirası Alanındasınız

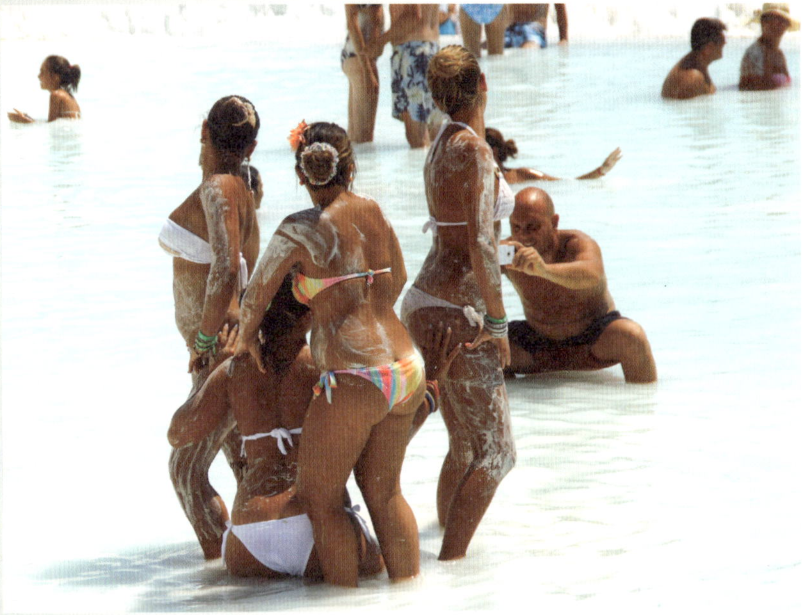

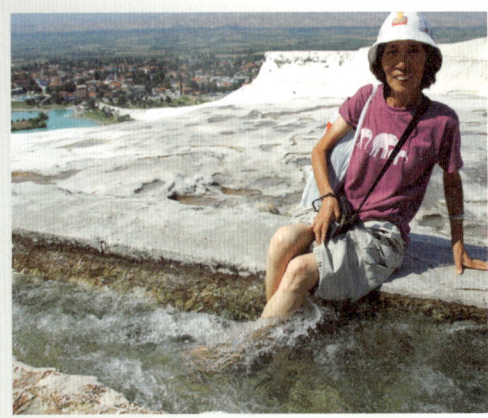

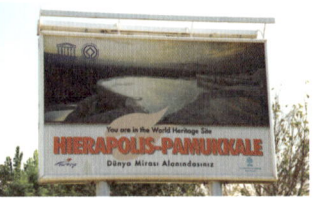

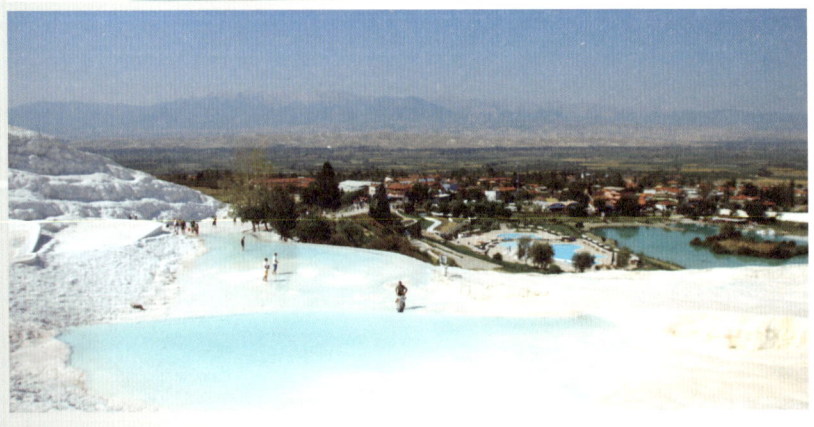

Just Passing By
파묵칼레

터키는 엄마와 내가 가장 사랑했던 나라다. 아름다운 도시 이스탄불, 경이로운 대자연 카파도키아 말고도 터키가 가지고 있는 보물은 많았다. 그중에서도 석회층으로 뒤덮여 있는 신비로운 마을, 파묵칼레는 우리의 혼을 쏙 빼놓았다. 석회층의 나이는 적게 잡아도 무려 1만 4천 년 정도란다. 우리는 그 역사 깊은 석회층에서 뿜어져 나오는 석회수에 발을 담근 채 신선놀음을 즐겼다. 석회층 너머에 있는 고대 도시 '히에라폴리스' 유적은 보너스다.

Just Passing By
___ 에페스 유적

관광객들이 터키의 작은 마을 '셀축'을 찾는 이유는 단 하나다. 성경 에베소서의 주요 무대이자 고대 로마 유적이 지천에 널린 '에페스'를 둘러보기 위함이다. 이곳은 터키 전역에서 가장 많은 로마 유적을 간직한 곳으로 유적의 양과 질 모두 최고를 자랑한다. 특히 헬레니즘 시대의 아고라와 극장, 하드리아누스의 신전 등은 여행자들의 시선을 압도한다. 엄마와 내가 가장 열광했던 유산은 셀수스 도서관이다. 한때 1만 2천 권의 장서가 보관되어 있었을 만큼 규모가 엄청났다. 2천 년 전에 지어진 으리으리한 도서관 안에서 엄마와 나는 끊임없이 이런 말을 주고받았다. 터키는 마법사요, 여행자들의 종합선물세트다!

엄마는
진짜 배낭여행자

유난히 밝은 달이 뜬 늦은 밤, 우리는 한산한 거리를 지나 이스탄불 시르케지 역에 서 있다. 두 달 넘게 이어졌던 중동 여행의 종지부를 찍고 유럽 대륙으로 넘어가기 위해서다.

"어? 터키도 유럽 아니었어?"

"좀 헷갈리는 나라야. 아시아, 중동, 유럽의 특징을 다 가지고 있어서 여기도 저기도 속하지 못한 나라거든. 그러니까 지금부터 발 닿는 곳이 진짜 유럽이야. 그 첫발자국을 불가리아의 수도 소피아에 찍을 거고."

'진짜 유럽'이라는 단어가 엄마의 얼굴에 생기를 돌게 한다. 가슴을 두근대게 만드는 낭만적인 곳, 눈이 부신 건축물이 끝없이 펼쳐진 곳으로 유명한 동네가 바로 유럽이니까. 그리고 엄마에게는 너무 멀어 갈 수 없을 것만 같았던 곳이 바로 유럽이다.

"엄마, 유럽에서 어디가 제일 가고 싶어?"

"파리!"

"뭘 보고 싶은데?"

"에펠탑!"

엄마가 내 질문이 채 끝나기도 전에 서둘러 대답한다. 마치 여행 전부터 준비해둔 대답 같다. 역시 엄마들에겐 소도시가 숨겨둔 보물 같은 건물이 아니라, 누구나 알고 있지만 누구나 가보지는 못한 랜드 마크들이 더 인기가 좋다.

한창 부푼 마음으로 역사에 들어섰는데 이곳에서 우리를 기다리고 있던 건 기차가 아닌 버스다. 어라? 여기서 소피아행 기차를 타는 게 아니었나? 혹시나 내가 잘못된 정보를 가지고 있었나 싶어 기차역 안내데스크로 달려간다. 이미 수많은 여행자들이 나와 같은 질문을 했는지 직원은 매우 기계적인 말투로 빠르게 설명한다.

"버스로 터키와 불가리아의 국경까지 이동한 후 출입국 수속을 마쳐야 소피아행 기차를 탈 수 있어요. 저기 저 버스를 타시면 됩니다."

우리는 말 잘 듣는 아이들처럼 나란히 버스에 올라 졸기 시작한다. 그리고 곯아떨어지기 일보 직전, 이름 모를 국경도시에 도착한다. 시계를 보니 새벽 1시다. 졸음이 코앞에서 왔다 갔다 해서 정신을 차릴 수가 없다. 어서 출국 수속을 끝내고 침대 열차로 달려가고 싶다. 하지만 열차가 새벽 4시에나 도착한다는 무시무시한 소식을 듣게 된다. 이 꼭두새벽에 졸음과 배고픔을 견뎌가며 세 시간을 기다리라고? 졸린 눈을 비비던 엄마도 바닥에 풀썩 주저앉는다.

기차역엔 우리와 처지가 비슷한 배낭여행자들이 진을 치고 있다. 그들을 보니 육로로 국경을 통과하는 게 참 오랜만이라는 사실을 새삼 깨닫는다. 지난 3개월간 하늘길로 국경을 넘나들어서 길 위의 동지들을 만날 기회가 흔치 않았다. 말끔한 옷을 차려입고 트렁크를 끌며 공항을 오가는 이들보다 누가 누구인지 모를 만큼 비슷하게 남루하고 후줄근한 여행자들이 훨씬 더 친숙하다. 우리의 모습도 다르지 않기에 더 반갑다.

나는 기차가 오기 전까지 함께 시간을 보낼 친구를 찾기 위해 기차역

을 휘휘 돌아본다. 몇몇은 바닥에 침낭을 깔고 잠을 청하고 있고 한 무리의 여행자들은 길바닥을 뒹굴며 기타를 퉁기고 있다. 얼핏 봐도 거리의 생활이 일상이 되어버린 엄청난 포스를 뿜어내는 배낭여행자들이다. 그들 속에 끼어들기엔 나의 내공이 다소 부족해 보인다. 그러다 가볍게 공놀이를 하고 있는 세 명의 청년이 눈에 들어온다. 나는 그중 한 명과 눈이 마주치자마자 배낭에 기대 졸고 있는 엄마에게 짐과 카메라를 맡기고 냉큼 달려간다.

"나도 좀 껴주라."

나는 그들이 뭐라 답하기도 전에 공을 가로채 툭 찬다. 내 인사가 그리 나쁘지 않았는지 한 청년이 내가 찬 공을 받으며 웃는다. 어차피 길 위에서는 모두가 친구다. 부끄러울 것도 쑥스러울 것도 없다. 영국에서 온 이 친구들은 한 달째 함께 여행 중인데, 터키에서 고작 열흘을 보내고 불가리아로 향하는 중이란다.

"그 좋은 터키를 열흘밖에 안 돌았다고? 도대체 왜?"

내가 의아해하며 묻자 한 친구가 이스탄불에서 아이팟을 노난낭했나며 씩씩거린다. 대화를 하는 와중에도 우리는 계속 공을 주고받는다.

"그래도 나는 정말 터키가 좋았어."

내 말에 다른 친구 하나가 여자 친구가 너무 보고 싶다며 징징거린다. 터키가 좋은 것과 여자 친구가 보고 싶은 것에는 도대체 무슨 상관관계가 있을까. 내가 고개를 갸웃거리자 처음 나와 눈이 마주쳤던 친구가 내게 공을 패스하며 말한다.

"너는 여자 친구랑 둘이 여행 중이니까 모를 거야."

"누구? 나?"

"응, 저기 같이 있던 사람이 여자 친구 아니야?"

나는 그 친구의 손가락을 따라 고개를 돌린다. 그곳에는 모자를 푹 눌러쓴 채 배낭 위에 엎드려 자고 있는 엄마가 있다. 순간 나는 너무 웃겨서 배를 잡고 쓰러진다.

"푸하, 여자 친구는 무슨! 우리 엄마야, 엄마!"

공놀이가 순식간에 끝난다. 세 청년이 동시에 "진짜?"를 외치며 굳어 버렸기 때문이다. 그중 한 친구가 도저히 믿기지 않는다는 듯 되묻는다.

"엄마라고? 엄마랑 여행을 한다고?!"

"응! 벌써 6개월이 넘었어!"

친구들은 믿을 수 없다는 표정으로 나를 위아래로 훑어본다.

"진짜라니까. 이리 와봐."

나는 세 친구를 이끌고 졸고 있는 엄마에게 다가간다. 엄마는 내가 웬 덩치 큰 청년 셋을 달고 왔나 싶어 눈만 끔뻑인다. 세 친구 역시 여전히 믿지 못하겠다는 표정이다.

"엄마도 영어 할 줄 아셔?"

"아니, 내가 다 통역해드려야 돼."

상황 파악이 안 된 엄마가 무슨 일이냐고 묻는다. 자초지종을 설명하니 엄마는 졸린 눈을 비비고 일어나 짧은 영어로 인사를 건넨다.

"하이. 아이 엠 동익. 애는 내 아들이야. 마이 썬. 아임 마더."

엄마의 소개가 끝나자 세 명의 영국인들이 엄마를 에워싸고는 쉽고 좋은 뜻의 영어를 모두 쏟아낸다. 엄마는 내가 통역을 해주지 않았는데도 그들의 말에 하나같이 '땡큐!'를 외친다. 칭찬은, 그리고 격려는 마음이 먼저 알아듣는 모양이다.

"최고다! 아니 그간 어떻게 버티셨대? 우리 엄마는 영국에서 유럽 대륙으로 넘어가는 것조차 손을 내저으시는데."

"여행하다가 정말 별의별 사람을 다 만나봤지만 아들이랑 여행하는 예순 살 엄마는 정말 처음 본다. 엄마한테 진짜 존경스럽다고 전해줘."

흥분한 세 친구가 엄마를 향해 엄지를 치켜세운다. 엄마는 별일 아니라는 듯 도도한 표정으로 '땡큐!'를 연발한다.

"애들한테도 집에 가면 엄마랑 여행하라고 좀 전해줘. 하하."

엄마의 어깨에 힘이 잔뜩 들어간다. 나는 들뜬 엄마의 기분을 맞추기 위해 친구들이 하지 않은 칭찬까지 덧붙여 말한다. 하지만 내가 칭찬을 지어낼 필요도 없을 만큼 세 친구들의 칭찬 릴레이는 끝없이 이어진다. 심지어 우리 주변을 지나치는 여행자들까지 불러 세워 이렇게 외치기 시작한다.

"이 아주머니 올해로 예순 살인데 6개월째 배낭여행 중이시래!"

그러면 하나같이 가던 길을 멈추고 엄마에게 달려와 엄지를 들어주는 길 위의 친구들. 1년 넘게 여행 중이라는, 그야말로 거지꼴을 한 아저씨가 다가와 지난 1년간 만나본 배낭여행자 중 최고령자를 만나 영광이라며 엄마에게 콜라 한 캔을 건넨다. 제 몸보다 더 큰 배낭을 멘 러시아 아가씨는 자신도 엄마처럼 나이를 먹어서도 세계를 돌아다니고 싶다며 갖은 부러움과 경의를 풀어놓는다. 엄마는 내가 통역을 해줄 때마다 웃음을 참지 못한다. 그저 길바닥 위에서 졸다가 일어났는데 외국인들이 눈앞에 몰려와 응원과 격려를 쏟아내고 있으니 말이다. 영웅도 이런 영웅이 없다.

"원준아, 내가 정말 대단하긴 대단한가봐!"

나는 엄마보다 더 큰 목소리로 말한다.

"엄마, 나는 진짜, 진짜로 엄마가 자랑스러워 미치겠어! 하하!"

엄마와 나의 웃음 사이로, 여행자 친구들의 환호성 사이로 기차가 들어오는 소리가 들려온다. 하루하루가 지날수록 엄마는 여행 고수들에게

인정받는 수준 높은 배낭여행자로 거듭나고 있다. 우리가 예약한 침대칸을 찾아 누워 있는데 엄마를 알아본 몇몇 여행자들이 엄마의 침대를 신나게 두드리며 지나간다. 엄마는 환한 미소를 머금고 그들에게 손을 흔든다. 빠르게 지나가 얼굴을 확인하지는 못했지만 누군가가 나지막이 외친 소리가 귓가에 맴돈다.

"네 엄마가 진짜 최고의 여행자야!"

인정한다. 내가 세상에서 가장 대단한 여행자와 배낭여행을 하고 있는 행운아라는 것을!

엄마의 여행 노트 #5

여행을 할 때는 짐을 무겁게 꾸리지 않도록 신중을 기하는 것이 마땅하지만, 지나치게 인색하게 짐을 꾸렸다가는 어느 순간에 꼭 필요한 것이 수중에 없어 곤경에 빠질 위험이 있다. 여행의 안락은 짐을 잘 꾸리느냐 못 꾸리느냐에 달려 있다.

공부합시다!

"미안해. 계획이 좀 바뀌어서 오늘 가봐야 할 것 같아."

루마니아 부쿠레슈티의 카우치 호스트 블라드에게 갑작스런 이별을 고하고 이른 아침 집을 나섰다. 그와 문제가 있었던 것은 아니다. 두 발 전진을 위해 잠시 한 발 물러설 시기가 온 것 같아 큰 결심을 한 것뿐이다.

초반부터 이렇게 밀어붙이면 안 될 것 같다는 생각이 들었다. 적을 알고 나를 알아야 승리할 수 있다지 않은가. 여행할 나라들에 대해 제대로 알지도 못하면서 한 도시를 더 돌았네, 두 도시를 더 돌았네, 하는 것이 무슨 의미가 있을까 싶었다.

불과 일주일 전, 터키에서 유럽 대륙으로 넘어오면서 본격적인 동유럽 여행의 닻을 올렸다. 하지만 시작부터 많은 어려움에 부딪혔다. 어떤 특정한 사건이 있었던 건 아니지만 국가와 도시에 대한 정보가 부족하니 매일 헤매는 게 일이었다. 마음가짐은 한없이 신선하고 가벼운데 발걸음이 지지부진했던 것이다. 터키에서 산 영문판 가이드북 하나만 들고 호기롭게 여행을 시작했던 것부터가 잘못이었다. 불가리아와 루마니아 단 두 나라를 둘러봤을 뿐인데 '가고 보자'식 여행은 금세 한계를 드러냈다. 각 나라에 대해 조금이라도 알고 있는 것과 전혀 모르고 있는 것이 천지 차이라는 것을 뼈저리게 깨닫는 시간이었다.

소피아에 들어섰는데도 소피아의 유명 관광지가 무엇인 줄도 몰라 많은 시간을 허비했다. 소피아 근처에 있는 플로브디브라는 도시가 예쁘다는 소문만 듣고 아무런 준비 없이 찾아갔다가 길을 잃어 엄마와 싸우기까지 했다. 루마니아에서도 마찬가지였다. 우리를 초대한 블라드는 나를 앉혀두고 루마니아에 대한 정보를 설파했지만 내가 워낙 아는 게 없으니 큰 도움이 되지 않았다. 오히려 이렇게 무지한 상태로 카우치서핑을 한다는 게 미안할 정도였다.

여행을 6개월 넘게 했으면서 뭘 그리 엄살을 떠느냐고 하면 할 말은 없다. 하지만 앞으로 20여 개에 이르는 동유럽 국가들을 빠르게 훑기 위해서는 '공부'가 필요했다. 당장 루마니아의 다음 목적지가 세르비아인데 그곳으로 가는 차편조차 아는 바가 없다. 해서 과감히 오늘의 여행을 접고 카우치 호스트의 집에서 빠져나와 와이파이가 빵빵하게 터지는 호스텔에 자리를 폈다.

방에 들어서자마지 2층 침대로 기어 올라가 노트북의 전원을 켜고 당장 내일모레면 가게 될 발칸반도에 대한 정보를 검색해본다. 국내 관광객들의 발걸음이 뜸한 탓에 쓸 만한 정보를 찾아내기가 쉽지 않다. 당장 필요한 각국의 이동 정보나 환율 정보도 없다. 결국 구글 영문 검색에 번역기까지 돌려가며 고3 때보다 더 열정적으로 공부에 매진한다. 다행히 구글이라는 바다에는 그동안 전혀 몰랐던 사실들이 출렁이고 있다. 시간 가는 줄도 모르고 열심히 공부하는 사이 1층 침대에서 자고 있던 엄마가 빠끔히 고개를 내민다.

"아들, 뭘 그렇게 열심히 공부해? 루마니아에서 유학이라도 준비하는 거야? 밥은 먹고 해야지."

아, 벌써 12시가 훌쩍 넘었다. 나는 얼른 뛰어나가 샌드위치와 음료수를 사들고 호스텔로 돌아온다. 그리고 1층으로 내려가 엄마 앞에 앉는다.

"엄마, 지금까지 아시아와 중동은 시간을 두고 찬찬히 돌았지만 유럽에선 그럴 여유가 없어. 수십 개의 나라들이 작은 지역에 촘촘히 붙어 있어서 다 둘러보려면 좀 부지런히 움직여야 하거든. 게다가 지금껏 여행하던 나라들에 비해 물가도 비싸기 때문에 한 나라에 오래 머물 여유도 없어. 한 나라를 알아가기 위해 일주일, 열흘씩 머물 수가 없다는 얘기야. 그래서 방문할 나라에 대해 조금이라도 알고 가는 게 수월할 것 같아. 지난 일주일 동안 아는 게 없어서 계속 헤맸잖아."

"그래, 그러면 엄마도 좀 가르쳐줘. 엄마는 유럽이라기에 불란서, 이태

리, 스위스 이런 데 가는 줄 알았어. 불가리아, 루마니아는 너무 생소해. 내일모레 갈 나라가 어디라고 그랬지? 세르… 세아?"

"세르비아. 나도 잘 모르는 나라야. 그래서 지금 열심히 공부하는 중이고. 거기서도 이삼 일만 머무를 예정이라 하나라도 더 알고 가야 시간에 맞춰서 더 많은 걸 볼 수 있어. 참, 엄마… 예산 때문에 어쩌면 프랑스나 이탈리아는 못 갈 수도 있어. 미안해."

사실 서유럽은 여행 루트에 껴 있지 않은 곳이다. 하지만 혹시라도 여비가 남는다면 이탈리아나 프랑스 정도는 가볼 예정이었다. 그래서인지 프랑스에 못 갈 수도 있다는 말에 엄마가 잠시 침묵한다. 하지만 이내 쿨하게 말한다.

"미안하긴! 이름이 워낙 어려워서 정확히 말하지는 못하지만 동유럽의 이 많은 나라들을 다 도는 게 어디야! 엄마도 좀 알려줘. 도대체 앞으로 가게 될 나라들이 어떤 나라들인지."

엄마와 나는 같은 방에 묵고 있는 여행자들의 시선도 아랑곳하지 않고 1층 침대에서 머리를 맞댄 채 노트북을 노려보기 시작한다.

"어휴, 엄마는 발칸반도에 아는 나라가 하나도 없네."

"당연하지. 잘 알려진 국가들도 아니고 독립한 지 얼마 되지 않은 나라도 많거든. 발칸반도는 십수 년 전만 해도 유럽의 화약고라고 불릴 정도로 내전이 심했대. 유고슬라비아(사회주의 연방 공화국)라는 나라는 내전 끝에 무려 일곱 개의 나라로 갈라졌어. 세르비아도 그중 하나고 마케도니아, 보스니아헤르체고비나, 크로아티아, 슬로베니아, 몬테네그로, 코소보가 이전에는 하나의 공화국이었던 거야. 그걸 나도 오늘 알았어."

"한 나라가 둘로 쪼개진 우리도 전쟁 피해가 엄청났었는데 여기는 더 심했겠다. 그치?"

"그랬겠지. 내전이 끝난 지 얼마 안 돼서 지금까지도 상처투성이래. 내전 당시에 사망자가 수십만 명에 달했고, 난민은 셀 수도 없었다고 쓰여 있어. 서로 피로 피를 씻은 사이라고 설명되어 있는데, 이거 너무 끔찍한 표현이다."

"위험하진 않대? 여행할 수 있는 나라들이야?"

"지금은 일곱 개의 나라로 완벽하게 나눠졌고, 그 뒤에 협정을 맺어서 안전하대. 이제 막 기지개를 켜며 발전하는 나라들이라 오히려 여행하기엔 딱 좋은 시기라고 하네."

엄마가 고개를 끄덕인다.

"아픔이 많은 나라들이니까 좀 더 경건한 마음으로 여행해야겠다. 엄마도 전쟁통에 태어나서 그런지 이런 이야기를 들으면 마음이 아파."

그러고보니 엄마는 한국전쟁이 한창일 때 태어났다. 물론 너무 어려서 전쟁의 기억은 없다고 했지만 그 씻을 수 없는 상처들은 아기였던 엄마에게도 그대로 전달됐으리라. 그럼 당시에 지금의 엄마보다도 한참 어렸을 외할머니의 아픔은 또 어땠을까. 나는 감히 상상조차 할 수가 없다.

"엄마, 할머니도 참 고생하셨겠어."

"그럼. 서울에 남은 건물이 거의 없을 때니까 집도 없고 먹을 것도 없었지. 그런데도 자식이 굶을까봐 안 해본 장사가 없으셨어. 엄마가 아주 어렸을 때는 신설동 판잣집을 겨우 얻어서 살았는데, 그때 할머니가 옥수숫가루에 물만 탄 죽을 쑤어서 당신은 안 먹고 우리 형제자매들한테만 주셨던 게 생각이 나. 그때 네 외할머니는 먹고살 수만 있다면, 어린 자식들을 잃지 않을 수만 있다면 무슨 일이든지 할 것 같은 강한 엄마였어."

다큐멘터리에서나 들을 법한 이야기가 엄마의 입에서 술술 흘러나오는 게 너무 신기해서 입을 다물지 못한다. 단 한 번도 엄마가 전쟁의 주인공이라고 생각해본 적이 없다. 유럽에서는 당대를 이야기할 때 400년을 아우른다는데 나는 고작 내가 산 30년을 당대라 생각하고 살았다. 그러니 60년 전 역사도 까맣게 잊고 살았을 수밖에. 늘 온화했던 외할머니의 '강건했던' 모습을 상상하다 이내 깊게 패인 외할머니의 주름을 떠올린다. 그 주름 속에는 또 얼마나 많은 아픔들이 자리 잡고 있었을까.

"엄마, 외할머니가 살아 계셨으면 지금 엄마보고 뭐라고 하셨을까?"

"만날 작은 가게에서 일만 하더니 네가 세계를 다 둘러보고 다니는구나, 하셨겠지. 걱정도 하셨겠지만 좋아하셨을 것 같아. 우리 엄마도 내가 좋다고 하는 거 한 번도 반대한 적이 없으시니까."

"우리는 아빠 빽도 있고 외할머니 빽도 있으니까 이 여행은 끝까지 안전하고 재미있을 거야! 열심히 돌아다니자!"

"그래, 아들! 엄마는 앞으로 갈 나라 중에 체코랑 오스트리아 말고는 아는 나라가 없으니까 얼른 강의 다시 시작해. 관광지도 좋지만 역사도 좀 알려줘. 배경 지식이 있어야 여행이 더 재미있는 것 같아."

"암요. 그래서 오늘 여행 휴가 내고 공부하러 여기 들어왔잖아! 사, 이번에 공부할 도시는…."

우리의 학구열은 밤늦은 시간까지 식을 줄을 모른다. 이름조차 몰랐던 나라들의 역사와 문화를 하나씩 알아갈 때마다 멀게만 느껴졌던 다음 여정지들이 눈앞으로 다가온다. 동시에 우리의 기대도 한껏 부푼다. 단 하루를 투자했을 뿐인데도 이렇게 뿌듯할 만큼의 성과를 얻게 되다니. 모르는 건 배우면 된다는 너무도 간단한 사실을 다시 한 번 깨닫는 밤이다. 꽤나 길게 이어진 벼락치기 공부를 마치고 2층 침대에 누우니 발바닥이 너무 가려워 참을 수가 없다. 빨리 날이 밝아 새로운 곳으로 향하고 싶다.

Just Passing By
티미쇼아라

동유럽 여행을 시작하자마자 난관에 부딪혔다. 루마니아의 수도 부쿠레슈티에서 다음 행선지인 세르비아의 수도 베오그라드로 가는 열차가 일시적으로 중단된 것. 두 도시를 잇는 버스조차 없어서 막막하기만 했다. 발만 동동 구르던 중 '티미쇼아라'라는 도시로 가면 세르비아 국경까지 가는 열차가 있다는 불확실한 정보를 얻었고 무작정 그곳으로 떠났다.

하지만 그저 경유지로만 여겼던 이 도시에 우리는 감탄했다. 아름다움으로 무장한 대성당과 총천연색의 꽃들로 뒤덮인 공원, 아름다움의 차원이 다른 너른 광장이 우리를 맞았기 때문이다. 여행 중 이렇게 귀엽고 아기자기한 도시를 본 적이 있나 싶을 정도였다. '어쩌다 마주친 그대'가 너무나 아름다워 우리는 하마터면 세르비아로 가는 기차를 놓칠 뻔했다.

코소보의 꿈

"원준아, 저 사람 클린턴 아니야? 예전에 미국 대통령이었잖아!"

어, 설마 했는데 진짜다. 건물 한쪽 벽에 클린턴의 대형 사진이 붙어 있다. 멀지 않은 곳엔 클린턴의 동상도 세워져 있다. 심지어 우리가 달리고 있는 이 도로의 이름도 '빌 클린턴 대로'다. 우리는 지금 코소보의 수도 프리슈티나에 도착해 택시를 타고 숙소로 이동 중이다.

코소보는 2008년, 발칸반도에서 마지막으로 독립을 선언한 국가다. 정확히 말하면 여전히 국제사회에서 독립에 대한 의견이 분분한 '미승인 국가'다. 그런데 도대체 왜 클린턴이 온 거리를 장식하고 있을까. 그 이유를 알기 위해서는 1998년, 전 세계의 이목을 집중시켰던 코소보 사태로 거슬러 올라가야 한다.

코소보는 15년 전만 해도 세르비아의 자치주였다. 하지만 세르비아계와는 종교와 사상이 다른 알바니아계가 인구의 80퍼센트 이상을 차지하고 있어 늘 세르비아와 대립각을 세우고 있었다. 그러던 어느 날, 알바니아계 코소보 주민들이 강력하게 독립을 외치며 세르비아 경찰을 공격했는데, 이 사건이 바로 코소보 사태의 시발점이 되었다.

안 그래도 코소보에 대한 감정이 좋지 않았던 세르비아는 이때다 싶어 코소보에 융단폭격을 가하며 사상 초유의 인종 청소를 시작했다. 보스니아 내전의 피비린내가 채 가시지도 않은 발칸반도가 다시 피바다로 변한 것이다. 짧은 시간 동안 수만 명의 무고한 시민이 학살됐고, 30만 명 이상의 난민이 발생했다. 코소보에 대한 세르비아의 대량 학살을 보다 못한 미국(당시 미국의 대통령은 빌 클린턴이다.)과 유럽연합 등 국제사회는 반인륜적인 공격을 중단하라며 세르비아에 압력을 넣기 시작했다. 하지만 세르비아의 인종 청소는 계속되었고, 결국 나토(NATO) 병력이 세르비아를 침공해 80여 일 만에 밀로셰비치(당시 세르비아 대통령)의 항복을 받아내고 그를 유엔 전범재판소에 넘겼다. 그리고 10년. 코소보는 그렇게 원하던 독립을 선언했다. 결국 나토의 공습이 코소보 독립에 결정적인 영향을 미친 것인데, 그 공습을 이끌어낸 주인공이 바로 빌 클린턴인 까닭에 그는 이곳에서 영웅과도 같은 존재가 된 것이다.

비록 미국에선 르윈스키와의 스캔들, 일명 '지퍼게이트' 사건으로 망신살이 뻗쳤던 클린턴이지만 여기서만큼은 건국의 아버지에 준하는 확실한 대접을 받고 있다. 모르긴 몰라도 은퇴 후 코소보에서 여생을 보낸다면 먹고사는 데 문제가 없어 보인다. 미국이라는 나라도 코소보에선 생명의 은인과도 같은 나라로 통하고 있어 거리 곳곳에 성조기가 나부끼고 있고, 코소보 국민의 절대다수가 미국이라고 하면 무조건 엄지를 치켜든다. 미국의 독

립기념일이면 축하 행사까지 열린다고 하니 말 다했다. 우리가 도착한 숙소에도 코소보 국기와 함께 대형 성조기가 나부끼고 있다.

　프리슈티나의 거리로 나가본다. 얼마 전까지 전 국토가 피로 얼룩졌던 곳이라고는 믿기 힘들 정도로 평화롭다. 이제 막 전쟁의 상흔을 깨끗이 지워내고 새로운 시대를 향해 첫발을 내딛는 모습이 이러할까. 곳곳이 희망찬 구호들로 채워져 있고 '코소보 공화국'이라 쓰인 팻말이 자랑스럽게 세워져 있다. 도시 한가운데엔 코소보 국민들의 벅찬 감정을 대변하는 대형 조각이 세워져 있는데, 그 조각의 내용이 바로 '새로운 탄생(NEW BORN)'이다. 저 간절한 열망을 당당하게 부르짖기 위해 얼마나 많은 이들이 희생됐을까 생각하니 가슴이 찡해진다.

　하지만 코소보는 여행자들이 몰려들 만한 곳은 아니다. 이렇다 할 볼거리도 없고 유명한 관광지도 없다. 하긴 어두운 터널에서 이제 막 빠져나온 이에게 뭔가를 바라는 건 속 편한 여행자들의 욕심이다. 무언가 대단한 걸 봐야 한다는 마음을 지워내고 지난 10년간 유럽의 화약고라 불리며 가장 뜨거운 역사를 써 내려간 신생국가의 한 맺힌 역사를 더 알아보기 위해 박물관과 미술관을 찾기로 한다. 하지만 미술관은 개관 준비 중이고 국립박물관은 보수공사 중이다. 갑자기 맥이 탁 풀린다.

　하는 수 없이 근처에 있는 시장을 구경하고 숙소로 발걸음을 옮긴다.

그런데 '코소보 독립의 집'이라는 아담한 크기의 건물이 눈에 들어온다. 외진 곳에 있어서 딱 봐도 사람들의 발걸음이 뜸할 것 같은 곳이다. 엄마와 나는 별다른 기대 없이 건물 안으로 들어선다.

"안녕하세요!"

갑자기 뒤에서 들려오는 영어에 깜짝 놀란다. 홀로 이 전시관 관리를 책임지고 있는 여직원이다.

"반가워요. 여행자들이 찾기엔 쉽지 않은 곳인데 어떻게 오셨어요?"

"아, 네. 지나가다가 우연히 눈에 띄어서요. 코소보의 독립 과정이 궁금하던 차인데 잘됐네요."

"그렇다면 제대로 오셨어요. 그 과정을 이야기해드리는 게 제 일이거든요. 직접 개인 가이드를 해드릴 테니 따라오세요!"

여직원의 표정만 봐도 얼마나 우리를 환영하고 있는지 알 수 있다. 다소 어두운 마음이었는데 그녀의 활달한 목소리가 기운을 북돋워준다.

이 건물은 코소보의 독립에 큰 공을 세운 코소보 초대 대통령 '루고바'에 의해 세워졌다고 한다. 그는 조국을 아끼고 사랑했으며 국민들의 신임을 한 몸에 받았지만 코소보 독립을 불과 2년 앞두고 암으로 세상을 떠났다. 잠시 묵념의 시간을 가진 뒤 여직원은 우리를 루고바 대통령이 사용하던 집무실로 안내한다. 아담한 집무실에는 코소보 깃발과 알바니아 깃발, 성조기가 함께 펄럭이고 있다.

"어머니, 여기서 꼭 기념사진 한 장 찍고 가세요."

오랜만에 찾아온 이방인이 반가웠는지 여직원은 아까부터 한껏 들뜬 모습이다. 덕분에 엄마는 코소보 초대 대통령이 코소보의 독립을 위해 힘쓰던 집무실에서 잊지 못할 기념사진을 남긴다. 아마도 이곳에서 사진을 찍은 한국인은 엄마가 최초일 것이다.

이어 여직원은 건물 중앙에 있는 전시관으로 우리를 이끈다. 그녀도 인종 청소라 불리던 최악의 내전 속에서 몇 번의 죽을 고비를 넘기고 겨우 살아남았다고 한다. 열과 성을 다해 조국의 역사와 독립 과정을 설명해주던 그녀의 눈망울에 눈물이 그렁그렁 맺힌다. 엄마는 얼른 여직원의 등을 쓸어주며 자신 역시 한국전쟁의 폐허 속에서 어렵게 살아왔다는 말을 전한다. 두 여인이 아무 말 없이 서로를 품에 안는다.

다시금 기운을 차린 그녀가 코소보의 독립 과정을 전시한 전시관을 지나 작은 사무실로 우리를 이끈다. 원래 쉽게 공개하는 곳이 아닌데 우리에겐 특별히 보여주고 싶다는 말을 덧붙이는 여직원. 그녀의 설명을 들어보니 이 작은 공간은 코소보 내전과 코소보 독립운동 당시 엄청난 긴장감이 흐르던 방이었다. 직원과 기자들이 이 방에 숨어 코소보 내전의 생생한 소식을 전 세계에 타전했고 조를 이뤄 24시간 비상 체제를 운영했던, 정말 생과 사를 오가는 긴박함이 흐르던 곳이었다.

건너편 방에 들어서자 끔찍한 사진이 걸려 있다. 어쩐지 이 건물이 좀 새것 같다고 느꼈었는데 내전 당시 폭격으로 인해 붕괴된 걸 복원한 것이라 한다. 사진 속에는 폭발 직후의 건물 모습이 생생히 담겨 있다. 당시 이 건물에 있던 사람들이 포탄에 참혹히 사라졌음을 짐작할 수 있다. 이 방의 한 면은 다른 곳들과 달리 여전히 검게 그을려 있었는데 폭발 당시를 기억하기 위해 그대로 남겨둔 것이라고 한다. 이 벽 앞에서 그녀의 이야기가 끝이 난다.

여직원은 떠나는 우리에게 꼭 코소보를 기억하고 한국에도 코소보의 독립을 널리 알려달라고 부탁한다. 한국과 미국을 비롯한 유럽의 여러 국가들은 코소보를 독립국가로 인정하지만 세르비아나 주변국들이 아직 이곳의 독립을 인정하고 있지 않아서다. 나는 그녀의 간곡한 부탁을 듣고

바로 개인 블로그와 인터넷을 통해 코소보의 힘찬 발걸음을 응원하겠다고 말한다. 그러자 그녀의 눈에 또다시 눈물이 그렁거린다. 그 눈물 속에는 말 못할 사연과 숱한 감정들이 섞여 있었다. 엄마가 다시 한 번 그녀를 가슴에 꼭 안는다.

이제 막 독립을 한 나라의 치유 과정을 볼 수 있는 건 분명 흔치 않은 경험이다. 그저 뉴스에서만, 인터넷을 통해서만 접했던 코소보 내전의 참상과 그 이후의 모습을 직접 마주하니 뭐라 표현할 수 없는 기분이 든다. 코소보 내전은 종교와 이념 등 상당히 복잡한 이해관계가 얽혀 있다. 미국과 유럽연합의 개입 역시 자국의 이익을 위한 비겁한 행동이었다는 의견도 존재한다. 그러기에 한낱 여행자가 그 복잡하고 미묘한 문제를 개인의 잣대로 평가할 수는 없는 일. 하지만 적어도 오늘만큼은 코소보의 곁에서 코소보가 흘린 피눈물을 닦아주고 싶다는 생각이 간절하다. 그리고 우리에게 따뜻한 호의를 보여준 여직원이 앞으로는 웃을 일이 많았으면 좋겠다는 생각이 든다. 건물 밖으로 나오니 햇살이 눈부시다.

"아들, 저 쨍한 햇살처럼 코소보의 앞날이 밝았으면 좋겠어."

단잠과 빨간 사과
한 알의 여유

"그럼 오흐리드가 답이야. 여기서 세 시간이면 도착해."

마케도니아의 수도 스코페에서 만난 카우치 호스트 밀로스가 주저 없이 '오흐리드'를 외쳤다. 자신도 생각을 정리할 시간이 필요하면 오흐리드의 아름다운 호수를 보러 간다고 했다. 망설일 이유가 없었다.

어느새 동유럽의 다섯 번째 나라인 마케도니아에 도착했다. 발칸반도는 여전히 베일에 싸여 있어 이동 정보가 정말 부족했다. 때문에 움직일 때마다 매번 전쟁을 치러야 했는데 다음 여정지로 향하는 버스는커녕 버스 터미널을 찾는 것조차 쉽지 않았다. 게다가 이삼 일마다 이동을 반복해야 했기 때문에 피로가 점점 누적되었다. 발칸반도 내전의 슬픈 역사를 직접 경험하고 목격하면서 마음도 무거워졌다. 잠깐 쉬어 가자는 말을 먼저 꺼낸 건 엄마였다.

"몸도 마음도 살짝 힘이 드는데 잠시 쉬었다 갈까? 아시아 여행할 때도 인도네시아에서의 방학이 큰 도움이 됐잖아. 엄마 신경 쓰랴, 매번 여행 루트 짜랴 많이 지친 것 같은데 한 박자 쉬어 갑시다. 아드님."

그래서 얻은 답이 바로 오흐리드. 사실 루트 안에 집어넣었던 곳인데 마음이 급해져 바로 알바니아로 넘어가려던 참이었다. 밀로스가 오흐리드행 버스가 출발하는 버스 터미널까지 친절히 데려다줘 어려움 없이 오흐리드에 닿았다.

즉흥적으로 선택한 곳이라 카우치서핑을 신청하지 않았고 숙소도 정하지 못했다. 하지만 걱정할 필요는 없어 보인다. 버스 터미널을 나서니 홈스테이를 운영하는 아주머니들이 자신의 집 모습을 담은 사진을 흔들며 여행자들을 불러 모으고 있다. 그들 대부분이 엄마 또래의, 푸근한 인상을 가진 분들이다. 나는 우선 숙소부터 구하고자 아주머니들이 들고 있는 사진들을 천천히 훑어본다. 그때 엄마가 내게 바싹 붙어 속삭인다.

"주방 쓸 수 있냐고 물어봐! 이왕 쉬러 온 거 맛난 것 좀 만들어 먹자!"

"옳거니!"

우리는 주방은 물론 자기 집에 있는 건 다 써도 좋다는 아주머니를 따라나선다. 도착해보니 호숫가 언덕에 자리 잡은 전망 좋은 집으로 2층 전체를 사용해도 된단다. 창문을 열어젖히니 하늘과 맞닿아 있는 맑은 호수가 한눈에 들어온다. 너무도 여유로운 풍광이 잘 쉬러 왔다며 인사를 건네는 듯하다. 하지만 금강산도 식후경. 주인아주머니가 마음껏 주방을 사용하라고 할 때부터 엄마와 내 입에서는 군침이 돌았다. 바로 어제 스코페 대형마트에서 구입한 한국 라면이 배낭에 들어 있기 때문이다.

라면을 발견한 순간의 환희를 어떻게 표현할 수 있을까. 엄마와 나는 라면을 봄과 동시에 비명을 질러 장을 보러 나온 사람들의 이목을 한순간에 집중시켰더랬다. 워낙 면 요리를 좋아해 종종 현지 라면을 사 먹었는데 치킨 맛이나 카레 맛 등 한국에 내다 팔면 먼지만 폴폴 쌓인 채 반품될, 한결같이 밍밍한 맛의 라면들이 대부분이었다.

엄마가 2배속으로 움직이며 순식간에 라면을 끓여낸다. 침이 꼴깍꼴깍 넘어간다. 시뻘건 국물과 탱탱한 면발이 입에 들어서자마자 정말 눈처럼

녹아버린다. 여기에 청양고추 한 개와 고춧가루 한 숟갈만 들어가면 진짜 좋을 텐데! 구레나룻을 따라 땀이 흘러내린다. 역시, 사나이 울리는 한국 라면! 장기여행자들은 알 것이다. 때때로 얼큰한 라면 국물이 얼마나 사무치게 그리운지를.

"아! 진짜 끝내준다, 엄마! 열흘 동안 라면만 먹었으면 좋겠어!"

한국에서는 라면 한 봉지를 다 먹어본 적 없던 엄마의 그릇도 국물 한 점 없이 깨끗하다. 그릇 가장자리에 라면을 먹었던 흔적만이 남아 있을 뿐이다.

"엄마도 한국 가면 라면을 박스째 사다놓고 먹어야겠다."

엄마의 입에서 저런 말이 튀어나오다니. 역시 여행은 많은 걸 바꿔놓는다.

"오늘 저녁에는 야채볶음밥에 호박전, 감자전, 부침개도 해 먹자!"

"역시 엄마랑 여행을 해야 해! 하하!"

한국 음식에 대한 열정에 제대로 발동이 걸린 모자는 그길로 마트로 뛰어나가 쌀과 채소, 고기를 잔뜩 사들고 온다. 그제야 창밖에서 찰랑이고 있는 호수가 다시 눈에 들어온다.

마케도니아와 알바니아, 두 나라에 걸쳐 있는 오흐리드 호수는 정말 바다처럼 넓다. 물빛은 또 어찌나 맑고 깨끗한지, 마치 호수 전체에 거대

한 유리가 덮여 있는 것 같다. 그 유리에 반사된 햇살은 황홀 그 자체! 거인이 하늘에서 던진 꽃이 호수로 변했다는 전설이 있을 만큼 충분히 아름다운 오흐리드 호수. 그저 바라만 보고 있는데도 피로가 한 꺼풀 벗겨져 나가는 듯하다. 옆을 보니 엄마가 노곤한 단잠에 빠져 있다. 나는 디저트로 사 온 빨간 사과 한 알을 조심스레 베어 물며 나직이 말한다.

"역시, 여행에도 방학이 필요해."

세상에서
가장 유쾌한 모녀

 동유럽에 들어서면서부터 엄마와 나는 앞으로 발자국을 찍을 모든 나라에 현지 친구를 만들자는 야심찬 계획을 세웠다. 카우치서핑의 매력에 푹 빠져버려 카우치서핑만으로 유럽을 돌아보자는 불가능에 가까운 미션을 세운 것이다. 사실 카우치서핑 요청 메시지를 보낸다고 해서 모두가 초청을 받는 건 아니다. 누구는 50퍼센트 정도라고 말하고, 누구는 그 정도 퍼센티지도 안 된다고 말한다. 그런데 우리는 엄마와 아들이라는 독특한 조합 때문인지 메시지를 보내는 족족 초청 답장을 받았다. 해서 지금까지 '미션 석세스' 가도를 신나게 달리고 있다.

 세상에서 가장 맛있는 수제 치즈케이크를 만들어준 불가리아의 폴리, 백 년 전통을 가진 레스토랑에서 정찬을 대접해준 루마니아의 블라드, 엄마의 비빔밥을 맛보고 기쁨의 환호성을 내지른 세르비아의 네나드·타냐 커플, 오흐리드의 호수를 선물해준 마케도니아의 밀로스까지. 그들은 우리를 정말 기꺼운 마음으로 초대한 후 수많은 추억을 안겨주며 이 여행을 더욱 풍성하게 만들어줬다. 그들이 한국에 온다면 나 역시 그들에게 한국에서의 잊지 못할 추억을 만들어주리라!

 오늘 알바니아의 수도 티라나에서 만날 친구는 풋풋한 열아홉 살 대학

생 앤지다. 그녀는 내 카우치서핑 요청에 '어서 와!'라는 대답 대신 '정말 올 거야?'라는 질문을 남겼다. 처음에는 무슨 뜻인가 싶어 의아했는데 알바니아에 대한 자료를 찾다보니 그녀의 말의 의미를 알 수 있었다. 알바니아는 발칸반도의 유일한 이슬람계 독립국가로 유고슬라비아에 소속되어 있지 않던 나라다. 때문에 이전부터 유고권과 사이가 좋지 않았는데, 이런 이유로 알바니아에서 유고권으로 입국하는 게 정말 힘들다. 반대로 알바니아에서 유고권 국가로 나가는 것 역시 상당히 까다롭다. 그러니 알바니아를 찾는 여행자들도 별로 없고, 카우치서핑 요청도 드문 게 사실이다. 앤지의 '정말 올 거야?'라는 질문은 '가능하다면 꼭 이곳에 놀러 와!'라는 말이나 다름없었다.

그래, 우리가 누군가? 어떠한 장애물이라도 거침없이 뛰어넘는 세계 최강의 모자 배낭여행자가 아닌가! 나는 알바니아로 가는 방법을 알아내기도 전에 앤지에게 '어떻게든 갈 테니 딱 기다려!'라는 답장을 보냈다. 예상대로 알바니아로 가는 길은 매우 험난했다. 직행버스도 없어 차를 몇 번 갈아타야 했고 겨우 도착한 출입국 사무소에서는 여권을 30분씩 검사했다. 우리 뒤에 서 있던 아주머니는 무슨 이유에선지 입국이 거부됐다.

"그래도 예루살렘에 갈 때보다는 훨씬 낫다!"

엄마의 말에 또다시 악몽과도 같았던 이스라엘 출입국 수속이 떠올랐다. 우리를 작은 방으로 끌고 가 정말 너무하다 싶을 정도의 요상한 질문 공세를 퍼부었던 사상 초유의 출입국 수속. 지금도 그때 생각을 하니 아찔했다. 엄마도 고개를 절레절레 흔들었다.

밤늦은 시간에야 티라나에 도착해 조심스레 앤지에게 전화를 건다.

"와! 진짜 왔네!"

앤지가 기분 좋게 외친다.

"내가 올 거라고 했잖아!"

"지금 아르바이트 중이야. 금세 끝나니까 거기서 딱 기다려!"

내가 막 웃으면서 전화를 끊자 엄마가 묻는다.

"뭐가 그렇게 재밌어?"

"이 친구 엄청 귀여울 것 같아!"

잠시 후 우리를 먼저 발견한 앤지가 "진짜 왔구나!"를 다시 외친다. 다짜고짜 엄마를 껴안는 앤지. 엄마는 방금 전까지도 몰랐던 알바니아 아가씨를 품에 안고 환히 웃는다. 연신 미소를 지으며 우리를 바라보는 앤지의 행복 바이러스가 금세 우리에게까지 번진다.

"세상에!"

티라나 시내가 다 떠내려갈 듯 소리를 지르며 아줌마 한 분이 나타난다. 알고보니 앤지의 어머니 미렐라 아줌마가 손님들이 온다는 소식을 듣고 뛰어나온 것이다.

"오, 세상에! 세상에! 늦은 나이에 세계여행이라니! 내 가슴이 아주 짜릿짜릿해요!"

미렐라 아줌마가 엄마를 격하게 껴안고는 다짜고짜 엄마의 손을

꼭 잡는다. 내가 통역을 하는 동안 엄마도 아줌마의 손 위에 다른 한 손을 올린다. 마치 오래된 친구인 것처럼.

"그러게요. 내가 여러분들 만나려고 여행을 떠났나봐요! 내 마음도 아주 두근두근하네요!"

미렐라 아줌마는 집에 도착할 때까지 단 한 번도 엄마의 손을 놓지 않았다. 괜찮다고 하는데도 내 배낭을 기어이 빼앗아 등에 메고 저만치 앞서 걷던 앤지가 어서 집 안으로 들어오라며 손짓한다. 이 모녀, 왠지 심상치 않다!

우리의 티라나 카우치 호스트는 감당할 수 없을 정도로 유쾌했지만 안타깝게도 티라나는 별 볼 일 없는 도시였다. 알바니아가 워낙 오랜 기간 지극히 폐쇄적인 사회주의를 고수한 탓에 이렇다 할 관광자원이 개발되지 않아서다. 유럽에서 만나는 모스크들과 히잡을 쓴 여인들이 좀 특이하다면 특이할까. 앞으로 이곳에서 3일간 무엇을 해야 하나 고민하다 그냥 다른 곳으로 이동할까도 생각해봤다. 하지만 '세상에서 가장 유쾌한 모녀'를 두고 떠날 수는 없는 일. 해서 이틀간 티라나를 대충 훑어본 우리는 오늘 근교에 있는 도시 베라트를 당일치기로 다녀왔다. 내일이면 떠날 우리를 위해 특별한 선물을 준비했다며 무슨 일이 있어도 7시까지는 돌아오라는 미렐라 아줌마의 당부에 우리는 해가 지기 전에 서둘러 집으로 돌아왔다.

기다렸다는 듯 우리를 데리고 집을 나서는 모녀. 앤지의 둘도 없는 친구 베싸도 우리와 함께 택시에 오른다. 그렇게 30분을 달려 도착한 곳은 티라나의 전경이 한눈에 보인다는 높은 산. 케이블카를 타고 정상에 오르니 절로 감탄사가 흘러나온다.

"이게 티라나라고?!"

정상에서 바라보는 티라나의 야경은 지금까지 보던 티라나가 아니었다. 작은 불빛들 수천 개가 빛나고 있어 마치 은하수를 보는 듯하다. 낮의 모습을 상상할 수 없을 정도다. 산은 또 어찌나 높은지 마치 비행기를 타고 내려다보는 듯 도시의 모습이 360도 파노라마로 눈에 들어온다. 눈을 동그랗게 뜨고 야경 감상에 여념 없는 우리를 흐뭇하게 바라보던 미렐라 아줌마가 말한다.

"야경이 마음에 든다니 다행이야. 혹시나 별로면 어쩌나 걱정했어."

맙소사! 아줌마의 말을 듣는 순간 이 야경이 티라나를 심심해하는 우리를 위해 미렐라 아줌마가 고민 끝에 마련한 선물이란 걸 깨닫는다. 순간 미안함과 고마움에 고개를 들지 못한다. 이런 내 마음을 아는지 모르는지 예의 유쾌한 목소리로 우리를 불러 모아 야경이 가장 잘 보이는 카페에서 커피까지 쏘시는 아줌마! 아, 감동 또 감동이다.

우리도 가만있을 수 없다 싶어 산에서 내려오자마자 굿바이 파티를 기

획한다. 두 모녀와 지내는 사흘이 파티이자 축제였지만 이 놀라운 선물에 조금이나마 보답하기 위해 다시 한 번 파티를 열기로 한 것이다. 우리는 앤지의 도움을 받아 맥주와 음료, 피자와 알바니아식 소시지를 잔뜩 사들고 깔깔대며 집으로 돌아온다. 곧 최고로 유쾌한 모녀와 함께 최고로 유쾌한 파티가 개최된다. 벌써 앤지와 베싸는 알바니아 최신가요를 틀어놓고 흥얼거리고 있다. 모두가 한데 모여 잠시도 쉬지 않고 수다를 떨고 웃고, 또 수다 떨기를 몇 시간. 살짝 취기가 돈 두 아가씨가 벌떡 일어나더니 식탁을 밀어내고 춤을 추기 시작한다. 알바니아의 전통춤이란다. 기분 좋은 리듬에 어깨가 들썩인다. 고난이도 스텝을 밟는 앤지와 베싸에게 박수를 보내던 엄마가 무작정 그 안으로 뛰어든다. 미렐라 아줌마도 지지 않겠다며 자리를 박차고 일어난다.

"아하하하하!!"

그 어떤 멋진 풍경보다 장관이다. 알바니아가 도대체 어디에 붙어 있는 나라냐며 고개를 갸우뚱대던 엄마가 세 명의 알바니아인들과 어깨동무를 한 채 알바니아 전통춤을 추고 있다. 나는 이 장면이 너무 재미있어서 바닥에 고꾸라진 채 낄낄거린다. 아, 대체 이 아름다운 인연의 끝은 어디란 말인가. 폭풍처럼 휘몰아치는 행복에 얼굴이 벌겋게 달아오른다. 바로 지금, 세상에서 가장 유쾌한 모녀와 세상에서 가장 행복한 모자가 한데 어우러져 평생 잊지 못할 신나는 밤을 보내고 있다.

그만 웃고 같이 춤이나 추자는 앤지의 외침에 나도 카메라를 내려두고 흥겨운 춤사위 속으로 뛰어든다.

엄마의 여행 노트 #6

친구? 별거 없다. 꼭 잡은 손이 부끄럽지 않다면 그게 바로 친구지. 우리가 떠난다 했을 때 좀 더 머무르라며 붙들던 친구, 버스 터미널까지 배웅 와서는 가는 길 배곯지 말라고 음식과 과일을 챙겨주던 친구. 참, 고마워, 미렐라.

Just Passing By
베라트

티라나에서 베라트로 가는 버스에 오르자 터미널까지 우릴 데려다 준 미렐라 아줌마가 베라트는 별로 볼 게 없으니 후딱 보고 돌아와 저녁이나 먹자고 했다. 하지만 별 볼 일 없는 마을이라니?! 똑같은 창문을 가진 수많은 전통가옥들이 강 건너에서 넘실거리고 있는데?! 어찌나 신기한지 엄마와 나는 카메라를 주고받으며 서로를 찍어주기 바빴다. 베라트가 왜 '천 개의 창을 가진 마을'이라는 별명으로 불리는지 단번에 알 수 있었다. 마을 곳곳엔 고대에 형성된 고풍스런 성채와 이슬람 사원, 옛 건축물들이 즐비해 마을 자체가 야외박물관 같았다. 결국 미렐라 아줌마의 말은 조금이라도 더 우리와 시간을 보내고 싶었던 아줌마의 귀여운 거짓말로 드러났다.

Just Passing By
_____
코토르

몬테네그로의 수도 포드고리차는 정말 아무것도 볼 게 없는 도시였다. 변변찮은 건물이나 박물관도 없어서 엄마와 나는 이구동성으로 역대 최악의 도시라고 외치고 말았다. 그런 포드고리차를 떠나 '코토르'라는 이름의 작은 마을에 도착했다. 아드리아해가 펼쳐져 있고 멋들어진 구시가지가 시야에 들어왔지만 역시 뭔가 부족했다. 그때 눈에 띈 바위산 위의 코토르성! 그곳에서 펄럭이고 있는 깃발을 보니 정복하고 싶은 마음이 솔솔 올라와 엄마를 한 번 쳐다 봤으나 엄마는 계단이나 오르막은 질색이라며 단호하게 고개를 저었다. 하지만 나도 지지 않았다. 10분 이상 설득한 끝에 엄마를 앞세워 성곽 등반을 시작했다. 무려 한 시간이 넘게 걸려 도착한 코토르성 정상. 엄마나 나나 기진맥진 했지만 눈앞에 펼쳐진 풍광을 보곤 넋이 나가버렸다. 웅장한 산과 아름다운 바다, 광활한 하늘이 만나 환상의 3중주를 연주하고 있었던 것이다. 이곳이 발칸반도의 하이라이트라는 생각이 들었다. 그리고 그 생각이 확신으로 변하는 순간 엄마가 떨리는 목소리로 외쳤다. "와, 여기가 지상낙원이구나!"

제발 조심 좀 해,
이 자식아!

무심히 차창 밖을 내다보던 엄마가 떨리는 목소리로 묻는다.
"설마 저게 다 총알 자국이니?!"
보스니아헤르체고비나 제2의 도시 모스타르 시내에 들어서자마자 가슴 아픈 풍경들이 펼쳐진다. 도시에 늘어서 있는 건물 중 성한 게 하나도 없다. 보스니아헤르체고비나의 첫인상은 을씨년스럽다 못해 두려움을 안겨준다. 먹구름이 짙게 깔린 하늘에서도 추적추적 부슬비가 내리고 있다.
이곳은 이미 전쟁의 상흔을 어느 정도 지워낸 다른 발칸국가들과는 달리 여전히 고통에 몸부림치고 있다. 보이는 건물 외벽은 온통 총알 자국으로 도배되어 있고, 폐허가 된 채 방치된 몇몇 건물들은 폭발의 흔적을 그대로 안고 있다. 사람들이 살고 있는 아파트도, 상가로 쓰이고 있는 건물들도 온통 총알 자국이다. 거리 곳곳에서는 내전 희생자들이 잠들어 있는 공동묘지를 쉽게 만날 수 있다. 격렬했던 내전의 참혹한 결과에 자주 눈이 감긴다.
우리는 세상에서 가장 아름다운 다리라고 불리는 '스타리 모스트'(오래된 다리)에 가기 위해 폭발의 흔적을 스치며 모스타르 구시가지로 들어선다. 이곳의 건물들 역시 비참한 모습으로 우리를 맞지만 아무래도 관

광객들이 몰려드는 거리라 그런지 분위기가 사뭇 다르다. 기념품을 파는 가게들과 카페, 레스토랑을 지나치자 드디어 스타리 모스트가 눈에 들어온다.

초록빛 네레트바 강을 가르고 있는 아치형 다리는 아픔을 인내하고 있는 미망인처럼 단단하고 우아해 보인다. 다리 뒤로 보이는 바위산이 다리의 강건한 느낌을 더욱 부각시킨다. 수많은 관광객들이 눈발처럼 흩날리는 비를 맞으며 기념사진을 찍거나 네레트바 강을 내려다보고 있다. 엄마와 나도 다리 위에 올라 두어 번 다리의 양 끝을 오가며 주위의 풍광을 구경한다. 빨간 지붕을 가진 집들과 고풍스런 돌담집이 무거웠던 마음을 한결 가볍게 만들어준다.

'스타리 모스트 다큐멘터리 무료 상영'이라는 기념품 가게의 팻말이 보여 엄마를 이끌고 들어가본다. 순간 가게 안에 있던 사람들이 비명을 지른다. 무슨 일인가 싶어 사람들 사이를 비집고 안으로 들어가보니 보스니아 내전의 참상을 너무도 생생하게 기록한 영상이 TV를 타고 흘러나오고 있다. 영상 속에서 방금 본 스타리 모스트에 집중 포격이 시작되고 있다. 군인들이 다리 위를 다급히 뛰어다니고 그들을 조준한 총탄과 포탄들이 스타리 모스트에 무자비하게 떨어진다. 그럴 때마다 스타리 모스트의 일부가 떨어져 나간다. 잠시 후 스타리 모스트 중앙에 거대한 포탄이 정통으로 꽂힌다. 그리고 방금 전에 보았던 아름다운 건축물이 엄청난 굉음을 내며 강 속으로 처박힌다. 400년 이상의 역사를 간직한 스타리 모스트가 내전의 아픔 속에서 끝내 숨을 거둔 것이다. 일순간 가게 안에 정적이 감돈다.

잠시 후 재건되고 있는 다리의 모습이 흘러나온다. 그리고 붕괴된 지 11년 만인 지난 2004년, 유네스코의 후원을 받아 복원된 스타리 모스트

앞에서 환호하는 시민들의 모습이 화면을 가득 채운다. '이제 괜찮아. 평화가 다시 찾아왔으니까.'라고 말하는 듯 하늘에선 불꽃놀이가 시작된다. 환희에 찬 다이버들이 다리 위에서 차례로 네레트바 강으로 뛰어내린다. 영상의 마지막 5분은 내전으로 자식을 잃은 어머니들이 눈물을 훔치는 장면으로 채워진다. 비록 짧은 영상이었지만 콧잔등이 시큰해 자꾸만 얼굴에 힘이 들어간다. 영상을 보던 많은 이들이 어깨를 들썩이며 조용히 흐느낀다. 엄마의 눈시울도 붉다.

숙소로 돌아가는 길, 재건된 스타리 모스트의 모습을 말없이 바라본다. "저렇게 아름다운 다리도 전쟁이 나면 사라지는 거야. 전쟁은 모든 걸 앗아가버리지. 세상에서 가장 아름다운 자식들까지 말이야."

나는 가슴 아파하는 엄마의 얼굴을 보고 싶지 않아 그저 엄마의 목소리만 들으며 고개를 끄덕인다. 엄마도 더 이상 말을 잇지 않고 처음 볼 때와는 전혀 다르게 보이는 스타리 모스트를 하염없이 바라본다. 그렇게 몇 분을 가만히 서 있으니 스타리 모스트의 전경이 꼭 갖고 싶어진다. 앞에 있는 벽돌 난간에 오르면 지금 이 순간의 감정이 담긴 사진을 기길 수 있을 것 같아 주저 없이 도움닫기를 한다.

"어… 어!"

난간으로 뛰어오른 순간 중심을 잃는다. 순간 비명과 함께 수많은 손들이 내 발목을 움켜잡는다. '어, 뭐지?'라는 생각을 하는 동시에 시야에 자갈밭이 들어온다. 상체의 절반이 난간을 벗어난 것이다. 자갈밭까지 족히 10미터는 될 것 같다. 계속해서 사람들의 비명 소리가 이어진다. 그리고 그 속에서 분명 내 이름을 부르짖는 소리도 들린다. 몸을 움직여보려 했지만 마치 혼이 빠져나간 듯 움직일 수가 없다. 머릿속이 하얘진다. 잠시 후 나는 내 발목을 잡았던 사람들에 의해 무사히 난간 아래로 돌아온

다. 벽돌에 살갗이 긁혀 피가 나는데도 아프지가 않다. 사람들 사이에서 정신없이 소리를 지르던 엄마가 달려와 나를 감싸 안는다.

"야, 이 자식아!"

엄마가 울부짖다시피 하며 할 줄도 모르는 욕을 쏟아낸다. 사람들이 우리를 둘러싸고 웅성거리지만 창피하지도 않다. 나는 1분 전 죽을 뻔했다. 난간 주변에서 다리 구경을 하던 사람들이 없었다면, 그들이 내 발목을 붙잡지 않았다면 나는 10미터 아래 자갈밭으로 곤두박질쳤을 것이다.

"정말 어쩔 뻔했어, 이 자식아! 그러다 죽으면 엄만 어떡하라고! 조심 좀 하라고 했잖아, 이노무 자식아!"

넋이 나가 아무런 말도 나오지 않는다. 엄마가 몇 차례 등을 세게 때리자 그제야 토하듯 말이 튀어나온다.

"어, 엄마, 미, 미안해. 빨리 가자."

내 생명의 은인이 누군지 얼굴조차 확인하지 못한 채 서둘러 그곳을 빠져나온다. 나는 구시가지를 벗어나서야 정신이 좀 돌아온다. 엄마도 마음이 좀 가라앉았는지 내 등을 토닥이며 말한다.

"아들 잘못되면, 엄마도 죽어. 그러니까 앞으로 조심해."

엄마가 죽는다는 말에 나머지 정신도 돌아온다.

"조심할게."

나는 기어 들어가는 소리로 대답한다. 숙소로 돌아가는 길에 마주치는 묘지들이 그 어느 때보다 섬뜩하게 느껴진다.

엄마의 마음

보스니아헤르체고비나의 수도 사라예보의 높은 언덕 위에서 본 건 '셀 수도 없이'라는 표현이 정확할 만큼 많은 숫자의 하얀 묘비 들이다. 엄마와 나는 슬프다, 가슴 아프다, 라는 말도 차마 하지 못하고 지천에 핀 이름 없는 꽃처럼 널려 있는 묘비를 그저 바라만 보다 침울한 마음으로 언덕을 내려온다.

언덕 아래에 있는 큰 규모의 공동묘지 추모탑에 닿자 보초를 서고 있는 굳은 표정의 군인이 눈에 들어온다. 미동도 없이 하얀 묘비들을 응시하고 있는 그는 무얼 생각하고 있을까. 전쟁의 상처를 모를 꼬마아이들만 추모탑 주변을 맴돌며 장난을 치고 있다.

사라예보는 전 세계를 전쟁의 소용돌이로 불러들인 '사라예보 사건'으로 유명한 곳이다. 1914년 당시, 오스트리아의 지배를 받던 세르비아의 청년이 사라예보를 방문 중인 오스트리아의 황태자와 황태자비를 저격, 암살한 사건이 바로 사라예보 사건이다. 이에 격분한 오스트리아 정부는 세르비아에 선전포고를 했고, 각종 이해관계가 얽힌 독일, 이탈리아, 프랑스, 영국, 러시아, 미국, 일본 등 수많은 나라들이 개입하면서 제1차 세계대전이 터졌다.

이 도시는 20세기의 마지막도 비참한 전쟁으로 마무리했다. 유고슬라비아 연방에 속해 있던 보스니아헤르체고비나가 독립을 선언하자 이를 탐탁지 않게 여긴 유고슬라비아 연방의 중심국, 세르비아가 보스니아헤르체고비나에 무차별 공격을 가한 것이다. 이를 시작으로 발칸반도는 화염에 휩싸였고, 사라예보에서만 수만 명에 이르는 희생자가 발생했다. 잔인하기로 유명했던 보스니아 내전이 바로 그것이다.

엄마와 난 약속이라도 한 것처럼 추모탑 앞으로 다가가 고개를 숙이고

묵념에 잠긴다. 고개를 들자 보초병이 옅은 미소를 보이며 가벼운 목례를 건넨다. 나도 딱 보초병만큼의 미소를 띠며 목례에 답한다.

    엄마와 함께 젊은 군인들의 사진이 박힌 묘비들을 둘러본다. 사망년도와 출생년도의 차이가 채 20년도 되지 않는 묘비들이 허다하다. 그만큼 어린 나이에 희생된 군인들이 많았다는 소리다. 희생된 아들의 무덤가를 찾은 어머니들의 모습이 보인다. 그들의 머리엔 세월을 가늠케 하는 하얀 서리가 내려앉아 있다. 저 멀리, 홀로 아들의 무덤을 찾은 어머니의 울음

엄마의 여행 노트 #7

스물네 살이던 큰오빠가 몹쓸 병에 걸려 세상을 등졌다. 내가 고등학생이던 시절이니 벌써 40년도 더 전의 일이다. 당시의 상실감과 슬픔도 빛이 바랠 만큼 긴 시간이 흘렀다. 어느 날 엄마의 낡은 지갑 속에서 오빠의 사진을 보았다. "엄마, 지금도 오빠 생각이 나?" 무심코 물은 말에 엄마도 무심코 답을 하셨다. 하지만 그 답은 그저 무심코 흘려들을 수 없는, 가슴이 미어지는 말이었다. "그럼, 나는 지금도 네 오빠 뿌린 곳으로 고개가 돌려지는걸."

소리가 유난히 크게 들려온다.

그녀가 이내 오열하며 무덤 앞에 주저앉자 근처에 있던 다른 가족들이 달려가 그녀를 껴안는다. 그러고는 서로 부둥켜안은 채 눈물을 흘린다. 가슴에 대못을 박고 살아가는 어머니들의 모습에 엄마도 연신 눈물을 찍어낸다.

"원준아, 내전이 언제 끝났다고?"

"20년 전쯤."

"그럼 이 많은 젊은이들이 살아 있었다면 한 가정의 가장이 됐겠네. 그리고 저 어머니들은 손주들을 품에 안았을 거고…."

"… 그렇겠지."

"자식을 잃은 부모의 마음을 그 무엇이 대신할 수 있을까?"

만감이 교차하는 표정으로 엄마가 말을 이어간다.

"원준아, 건강한 모습으로 엄마랑 여행해줘서 고마워."

나는 앞으로도 보여주고 싶은 게 많다고 말하고 싶은데 북받친 감정 때문에 쉽게 입술이 떨어지지 않는다. 나는 말을 하는 대신 엄마에게 나가가 어깨를 두른다. 엄마가 공동묘지를 휘둘러보고 한숨 한 번 크게 내쉬더니 천천히 앞으로 나아간다.

사위는 희삼이, 며느리는 아나!

"일단, 전화 좀 끊어!"

그간 카우치서핑을 하면서 이런 경우는 처음이다. 카우치 호스트와 만날 장소를 정하기 위해 전화를 걸었는데 첫마디가 '끊어!'라니. 공중전화를 못 찾아 기차역에 위치한 빵집 사장님께 사정사정하며 전화를 걸었건만 다짜고짜 '끊어!'라니. 이렇게 처음으로 카우치서핑에 실패하는구나 싶어 실망이 이만저만이 아니다. 엄마한테 뭐라고 해야 하나 생각하며 빵집을 나서는데 사장님이 나를 다급히 쫓아 나온다.

"이봐! 너한테 전화 온 거 같은데?"

다시 빵집으로 들어가 전화를 받으니 흥분한 목소리가 들려온다.

"드디어 자그레브에 왔구나. 환영해! 번호 보니까 어디에 부탁해서 전화를 건 거 같은데 그게 난처할까봐 내가 전화를 걸었어. 거기서 돈 달라고 할 수도 있잖아."

참, 사람 마음 간사하다고 그렇게 퉁명스레 느껴졌던 음성이 너무도 따뜻하게 느껴진다.

크로아티아의 수도, 자그레브의 카우치 호스트 아나는 내 전화를 받은 지 10분 만에 차를 몰고 기차역에 나타났다. 약간 당황스러울 정도로 나

와 엄마를 끌어당겨 덥석 품에 안는 아나.

"내가 그간 카우치서핑을 많이 해봤는데 이렇게 환상적인 스토리를 가진 조합은 처음이야!"

이렇게 크로아티아 천사, 아나와의 만남이 시작된다.

아나의 집에서 짐을 풀고 있으니 같은 아파트의 다른 층에 살고 있는 아나의 어머니가 기다렸다는 듯 커다란 냄비를 가지고 들어온다. 역시 기쁨을 감추지 못한 아주머니가 엄마의 손을 꼭 잡는다. 그러고는 엄마에게 냄비를 열어보라는 시늉을 한다. 냄비를 열어보니 하얀 쌀밥이 가득하다. 엄마와 나의 입이 떡 벌어진 건 물론이다.

"인터넷에 한국에 대한 정보를 검색하니까 쌀밥이 주식이더라고. 그래서 엄마한테 부탁해서 특별히 준비해봤어. 그리고 나는 크로아티아식 미트볼을 만들어봤어. 입에 맞을지 모르겠다."

당연하지! 쌀밥에 고긴데! 어쩜 이리 세심할까. 입안 가득 쌀밥과 고기를 우물거리며 고맙다는 말을 반복한다. 이미 저녁을 먹었음에도 뜨거운 감동이 우리의 소화를 촉진시킨다.

아나는 우리가 한사코 손을 내젓는데도 짐 정리를 도와주고 빨래까지 거둬간다. 심지어 우리를 위해 일부러 준비했다며 싸이의 '강남스타일 말춤'을 멋들어지게 춰준다. 엄마가 고맙다, 고맙다를 연발하며 아나의 등을 토닥인다.

"야, 너 아나한테 장가가라."

씻고 나온 내게 던진 엄마의 한마디.

"아니, 희삼이한테 누나 시집보내고, 아나한테 나 장가보내면 엄만 어떡하려고?"

"집은 이스탄불에 얻고 시간 날 때마다 탕헤르하고 자그레브를 왔다

갔다 하면 되지."

와, 엄마는 그새 앞으로의 계획까지 세워놓았다. 한국에 있을 때는 결혼하란 말 한 번 안 하던 엄마가 왜 이러실까. 엄마의 말에 내가 그냥 웃자 엄마가 심각한 표정으로 얘기한다.

"저런 아가씨 없다. 이참에 장가가라."

우리의 이야기를 알 리 없는 아나가 방으로 찾아와 친절한 얼굴로 과일을 건네준다. 엄마가 얼른 아나에게 다가가 한국말을 건넨다.

"아나, 혹시 남자친구 있어?"

나는 차마 아나에게 엄마의 말을 통역하지 못하고, 과일 잘 먹겠다는 말만 전한다. 아나가 엄마를 바라보며 싱긋 웃고는 방을 빠져나간다. 엄마는 그 웃음의 의미를 다 알겠다는 듯 나를 보며 어처구니없는 한마디를 던진다.

"없단다. 잘 해봐."

이튿날, 눈을 뜨자마자 아나는 부산대며 주방을 오간다. 출근해야 할 아나가 시간을 쪼개 우리의 아침을 차리고 있는 것이다. 이게 무슨 복인지. 아침을 차린 아나가 또다시 주방으로 가 샌드위치를 싸기 시작한다.

"아나, 너 도시락 싸서 다니는구나. 알뜰한데!"

내 말에 아나가 지금 싸는 샌드위치는 우리의 점심이라고 일러준다. 뭐? 출근 시간에 우리의 점심을 싸고 있다고? 이렇게 덥석덥석 얻어먹는 것도 아니다 싶고, 이러다가는 아나가 지각할 것만 같아 우리는 그녀의 양손을 붙들고 말리기 시작한다. 하지만 한사코 우리의 손을 뿌리치는 아나.

"여행자는 아낄 수 있을 때 아껴야 해. 내가 자주 여행해봐서 아는데 밥값만 아껴도 얼마나 도움이 된다고."

잠시 후 우리 품에 샌드위치와 우유를 안긴 아나가 말한다.

"회사에 오늘 일찍 퇴근한다고 말해놨어. 이따가 4시쯤 옐라치치 광장에서 만나자! 내가 가이드 해줄게."

아나의 호의에 엄마와 나는 그저 웃음으로 답한다. 아니, 우리를 언제 봤다고 이리도 잘해줄 수가 있지?! 아나, 너도 혹시 날개를 숨기고 있는 거 아니야?!

"결혼해라. 그냥."

엄마가 마음을 확실하게 정한 듯 닫힌 현관문을 보며 말한다.

아이고, 어머니!

녹지가 참 많은 자그레브에서의 반나절 관광을 마치고 옐라치치 광장에서 아나를 다시 만난다. 그녀는 처음에 그랬던 것처럼 우리를 품에 꼭 안으며 반가움을 표한다. 그러곤 크로아티아 전통 요리를 맛볼 수 있는 근사한 노천 레스토랑으로 우리를 데려간다.

"원준아, 이건 무조건 우리가 사야 한다!"

"암요, 지당하신 말씀입니다."

주문한 지 얼마 되지 않아 '케밥치치'라는 요리가 배달된다. 잘 구운 빵에 다진 고기와 양파를 넣어 먹는 음식으로, 화려하진 않지만 담백하니 맛이 좋다. 이곳의 국민 맥주와 함께 먹으니 끼니도 되고 안주도 되는 듯하다. 아나가 화장실에 다녀오겠다며 일어선다. 나는 이때다 싶어 계산대로 달려간다. 그런데 이럴 수가! 화장실에 있어야 할 아나가 계산을 하고 있다. 아나가 내 마음을 다 읽었다는 듯 눈을 찡끗하며 웃는다. 나는 이미 그녀의 손바닥 위에 있었다. 자리로 돌아와 계산에 실패했다는 침통한 사실을 엄마에게 전하자 엄마가 '이 못난 녀석!'이란 표정을 지으며 내 등을 철썩 내리친다.

배도 부르고 마음도 부른 상태로 집에 돌아온다. 씻고 나오는데 아나가 또 주방에서 부산을 떨고 있다. 엄마가 영문을 모르겠다는 표정으로 나를 올려다본다.

"아나, 방금 저녁 먹고 들어왔는데 또 뭘 만드는 거야? 배 안 고픈데."

"응, 내일 플리트비체 국립공원에 간다며? 거기는 크로아티아에서 제일 유명한 관광지라 물가가 진짜 비싸. 내가 맛있는 채소 튀김 해줄 테니까 내일 싸가지고 가. 튀김이라 지금 해놔도 쉽게 상하지는 않을 거야."

아나의 말을 전해 들은 엄마가 혀를 내두른다. 그래, 우리가 졌다 졌어. 고맙다, 아나야. 아나에게 괜찮다, 안 그래도 된다, 고 말해봤자 소용이 없다는 걸 알기에 우리는 튀김을 만드는 그녀의 등만 멀뚱멀뚱 쳐다본다. 금세 도시락 안에 아나의 고운 마음이 가득 찬다. 할 일을 다 마쳤다는 듯 기지개를 쭉 편 아나가 갑자기 방으로 들어간다. 잠시 후 방을 나온 아나가 짤막한 글을 쓴 종이를 내민다.

"플리트비체에서 집으로 오는 버스가 우리 집 주변을 지나가. 괜히 버스 터미널까지 가면 또 트램을 타고 집으로 와야 하니까 기사님한테 이 종이를 전해드려. 그럼 집 앞에서 세워주실 거야."

아, 더 이상 무슨 말이 필요할까. 그녀는 천사가 분명하다. 설사 천사가 아니더라도 크로아티아에서 가장 선한 사람일 것이다.

∴

아나의 집에서 지내는 3일 동안 우리는 서울에 있는 것보다 더 편하고 더 가벼운 마음으로 여행을 즐겼다. 그만큼 아나는 우리를 가족처럼, 친구처럼 대해줬다. 아나는 우리가 떠나기 하루 전, 너무나 간절한 목소리로 며칠만 더 묵고 가면 안 되냐고 물었다. 하지만 이미 다음 여행지인 슬로베니아의 카우치 호스트가 우리를 기다리고 있었고, 아나의 선한 호의를 계속 받고만 있기엔 너무 황송해 떠나야 한다고 답했다. 그러자 아나는 이대로 가버리면 연락도 하지 않겠다는 귀여운 협박을 날렸다. 우리는 아나의 마음을 이길 수 없었고, 이틀이나 더 아나의 집에 머물렀다.

그동안 아나는 추워진 날씨를 걱정하며 엄마의 점퍼를 사 오기도 했고, 날마다 훌륭한 요리와 달콤한 디저트를 만들어줬다. 우리는 아나에게 해줄 수 있는 게 비빔밥뿐이라 공을 들여 최고급 채소를 사들고 돌아와 저녁을 차리려 했다. 하지만 아나는 우리를 식탁에 앉혀놓고 돈가스와 비슷한 요리인 '슈니첼'을 맛보게 했다. 자그레브를 떠나기 전날, 꼭 아나에게 저녁을 해주겠다는 마음으로 슬로베니아 당일 여행을 마치고 급하게 돌아왔는데, 이미 한 상 가득 차려진 만찬이 우리를 기다리고 있었다. 우리가 사온 유기농 비빔밥 재료들은 끝내 냉장고를 탈출하지 못했다.

그리고 아나의 집을 떠나는 날, 우리는 그간 받은 친절과 호의를 갚을 길이 없어 아침부터 안타까워했다. 아나와 헤어지는 게 정말 마음이 아플 정도였다. 엄마는 종이를 오리고 붙여 예쁜 편지지를 만든 뒤, '크로아티아의 천사, 아나. 정말 고마웠어요. 한국에서 꼭 만나요. 기다릴게요. 엄마.'라고 또박또박 적었다. 나 역시 아나에게 장문의 편지를 남겼다. 아나는 우리의 편지를 보고 함박웃음을 짓더니 이내 빵을 굽기 시작했다. 우리가 가는 길에 배가 고플 것 같다며.

아나의 차를 타고 기차역에 도착한다. 이제 정말 헤어질 시간이다. 엄마는 아나가 그랬던 것처럼 그녀를 가슴이 부서져라 껴안는다. 아나가 엄마의 포옹을 온몸으로 받으며 말한다.

"내가 지금은 웃고 있지만 눈물을 흘릴지도 몰라요. 그러니 돌아보지 않을게요. 그리고 원준, 몸 건강히 엄마 잘 모시고 끝까지 여행 잘 마쳐야 해! 우리 꼭 다시 보자!"

아나가 돌아선다. 그리고 정말 돌아보지 않는다. 우리는 아나가 차에 올라 떠날 때까지 같은 곳을 응시한다. 아름다운 도시 자그레브, 하지만 우린 그보다 더 아름다운 추억을 가슴에 담았다. 고마워, 아나. 넌 정말 크로아티아의 천사였어.

Just Passing By
두브로브니크

크로아티아를 여행한 사람에게 크로아티아 최고 관광지를 꼽아달라고 하면 십중팔구 두 곳을 떠올리며 고민할 거다. 바로 '아드리아해의 진주'라 불리는 두브로브니크와 '요정들의 숲'으로 불리는 플리트비체 국립공원.

먼저 깨물어주고 싶을 정도로 예쁜 마을 두브로브니크는 '진주'라는 표현이 너무 보잘것없이 느껴질 정도로 격하게 아름다운 마을이다. 추적추적 비가 내리는 흐린 날이었음에도 붉은 지붕을 가진 수천 개의 집들이 아찔한 절경을 만들며 화려한 빛을 내뿜고 있었다. 그런 집들과 부서지는 파도를 눈에 담으며 성곽 길을 산책하는 즐거움에 푹 빠져 엄마와 나는 네 시간이 넘도록 성곽에서 내려오지 못했다.

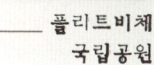

플리트비체 국립공원

태초의 자연을 그대로 간직한 플리트비체 국립공원은 세상에 존재하는 물빛이라고는 믿기지 않을 만큼 맑은 호수를 16개나 품고 있다. 물이 너무 맑아서 아예 물이 없다고 느껴질 정도라 헤엄치는 물고기들이 공중을 떠다니는 것처럼 보인다. 플리트비체에서 한 가지 아쉬운 점이 있었다면 엄마의 부적절한(?) 비유였다. 엄마는 끝없이 펼쳐진 아름다운 호수를 보며, 춘천 호수 얘기를 꺼냈다. 에이, 엄마. 진짜 그건 아니다!

20분간의
연애

"네, 혼자 유럽을 여행하고 있어요."

맙소사. 여행을 하면서 내 입에서 이런 말이 나올 줄은 꿈에도 몰랐다. 이런 불효막심한 놈. 멀쩡히 함께 다니고 있는 엄마를 놔두고 혼자 여행을 하고 있다니! 하지만 나도 할 말은 있다. 어느덧 여행 7개월째다. 200일이 넘게 엄마와 단둘이 여행을 하고 있다는 소리다. 그렇다고 해서 내가 모든 여행자의 로망인 '여행 중 로맨스'를 포기할 필요는 없다. 아니, 포기하고 싶지 않다. 잉큼하다고 손가락질해봐야 나는 어쩔 수 없이 금발 미녀들을 따라 눈동자가 움직이는 혈기왕성한 만 30세의 청년이다.

여기는 낭만의 도시 헝가리의 부다페스트. 점심을 먹기 위해 엄마와 작은 상가의 푸드 코트에 들어섰다. 나는 조각 피자를 선택했고, 엄마는 으깬 감자 요리와 빵을 골랐다. '운명적이게도' 음식 값은 저렴했지만 음료수 값은 비쌌다. 나는 얼른 상가를 빠져나와 콜라 한 캔과 맥주 한 캔을 살 수 있는 가게를 찾았다. 다행히 멀지 않은 곳에 슈퍼마켓이 있었다. 입구에 있는 냉장고에서 오늘은 무슨 맥주를 마셔볼까 잠시 고민하고 있는 사이, 인기척을 느낀 주인이 고개를 내밀었다. 나도 주인의 인기척에 고

개를 돌렸다. 그런데, 오 마이 갓! 생각지도 못했던 너무나 아리따운 아가씨가 나를 보고 살포시 웃고 있는 게 아닌가. 할리우드 여배우 캐서린 제타 존스의 전성기 모습을 그대로 빼닮은 아가씨였다. 나는 그녀의 미소 한 방에 반쯤 넋이 나갔다. 대충 손에 잡히는 맥주를 들고 가격을 물었다.

"350포린트입니다. 더 필요한 건 없으세요?"

그녀가 입을 열자 남아 있던 넋의 반도 나가버렸다. 너무나 완벽한 영어에 너무나 매력적인 목소리까지! 아니, 도대체 이런 미인이 왜 이 작은 슈퍼마켓에 갇혀 있을까, 의아하기까지 했다. 나는 맥주도 확인하지 않은 채 천 포린트짜리 지폐를 건네며 넌지시 물었다.

"이 맥주 맛 괜찮나요? 여행하며 마시는 맥주야말로 천국의 맛이죠!"

이럴 수가! 나는 나도 모르게 '멘트'를 날리고 말았다. 한국에서도 결코 날린 적 없는 (진짜다!) 느끼한 작업용 멘트 말이다.

"워낙 인기가 좋은 맥주니 맛은 제가 보증할게요."

어린 캐서린 제타 존스가 말했다. 정신을 차려보니 내가 고른 맥주는 전 세계적으로 유명한 체코의 '필스너 우르켈'이었다. 세계 최고의 맥주를 골라놓고 맛이 어떠냐고 물은 거야? 바보 같다, 바보 같아! 머쓱해하고 있는 내게 거스름돈을 건네며 그녀가 물었다.

"혼자 여행 중이세요?"

이때 바로 문제의 발언이 이어졌다.

"네, 혼자 유럽을 여행하고 있어요."

나란 남자가 이런 남자였다니. 하지만 내 또래의 어떤 남자라도 이 상황에서 엄마랑 둘이 여행 중이라는 얘기는 꺼낼 수 없었을 거다. 조금 더 자기변호를 하자면 지금은 바야흐로 가을의 문턱이다. 그리고 남자는 가을을 타는 동물이 아니던가. 심지어 최근엔 의외의 인물들이 나를 자극했다. 자그레브에선 천사 같은 아나가 마치 여자 친구처럼 모든 걸 챙겨주었고, 부다페스트의 카우치 호스트인 수지와 처버는 깨가 쏟아지는 젊은 커플이다. 잠들어 있던 나의 외로움이 깨어나는 건 당연지사. 뭐, 그냥 그렇다는 거다!

나는 나갈 생각도 않고 맥주 캔을 따 한 모금 마신 뒤 대화를 이어간다.

"날이 참 좋네요."

잇츠 뷰티풀 데이라니! 내가 생각해도 참 민망한 한마디다.

"지금 부다페스트에 계시니 당연히 멋진 날이죠. 부다페스트엔 처음이세요?"

"네, 유럽의 이곳저곳을 참 많이 다녔지만 여기가 최고네요."

뻔한 대답에 얼굴이 자꾸 화끈거린다. 게다가 나는 이미 예전에 부다페스트를 샅샅이 훑은 적이 있다.

"아름다운 부다페스트만큼이나 그쪽도 정말 아름다우세요. 저기⋯ 이름이 뭐예요?" (그래, 이 정도 멘트는 날려줘야지!)

그녀가 다시 살인미소를 지으며 답한다.

"제 이름은 *%&@$*#예요."

"⋯ 네? 다시 한 번만 말해주세요."

"*%&@$*#"

그녀의 아름다운 입술이 계속 움직이지만 도통 알아들을 수가 없다. 헝가리어 발음은 상당히 어렵다. 수지와 처버(Zsuzsanna와 Csaba. 스펠링만 봐서는 절대 발음을 가늠할 수 없다.)라는 이름도 내가 자신들의 이름을 발음하지 못하자 영어식으로 바꿔 알려준 것이다. 하지만 지금, 이 어려운 헝가리어 발음은 내게 호재로 작용한다. 나는 '원 모어 타임!'을 외치며 어색하게 그녀의 이름을 발음한다. 까르르, 웃는 그녀 때문에 마음이

녹아내린다. 문득 으깬 감자를 먹으며 목이 멜 엄마와 이미 식어버렸을 피자가 생각난다. 하지만 나는 호기롭게 두 번째 맥주 캔을 따고야 만다.

"그냥 여기 앉아서 가게 문 닫을 때까지 맥주나 마시면 좋겠네요."
"그럼 지금 가게 문 닫을까요?"

그녀도 보통이 아니다. 남자의 마음을 들었다 놨다 하는 캐서린 제타 존스. 아, 사진이라도 한 장 찍고 싶은데 카메라를 놔두고 온 게 너무 아쉽다. 그래, 이젠 가야 해. 일장춘몽에서 깨어나야겠다는 의지를 담아 힘겹게 냉장고를 열어 콜라 두 캔을 꺼낸다.

"이제 가봐야겠어요. 안 그랬다간 여기 있는 맥주를 다 마실 것 같아요. 이건 그쪽 거예요. 안에 있으면 답답할 텐데 시원하게 한 캔 마셔요."

아, 마지막 멘트까지 너무 느끼하다. 게다가 팁도 아니고 맥주나 칵테일도 아니고 콜라 한 캔을 건네다니. 하지만 친절하고도 아름다운 그녀가 콜라를 흔들며 굿바이 인사를 해준다. 두근두근두근. 설마 내 심장소리가 들리는 건 아니겠지. 나는 뜨거워진 얼굴을 숨기기 위해 얼른 돌아선다. 하지만 몇 발짝 떼지 못하고 다시 뒤돌아본다. 여전히 그곳엔 살인미소로 나를 설레게 하는 캐서린 제타 존스가 서 있다. 엄마가 있는 푸드 코트까지 어떻게 왔는지 모르겠다.

"왜 이렇게 늦게 왔어? 걱정했잖아!"

걱정했다는 엄마는 이미 으깬 감자를 거의 다 먹어가고 있다.

"응, 주변에 마땅히 음료수 살 데가 없어서 좀 헤맸어. 미안!"

엄마한테 콜라를 건넨 후 나는 딱딱하게 굳어버린 피자를 오물거린다. 식어빠진 피자가 그렇게 달콤할 수가 있는지 처음 알았다.

Just Passing By
___브라티슬라바

한때 체코와 한 몸이었던 슬로바키아의 수도 '브라티슬라바'에선 정말 재미있는 숨바꼭질 놀이를 할 수 있다. 익살스런 조각이 구시가지 곳곳에 숨겨져 있기 때문이다. 도시의 명물이라 기념품 가게에 빠지지 않고 등장할 정도로 인기가 많은데 문제는 정작 어디에 있는지 알수가 없다는 것이다. 한곳에 몰려 있는 것도 아니고 다들 흩어져 있어 그야말로 숨바꼭질을 해야 한다. 엄마와 나는 가랑비가 오는 날, 이 유쾌하고 재미있는 숨바꼭질을 즐겼다. 하나하나 찾는 재미가 어찌나 쏠쏠한지 옷이 젖는 줄도 몰랐다.

목숨 건 하이킹

"로버트 아저씨! 지금 우리더러 여기를 기어가라고요? 우리 엄마 예순이라니까요!"

"괜찮아! 나만 따라오면 아무 문제없어. 이런 게 진짜 하이킹이지!"

아저씨가 아무 문제없다며 가리킨 곳엔 족제비들이나 오갈 만큼의 작은 동굴이 있었다. 아저씨가 보란 듯 포복 자세를 하더니 어두운 동굴 안으로 기어 들어간다. 혀를 끌끌 차며 뒤를 돌아본다. 그런데 엄마는 그게 뭐 대수냐는 듯 내 등을 떠민다. 이거야 원, 어두컴컴해서 도대체 뭐가 튀어나올지 모를 저 동굴이 나만 무서운 거야? 나만!

오스트리아 비엔나의 카우치 호스트 로버트 아저씨는 나이가 쉰이 넘었는데도 혈기왕성한 아웃도어 스포츠 마니아였다. 특히 패러글라이딩에 거의 영혼을 빼앗긴 채 살고 있었는데 30년간 자그마치 5천 번이 넘는 패러글라이딩을 해봤단다. 그런 만큼 아저씨의 집은 패러글라이딩을 하며 찍은 사진으로 도배가 되어 있었다.

집에 도착한 첫날, 아저씨는 우리에게 밤이 새도록 직접 찍은 영상을 보여주었다. 스치는 장면들이 어마어마하긴 했다. 아저씨가 즐기는 스포

츠는 패러글라이딩뿐만 아니라 수영, 스케이트, 하이킹 등 너무도 다양했다. 아저씨의 무용담이 화수분처럼 넘쳐났기 때문에 참다못한 엄마가 백기를 들고 투항한 뒤 먼저 곯아떨어졌다. 인도 출신의 아름다운 안주인, 베이다 아주머니가 아저씨를 뜯어 말리고 나서야 나도 겨우 잠자리에 들 수 있었다.

이튿날 아침부터 아저씨가 부산을 떨며 우리 등을 떠밀었다. 유럽에서 가장 사랑받는 도시 중 하나인 비엔나를 제대로 돌아보지도 못했는데 다짜고짜 도시 외곽에 정말 좋은 하이킹 코스가 있다며 우리를 차에 태운 것이다. 하품을 하는 내게 아저씨가 말했다.

"그렇게 하품할 때가 아니라니까. 지금 가는 곳은 너무 멋진 곳이라 내가 꽁꽁 숨겨둔 장소야. 보면 아마 놀라 자지러질걸!"

우리보다 더 흥분한 아저씨가 아이처럼 껑충껑충 뛰며 차에 올랐다. 비엔나를 떠난 지 30분쯤 지나자 광활한 대자연이 펼쳐졌다. 이번 하이킹 여정에 조금은 심드렁했던 엄마와 나는 갑자기 나타난 절경에 감탄하며 창문에 나란히 이마를 맞댔다. 우리의 흥분 지수가 싱숭하자 덩달아 신이 난 아저씨가 산이 하나 나타날 때마다, 호수가 하나 나타날 때마다 마치 랩을 하듯 설명을 더했다. 정말 에너지가 넘치다 못해 줄줄 흘러넘치는 분이로구나. 엄마와 나는 아저씨가 운전 중임을 감안해 어쩔 수 없이 흥분 지수를 급격히 줄이기로 결의했다.

그렇게 한 시간가량 달려 도착한 곳은 '뮈러폴'이라는 이름의 폭포 계곡 마을이다. 결점을 찾아보기 힘든 푸른 산과 맑은 호수, 앙증맞은 집까지. 동화 속 마을이 갖춰야 할 삼박자를 모두 갖춘, 그야말로 상상 속에나 있을 법한 공간이었다. 우리는 아저씨의 확신대로 산을 타기도 전에 이곳에 마음을 빼앗겨버렸다.

하이킹 코스가 완만한 편인 데다가 시원스런 폭포와 울창한 산림이 끝도 없이 펼쳐져 있어 발끝에 절로 힘이 붙었다. 이마에 맺힌 땀방울을 닦아주는 산들바람에 에너자이저 같은 아저씨의 유쾌한 입담이 더해지자 산을 타고 있다는 사실조차 잊었다. 오르막길이라면 고개부터 흔들던 엄마도 씩씩하게 산을 올랐다.

과연 아저씨는 기인 중의 기인이었다. 폭포 가운데에 있는 바위 위에서 물구나무를 서기도 했고, 어릴 때 이렇게 놀았다며 산 중턱에 나타난 경사진 초원을 옆구르기로 한참을 굴러 내려가기도 했다. 그럴 때마다 뜨악해하는 나와 달리 엄마는 배를 움켜잡고 쓰러졌다. 산 정상에 다다랐는데도 아저씨는 넘치는 힘을 주체하지 못하고 엄마를 번쩍 안아 올렸다. 역시나 깔깔거리는 엄마. 오늘 너무 신나셨네. 엄마를 내려놓은 아저씨가 갑자기 음흉한 웃음을 지으며 내게 다가왔다.

'워워, 아저씨 괜찮아요. 저는 아저씨 품에 안기기엔 좀 크다고요!'

하지만 성난 황소처럼 내게 돌진한 아저씨가 비틀대던 나를 들어올려 순식간에 목말을 태웠다. 아, 이럴 수가. 나이 서른 먹고 오십 먹은 아저씨의 어깨 위에 오르게 되다니. 아무리 예상할 수 없는 게 여행이라고는 해도, 정말 누군가의 어깨 위에 올라탈 수 있을 거라고는 꿈에도 생각하지 못했다. 게다가 아저씨가 짓궂기는 얼마나 짓궂은지 일부러 낭떠러지 쪽으로 뒷걸음질 치며 나를 놀렸다. 엄마가 깜짝 놀라 비명을 지르자 아저씨가 재미있다는 듯 점점 더 낭떠러지 쪽으로 다가갔다. 그저 웃던 내가 머리칼이 곤두설 정도가 되어서야 아저씨는 발걸음을 멈췄다. 아, 진짜 못 말릴 분이다. 세상 모든 사람이 우울증에 걸려도 혼자 웃을 사람이 바로 로버트 아저씨다. 산을 내려오자 아저씨가 신나게 외쳤다.

"자, 이제부터는 진짜 하이킹을 시작할 거야!"

'그럼 지금까지 한 건 산책이었나요?'

엄마는 뭐가 그리 신나는지 손뼉까지 치며 차에 올랐다. 눈앞에 나타난 산은 얼핏 봐도 조금 전에 탔던 산보다 산세가 훨씬 험해 보였다. 솔직히 저 산을 오르기엔 내 체력이 부족할 것 같아 은근슬쩍 엄마 핑계를 대며 산 타기를 마다했다. 하지만 나와 아저씨가 나누는 대화를 알아들을 리 없는 엄마가 이미 산행을 시작했다. 아저씨가 '봤지?'라는 표정으로 엄마를 가리켰다. 머쓱해진 나는 엄마의 나이와 체력을 고려해달라고 신신당부를 한 뒤 2차 하이킹을 시작했다.

초반부터 이어지는 가파른 산길. 엄마는 물론이거니와 간만에 산을 타는 나 역시 가쁜 숨을 몰아쉬며 저만치 앞서 걷는 아저씨를 겨우겨우 따라잡았다. 아저씨의 심장은 세 개쯤 되는 걸까? 절벽을 따라 아슬아슬하게 산 중턱에 오르자 갑자기 어두운 동굴이 나타났다. 두려움에 떨며 저 안에 뭐가 있는 게 아니냐고 묻기도 전에 아저씨가 동굴 안으로 빨려 들어갔다. 아, 대체 이 아저씨의 정체는 뭘까? 엄마와 나는 두려움을 안은 채 산 사나이의 뒤를 따랐다. 그리고 이어지는 완벽한 암흑. 우리는 아저씨의 목소리에 의지하며 거의 탈진 상태로 동굴을 벗어났다.

"아저씨, 좀 쉬었다 가요! 엄마도 지쳤어요."
"쉬면 더 힘들어. 얼마 안 남았으니 빨리 가자. 힘이 들면 내 섹시한 엉덩이를 쳐다보며 오라고!"

아니, 이런 치명적인 매력의 소유자를 보았나! 그렇게 아저씨의 엉덩이를 보며 산을 몇 개 넘은 뒤에야 목적지에 도착했다. 아저씨가 말했던 '얼마 안 남은 시간'은 결과적으로 한 시간 반이었다. 목적지에서 10분이나 쉬었을까?

"이제 반환점을 돌았네!"

아무렇지도 않다는 듯 시크한 한마디를 던지곤 다시 앞서 걷는 아저씨. 엄마의 반응 역시 뒤지지 않았다.

"이 아저씨랑은 사막에서 길을 잃어도 재미있겠다."

그간 계단만 나타나도 한숨을 쉬던 엄마가 산행을 이렇게 즐기다니. 이게 다 로버트 아저씨 때문, 아니 덕분이다.

"자, 그럼 이제 왔던 길을 되돌아갈래? 지름길로 갈래?"

왔던 길을 되돌아가려면 또 두 시간 넘게 산을 타야 한다. 주저 없이 '지름길'을 외치자 아저씨는 그럴 줄 알았다며 '지름길'이 아닌 '지옥길'로 우리를 인도했다. 시작부터 심상치 않았다. 바위에 걸쳐진 사다리를 오른 뒤 톡 치면 굴러 떨어질 것 같은 흔들바위 바로 밑을 걸었다. 그리고 나타난 광경에 엄마와 나는 경악을 넘어 절규했다. 지름길의 하이라이트라며 닿은 곳에 족히 10미터 높이는 되어 보이는 사다리가 나타난 것이다. 주변은 온통 바위일 뿐 아무런 안전장치도 없었다. 하이킹 초보인 우리에겐 맨손으로 암벽타기나 진배없는 코스였다.

아저씨가 또 '문제없다!'를 외치며 능숙하게 사다리를 탔다. 그래, 문제가 없는 건 확실했다. 사다리를 타다가 중간에 떨어지면 '죽는 데는' 아무런 문제가 없어 보였다. 아저씨가 사다리를 다 오르자 바로 그 뒤를 따르는 엄마. 정말 만약을 대비해 나는 엄마를 받을 준비를 한 채 초조하게 엄마를 지켜봤다. 엄마가 무사히 오른 뒤 나도 그 뒤를 따랐다. 땀을 뻘뻘 흘리며 조심조심 올라가는 내가 우스꽝스러워 보였는지 아저씨가 사진을 찍으며 나를 놀려댔다. 그 옆에서 엄마가 사색이 된 채 나를 바라보고 있어서 예상치도 않게 극명한 대비를 이루는 두 표정을 마주할 수 있었다.

겨우 사다리를 다 탔더니 이번에는 거대한 바위 동굴이 우리를 기다리고 있었다. 양 벽면에 달려 있는 쇠사슬에만 의지한 채 엉덩이로 내려가야 할 정도로 가파른 동굴이었다. 이 상황이 뭐가 그리 재밌는지 엄마의 웃음소리가 메아리쳤다.

"엄마, 지금 웃을 때가 아니야!"

동굴을 벗어나자 너무도 좁은 동굴이 또 나타난 것이다.

"로버트 아저씨! 지금 우리더러 여기를 기어가라고요? 우리 엄마 예순이라니까요!"

"괜찮아! 나만 따라오면 아무 문제없어. 이런 게 진짜 하이킹이지!"

예비군 훈련 때도 안 하던 낮은 포복을 하며 동굴을 벗어난다. 그리고 다시 이어지는 사다리와 암벽. 우리는 맨손으로 사다리를 타고 암벽을 기어오르고 또 바위틈을 누비며 '목숨을 건' 하이킹을 마친다.

아저씨의 차에 올라타자 긴장이 풀리며 극심한 피로가 몰려온다. 이건 뭐 산을 탄 건지 인생을 탄 건지 모를 만큼 정신이 몽롱하다. 이 난코스를 완주한 엄마에게 경의를 표하기 위해 뒷좌석에 탄 엄마를 바라본다. 엄마는 숨을 헐떡이면서도 미소를 짓고 있다.

"엄마, 안 힘들어? 안 무서웠어?"

"이런 건 정말 난생처음이야! 아저씨한테 너무 고맙다고 전해줘! 내가 언제 또 이런 경험을 해보겠니?"

경쾌한 목소리였지만 엄마의 입술이 파르르 떨리고 있다. 나는 차마 엄마의 말을 아저씨에게 전하지 못한다. '언제 또 이런 경험을 해보겠니.'란 말이 아저씨를 자극해 또다시 지옥행 하이킹에 동원될 것만 같아서다. 이런 경험은 한 번으로 족하잖아. 그치 엄마?

Just Passing By

체스키
크룸로프

유럽에는 '동화 속 마을'이라 불리는 곳이 너무도 많다. 그래서 유럽을 여행하다보면 '동화 속'이라는 표현이 얼마나 진부한지 깨닫게 된다. 하지만 '체스키 크룸로프'는 조금 다르다. 동화 속 마을이 아니라 마을이 동화 그 자체이기 때문이다.
중세시대에서 시간이 완전히 멈춰버린 이곳에서 우리는 하루 동안 동화의 주인공이 될 수 있었다. 800년 전에 지어진 성 안엔 궁전과 예배당이 그대로 남아 있었고, 역시 그 즈음 지어졌던 고풍스런 옛 건물들과 집들이 그깟 세월이 대수냐며 오롯이 빛나고 있었다. 왕궁 공원에 들어서니 덩치 큰 나무들과 오래된 연못이 눈을 즐겁게 했다.

역사를 마주하는
두 가지 방법

　폴란드 크라쿠프의 중앙시장 광장은 소문대로 아름다웠다. 천년의 세월을 간직한 아름다운 고딕 성당과 활기가 넘치는 시장 건물, 수많은 예술가들과 멋들어진 깃털을 단 말들이 끄는 마차 등 시선을 끄는 게 한둘이 아니다. 어디에 눈을 둬야 할지 모를 정도다. 관광객은 물론이거니와 폴란드 시민들도 카메라 셔터를 누르느라 분주하다.

　특히 성 마리안 성당에서 정시마다 울려 퍼지는 나팔 소리는 명물 중의 명물이리 정시기 될 즈음의 성당 주변은 나팔수의 모습을 기다리는 사람들로 북새통이다. 그리고 우렁찬 나팔 연주가 끝난 뒤에는 나팔수를 향해 손을 흔드는 사람들의 모습이 장관이다.

　이곳이 유럽에서 가장 큰 중세 광장이라고 적혀 있는 가이드북을 읽다가 문득 도시에 대한 순위들이 참 다양하다는 것을 새삼 깨닫는다. '가장 아름다운' '가장 화려한' '가장 편안한' 도시 순위는 너무 주관적이라 차치한다고 해도, '가장 큰' '가장 긴' '가장 넓은' 도시는 유네스코와 같은 공신력 있는 단체에서 1위부터 10위까지 정리 좀 해줬으면 좋겠다는 생각이 든다. 오랫동안 여행을 하면서 '가장'이라는 부사를 하도 많이 접해선지 이제는 어디가 '가장 어땠었는지' 헷갈린다.

이런 생각 저런 생각을 하며 길을 걷다보니 '카지미에슈'라 불리는 유태인 지구에 발이 닿는다. 낭만적인 중세 광장과 중세풍 골목의 어두운 이면을 난데없이 마주한 것이다. 폴란드는 독일 바로 옆에 위치한 나라로 제2차 세계대전 당시 나치에 의한 피해를 가장 직접적으로 입었던 곳이다. 당시 수백만 명의 유태인이 무참히 학살당했고 무고한 시민들이 이유도 모른 채 희생당했다. 때문에 폴란드인들은 마치 우리가 일본을 대하듯 다소 격앙된 자세로 독일을 대한다. 두 나라 간의 축구 경기가 벌어지면 한일전 못지않은 열기를 뿜는다고 한다.

이곳은 분명 가슴 아픈 역사를 가진 곳이지만 스티븐 스필버그 감독의 〈쉰들러 리스트〉가 촬영된 후 유명세를 타서 어느 정도 활기를 띠고 있다. 하지만 유태인 지구 한편에 어김없이 자리 잡고 있는 희생자들의 묘비 앞에서는 절로 고개가 숙여진다. 히브리어 간판을 그대로 살려놓은 상점들과 유대교 회당인 '시나고그'를 둘러보면서 세계대전의 참혹한 역사와 나치의 끔찍한 만행을 다시 한 번 확인한다.

크라쿠프의 카우치 호스트인 마테우스의 집에 돌아오자마자 우리는 큰 결심을 한다. '아우슈비츠 수용소' 투어를 신청하기로 한 것이다. 정보를 얻기 위해 인터넷을 뒤져보니 너무 끔찍하고 우울한 곳이라 다시는 가고 싶지 않다, 라는 의견이 대다수다. 마테우스 역시 수용소 투어보다는 근처에 있는 소금 광산 투어를 추천한다.

"엄마, 너무 끔찍하다는데 어쩌지? 그냥 소금 광산이나 갈까?"

"글쎄, 여행이라고 늘 좋은 것만 볼 수는 없잖아."

"엄마는 잔인한 영화도 잘 못 보잖아."

"솔직히 마음 같아서는 가기 싫어. 그런데 거길 안 가면 뭔가 해야 할 일을 하지 않고 떠나는 느낌이 들 것 같아. 가장 비극적이었던 곳에 가면

분명 힘은 들겠지만 배울 게 있을 거야."

나는 엄마의 말에 조용히 고개를 끄덕인다. 우리는 결심을 굳힌다. 그곳에 가보리라.

이튿날, 다소 긴장한 모습의 모자가 버스 안에 앉아 있다. 아침부터 추적추적 부슬비가 내리고 있다.

"엄마, 아우슈비츠 수용소는 나치 시절 불리던 이름이고, 수용소가 위치한 마을 이름이 오슈비엥침이라 폴란드에선 '오슈비엥침 박물관'이라는 이름으로 불린대."

창밖의 잿빛 하늘을 바라보며 내가 알고 있는 지식을 거의 다 풀어놓을 때쯤 버스가 수용소 앞에 도착한다. 우리뿐 아니라 버스에 타고 있던 많은 이들이 한마디 말도 없이 입구에 들어선다.

투어는 15분짜리 영화 관람으로 시작된다. 이곳에서 벌어졌던 참혹했던 사건들과 수용자들의 처절함을 기록한 영상이다. 차마 눈 뜨고 보기 힘든 장면들이 이어진다. 이가 갈릴 정도의 잔혹한 영상이 계속되자 엄마가 자리를 뜬다. 영상을 다 보고 나오니 을씨년스러운 빗줄기 속에서 엄마가 홀로 두리번대고 있다. 우리 팀의 해설을 맡은 가이드 아주머니가 엄마를 앞세워 우리를 이끌기 시작한다. 가이드 아주머니의 얼굴이 워낙 무표정하고 목소리마저 너무 음울해서 마치 우리가 수용소에 끌려가는 기분이 든다.

수용소 정문에는 '일하면 자유로워진다.(ARBEIT MACHT FREI.)'라는, 인류 역사상 가장 기만적인 문구가 쓰여 있다. 자유는커녕 극심한 노동과 잔혹한 실험으로 스러졌을 유태인들이 떠올라 가슴이 쓰라리다. 정문을 지나자 수십 동의 수용소 건물들이 눈에 들어온다. 생각했던 것보다 건물

들의 보존 상태가 좋은 편이었는데, 패전한 독일군이 증거 인멸을 하지 못한 채 허겁지겁 후퇴했던 탓이라고 한다. 때문에 이 수용소에서 벌어졌던 수많은 일들이 역사의 수면 위로 떠오를 수 있었다.

잔뜩 경직된 채 건물로 들어선다. 엄마는 내 옷소매를 꽉 움켜쥐고 내 뒤만 졸졸 따라온다. 앞으로 펼쳐질 비극적 운명을 알지 못한 채 수용소로 끌려오는 유태인들의 사진이 양옆으로 가득하다. 족히 수만 명은 되어 보이는 그들 중 살아남은 이들은 극소수라는 가이드 아주머니의 설명에 가슴이 철렁 내려앉는다.

전시실을 옮겨갈 때마다 탄식이 이어진다. 유태인 학살에 사용되었던 가스통들이 수북이 쌓여 있는 전시실에 들어서자 눈앞이 캄캄하다. 가스 한 통이 400명을 질식사시킬 수 있었다는데, 눈앞에 보이는 게 도대체 몇 통인지. 눈물이 왈칵 쏟아질 것만 같다.

하지만 이건 시작에 불과했다. 눈앞에 펼쳐지는 충격의 강도는 점점 커져만 갔다. 급기야 엄마가 외마디 비명을 지른다. 유리벽 너머에 사람의 머리카락이 엉겨 붙어 산을 이루고 있었던 것이다. 실제 희생자들의 머리카락이었다. 나치는 이 머리카락으로 섬유를 만들고 공산품을 생산

했다고 한다. 도저히 인간이 벌인 행위라고는 믿어지지가 않는다.

이어지는 전시관에서도 인류 최악의 잔혹사는 멈출 줄을 모른다. 희생자들의 안경과 가방, 신발 등이 끝도 없이 쌓여 있었던 것이다. 목발이나 의족, 인형과 장난감 들도 쌓여 있었는데, 장애인과 어린아이들도 이 끔찍한 고문과 학살에서 벗어나지 못했음을 이야기해주는 증거들이다. 북받치는 감정을 주체하지 못하고 흐느끼는 사람들이 나타난다. 엄마 역시 고개를 돌린 채 내 옷자락을 붙잡고 그저 이동만 할 뿐이다.

줄무늬 수용복을 입은 채 두려움에 떨고 있는 희생자들의 사진이 가득한 방에 들어서자 나도 더 이상은 참지 못하고 눈을 감는다. 다리가 후들거린다. 누군가의 아버지였을, 어머니였을 수많은 사람들이 겁에 질린 표정으로 방문객들을 응시하고 있다. 이어지는 가스실과 고문실, 처형실을 둘러본 우리는 결국 두 손 두 발을 들고 만다. 잠시 후 방문할 비르케나우 수용소는 아우슈비츠 수용소보다 더 큰 규모라고 한다. 도저히 마주할 자신이 없다. 남은 투어를 포기하기로 한다.

침통하고 참담하다. 일고 있었다. 아니 누구나 일고 있다. 나치가 빌인 참상을. 하지만 눈앞에서 그 현장을 목격하니 오한이 일고 구토가 난다.

:

이후 폴란드의 수도이자 제2차 세계대전 당시 도시 전체가 흔적도 없이 사라졌던 바르샤바 여행을 마쳤다. 폐허는 완벽하게 복원되어 있었지만 20만 명 이상의 시민들이 무자비하게 죽어간 곳이라 여행 내내 가슴이 미어졌다. 나치와 당시 독일에 대한 거부감, 아니 분노가 끓어올라 종일 몸이 뜨거웠다. 하지만 도시 곳곳에서 마주치는 독일에 대한 새로운 사실들은 우리를 놀라게 했다.

"원준아, 독일은 반성을 참 많이 하는 것 같다. 일본이랑은 다르네."

바르샤바 유태인 희생자 위령탑 앞에 선 엄마가 말했다. 독일이 통일되기 전 서독의 총리였던 빌리 브란트는 1970년, 위령탑 앞에 무릎을 꿇고 지난 과오에 대한 용서를 빌었다. '독일인이라면 말로 다 표현할 수 없는 역사적 책임을 져야 한다.'는 말을 뱉으며 쏟아지는 빗줄기 속에서 조용히 무릎을 꿇었던 것이다. 이 장면은 폴란드 전역에 생중계되면서 잔잔한 반향을 일으켰고, 이후 동유럽의 사회주의가 시들어가는 데에 일조했다. 이를 계기로 빌리 브란트 총리는 이듬해 노벨평화상을 수상했다.

2004년, 바르샤바 민중봉기 60주년 행사에 참여한 독일 슈뢰더 총리도 바르샤바 볼스키 국립묘지에 헌화를 하며 이런 말을 남겼단다.

"독일인들은 나치의 범죄를 생각하면 부끄러움에 몸을 수그립니다."

이후 독일은 자발적으로 자국의 나치 전범들을 찾아내 모두 수감시켰고, 응당한 죄의 대가를 물었다. 아울러 과거사를 책임지기 위한 해당 부서를 마련했고, 나치와는 전혀 관계없는 자국의 젊은이들을 폴란드에 파견, 나치에 의해 삶을 유린당한 이들에게 봉사활동을 하도록 원조했다.

솔직히 나치라는 탈을 쓰고 자행한 일들은 석고대죄를 해도 결코 용서

받을 수 없는 짓이라고 생각한다. 하지만 독일의 이러한 노력은 지난 과오에도 불구하고 유럽 각국의 차가운 시선을 누그러뜨렸고, 독일 통일의 초석이 되었으며, 유럽의 중심 국가로 성장하는 발판이 되었다.

이런 독일의 모습을 보고 있자니 나 역시 엄마처럼 일본에 대한 생각을 하지 않을 수 없었다. 월드컵 축구 경기장에서 독일 응원단이 독일 국기 대신 나치 깃발을 들고 응원한다는 건 상상할 수 없는 일이다. 하지만 일본은 어떤가. 축구장에서, 혹은 공연장에서 심지어 거리에서도 그 잘난 욱일승천기를 흔들지 않던가. 이는 세계대전의 가장 큰 가해자라 할 수 있는 독일과 일본의 극명히 다른 전후 대처와 일맥상통하는 사안이다. 일본은 제2차 세계대전 당시 우리나라를 비롯해 아시아 전역을 피로 물들였지만 사과는커녕 피해국이 원해서 점령을 했고, 자신들의 식민지화로 해당국이 발전했다는 지극히 비논리적인 주장을 일삼았다. 심지어 일본 총리가 전범들을 모아놓은 신사에 찾아가 참배를 하고 있는 실정이다. 그들이 얘기하고 있는 빗나간 역사 인식은 전 인류의 공분을 사기에 충분하다. '역사를 잊은 민족에게 미래는 없다.'는 신채호 선생의 말이 떠오른다.

생각이 여기까지 미치자 필리핀에서 만났던 한 친구의 말이 떠오른다.

"우리는 스페인에 350년을 지배당했고, 미국에 80년을 지배당했어. 하지만 고작 3년간 우리를 지배한 일본을 가장 악랄하다고 말하지. 그들은 그 짧은 시간 동안 너무나 잔인하게 우리를 대했거든. 그리고 단 한 번도 사과하지 않았어. 용서하기 힘든 나라야."

이번엔
버섯 사냥!

일로나는 정확히 '버섯'을 캐러 가자고 했다. 그녀는 내게 날카로운 칼과 커다란 플라스틱 통을 건넸고 엄마에게 장화와 비닐봉지를 주었다. 일로나가 기대에 찬 표정으로 차에 시동을 걸었다.

스칸디나비아 반도와 맞닿아 있는 발틱해에는 해안선을 따라 리투아니아와 라트비아, 에스토니아라는 작지만 아름다운 세 나라가 알콩달콩 이웃해 있다. 우리는 폴란드에서 북쪽으로 올라가 리투아니아를 거쳐 라트비아 수도인 '리가'에 도착했다.

이곳의 카우치 호스트 일로나는 남편과 딸, 그리고 검은 고양이 한 마리와 함께 리가 외곽에 살고 있었다. 사실 리가의 호스트는 일로나가 아니었다. 카우치서핑 요청을 할 때 거절의 경우를 감안해서 다섯 명에게 요청 메시지를 보냈는데 리가에서 우리를 초대한 호스트는 무려 세 명이나 되었다. 그중 가장 먼저 답장을 준 이와 약속을 정했다. 하지만 뒤늦게 도착한 일로나의 메시지가 나의 마음을 뒤흔들어놓았다.

'금요일에 올 수 있으면 우리 가족이랑 바다낚시 가자!'

한국에서도 해본 적 없는 바다낚시라니. 게다가 언제든 갈 수 있는 동해나 서해, 남해가 아닌 발틱해에서의 바다낚시라니. 그길로 나는 먼저 약속을 정했던 카우치 호스트에게 진땀을 흘리며 사과의 메시지를 보냈다. 엄마와 함께 여행하는 만큼 많은 체험을 하고 싶은데 우리를 바다낚시에 데려갈 친구가 생겼다고, 너무나 미안하지만 그 친구와 시간을 보내고 싶다고. 다행히 그는 우리에게 정말 잘된 일이라며 기꺼이 우리를 일로나에게 보내주었다.

하지만 우리는 일정이 꼬여서 금요일이 아닌 토요일에 리가에 도착했다. 일로나의 남편은 이미 발틱해로 바다낚시를 떠난 뒤였다. 아쉬운 마음이 컸지만 우리를 마중 나오려고 낚시를 가지 못한 일로나에게 미안한 마음이 더 컸다. 그런데 일로나가 대수롭지 않다는 듯 말했다.

"바다낚시에 너희와 같이 가려고 했지 남편이랑 둘이서 갈 생각은 없었어. 하하."

그러면서 차선책을 준비해놓았으니 기대하라고 했는데 바로 지금, 우리는 그녀의 차선책을 실행하기 위해 차로 이동 중이다. 리가 시내에서 한 시간 이상을 달리니 울창한 숲이 나타난다. 아름답다는 표현보다는 섬뜩하다는 표현이 어울리는 숲이다. 하늘 높이 솟은 침엽수들이 하도 빽빽해서 한 번 들어서면 다시는 나올 수 없을 것 같은 느낌이 든다. 흐린 하늘 사이로 먹구름이 빠르게 지나간다. 연쇄 살인마가 커다란 자루를 질질 끌고 나타날 것만 같은 공간이다.

잔뜩 주눅이 든 나를 알 리 없는 일로나가 숲속으로 사뿐하게 발을 내디딘다. 흰 장갑을 낀 그녀의 손에는 서슬 퍼런 칼과 가위, 비닐봉지가 들려 있다. 고백하건대 정말 소름 끼치는 장면이다. 저 숲으로 들어가도 되나 살짝 고민까지 하게 된다. 그도 그럴 것이 주변 어디를 둘러보아도 사람의 흔적이라고는 찾아볼 수가 없다.

"엄마, 나 갑자기 일로나가 무서워졌어."

"뭐?!"

엄마가 별꼴 다 본다는 듯 나를 쳐다본다. '리가에 도착한 아침, 따로 일러주지도 않았는데 시간 맞춰서 버스 정류장까지 마중을 나와주고 여행자가 모를 곳들을 직접 데리고 다니며 가이드 해주고, 바다낚시에 가지 못한 한을 풀어주기 위해 이렇게 버섯 채집 이벤트까지 만들어준 일로나가 무섭다고?'라는 말이 함축된 째려봄이다. 엄마가 멍한 나를 뒤로하고 씩씩하게 숲속으로 들어선다. 장화를 신고 뒤뚱거리며 일로나의 뒤를 따르는 엄마를 보니 긴장이 풀리면서 피식 웃음이 새어 나온다.

'와, 여행하면서 참 별의별 일들을 다 해보는구나. 숲속에서 버섯을 따게 될 줄이야!'

일로나는 버섯 채취의 달인이었다. 만약 라트비아에 버섯 따기 기능사 자격증이 있다면 일로나는 의심의 여지없이 1급 자격증을 딸 것이다. 그녀는 식용버섯과 독버섯의 차이를 알기 쉽게 설명해준 뒤 우리가 제대로 버섯을 따는지 한참을 지켜보았다. 엄마와 나는 마치 시험을 보는 아이들처럼 약간 긴장한 채 일로나가 일러준 버섯을 따기 시작했다. 그러길 몇 분, 마침내 일로나가 고개를 끄덕이며 웃는다. 우리에게 버섯 채취 합격점을 준 것이다. 섬뜩하게 느껴졌던 숲이 이제는 상쾌하기만 하다. 소나무가 활짝 몸을 열고 뿜어내는 나무향에 온몸이 정화되는 기분이다. 엄마도 버섯을 따는 중간 중간 큰 숨을 들이쉬고 내쉬며 숲의 정기를 만끽한다. 플라스틱 통에 버섯이 쌓여갈수록 엄마의 미소도 늘어간다.

"엄마, 어릴 때 산에서 버섯 캐 먹은 적 있어?"

"아니, 엄마도 워낙 서울에만 살아서 흙을 만져본 적이 없어. 근데 이렇게 먹을 걸 직접 캐보니까 정말 보람차네. 한국에 가면 산삼 말고 버섯 캐러 다녀야겠다."

"일로나, 나는 물론이고 엄마도 태어나서 처음으로 버섯을 캐봐. 재미있는 경험을 하게 해줘서 진짜 고마워."

"이 정도 가지고 뭘. 난 초가을이면 항상 여기에 버섯을 캐러 와. 매년 초가을마다 우리 집에 놀러 오는 건 어때? 나랑 버섯 캐면 비행기 값은 뽑을 수 있을 거야. 하하!"

'숨은 버섯 찾기'는 꽤 오래 지속된다. 엄마가 어찌나 적극적인지 일로나 옆에 찰싹 붙어 코치를 받으며 버섯 사냥에 여념이 없다. 하지만 가끔씩은 스스럼없이 독버섯을 채취해 버섯통에 넣는 패기를 보여준다. 그럴 때마다 일로나가 실소하며 엄마 몰래 독버섯을 골라내 숲속으로 내던진다. 나는 솔직히 낚시가 가고 싶었는데 엄마가 함박웃음을 지으며 칼을 휘두르는 모습(!)을 보니 버섯 사냥을 나온 게 차라리 잘된 일이라는 생각이 든다. 나는 아예 버섯 채취를 중단하고 엄마의 짐꾼을 자처한다. 받아든 버섯통 위로 엄마가 캐는 버섯이 계속해서 쌓여간다.

집으로 돌아오니 일로나의 남편이 바다에서 잡아온 손바닥만 한 넙치를 맛깔스럽게 튀겨내고 있다. 일로나와 엄마도 지지 않고 버섯 손질을 시작한다. 나는 그저 추억을 기록한다는 명목하에 일로나의 딸내미와 연

신 사진을 찍으며 시간을 보낸다. 곧 일로나가 직접 만든 크림소스와 엄마가 정성스레 손질하고 삶아낸 버섯이 만나 환상의 요리가 탄생한다. 거기에 자연산 넙치 튀김이 더해지니 이건 뭐 산해진미가 따로 없다. 이것이야말로 완벽한 유기농 밥상이 아니겠는가?

다 같이 세계여행을 하는 게 꿈이라는 일로나의 가족과 이미 그 꿈을 실천하고 있는 우리는 맛깔스런 유기농 밥상만큼이나 맛있는 대화를 밤늦게까지 이어간다. 시나브로 여행이 끝나가고 있다. 처음 여행을 계획할 때만 해도 6개월 정도를 예상했는데, 어느새 8개월을 넘어서고 있다. 일로나가 포르투갈이 정말 좋았다며 꼭 가보라고 하는데, 글쎄 과연 갈 수 있을까? 우리의 여행은 다음 여행지인 에스토니아 탈린에서 끝을 맺는다. 그곳에서 런던으로 넘어가 한국으로 돌아가는 게 우리의 계획이다. 하지만 일로나 가족의 여행 이야기를 듣는 엄마의 눈이 반짝 빛을 낸다. 장기여행 중임에도 지친 기색이 전혀 없다. 왠지 이 여행이 더 오래 지속될 것 같은 느낌이 드는 밤이다.

엄마, 일단 또 가고봅시다!

　드디어, 결국, 마침내, 우리는 최종 목적지에 도착했다. 중국 칭다오에서 시작된 루트가 에스토니아 탈린으로 완성된 것이다. 세상에! 지난날들을 떠올려보니 마치 꿈을 꾼 듯하다. 장장 240여 일간 엄마와 함께 여행하며 어떤 사고도 없이 동유럽 북쪽 끝에 섰다. 우리의 이야기를 누가 믿을 수 있을까.

　"엄마! 나는 솔직히 처음 루트를 짤 때 정말 여기까지 올 줄 몰랐어. 한 날, 십년 두 날 정도면 둘 중 누군가가 지칠 거라고 생각했거든. 근데 우리가 정말 해냈네!"

　엄마가 고개를 끄덕인다. 하지만 나의 흥분에 비하면 호응이랄 수 없는 호응이다. 그렇다. 엄마는 바야흐로 장기여행의 매력에 푹 빠져버렸다. 한국이라는 나라를 잊은 지 오래다. 리가에서부터 엄마가 물었다.

　"아들, 우리 여행 자금이 얼마나 남았어?"

　"탈린 여행하고 한국으로 돌아갈 비행기 티켓 값 정도?!"

　그때도 엄마는 그저 고개만 주억거렸다. 처음에는 엄마가 그리 가고 싶다던 프랑스를 가지 못해서인 줄 알았다. 하지만 이어지는 멘트에서 나는 엄마의 마음을 읽어버렸다.

"하루에 한 끼만 먹으면 여행을 더 할 수 있어?"

얼토당토않은 이야기지만 그럴 수 있다면 얼마나 좋을까. 하지만 이럴 때일수록 한 사람이라도 냉철해져야 했다.

"밥값은 지금도 충분히 줄이고 있어. 여기서 더 줄인다고 여행을 더 할 수는 없을 거야."

그렇게 냉철해지고자 했던 나도 탈린에서는 못내 아쉬움을 드러낸다.

"엄마, 여행 더 하고 싶다. 그치?"

"응!"

우리는 탈린의 구시가지를 걷다가 내처 시청사가 한눈에 보이는 길가에 주저앉는다. 좀 생각을 해보자는 심사다. 우리에게는 두 가지가 남아 있다. 하나는 너무 적게 남아 있고 하나는 너무 풍족하게 남아 있다. 먼저 그간 알뜰살뜰 아끼며 여행한 덕에 여비가 조금 남았다. 안타깝지만 결코 많은 액수가 아니다. 남은 유럽을 다 도는 건 꿈도 꿀 수 없는 액수다. 그에 비해 여행에 대한 엄마의 열정은 심하게 많이 남아 있다. 사실 돈이 많이 남아 있다 한들 엄마의 여행 의지가 없다면 우리는 지금 짐을 싸는 게 맞다.

엄마가 평소와는 다르게 아주 의미심장한 표정으로 말을 건넨다.

"사실 나는 못 가본 유럽을 더 훑어보고 싶어!"

"!!!"

나는 고작 해봐야 탈린에서 배로 두어 시간 걸리는 핀란드의 헬싱키와 북유럽 정도를 생각하고 있었다. 그리고 런던으로 넘어가 한국으로 가는 것. 그게 베스트가 아닐까 생각했던 것이다. 그런데 엄마는 서유럽에 대한 미련을 직접적으로 드러내고 있다. 그런 엄마에게 그래도 집으로 돌아가야 하지 않겠냐는 말이 나오지 않는다. 나는 벌떡 일어서서 눈에 보이

는 ATM기에 들어가 남은 돈을 확인한다. 남은 돈을 확실히 알아야 여행에 대한 준비를 할 수 있으니까. 두근대는 마음으로 잔액을 확인한다. 앞으로 3주 정도는 더 여행할 자금이 남아 있다. 그래, 우선은 3주다. ATM기에서 빠져나온 내가 엄지와 검지를 맞대고 오케이 사인을 보내자 시청 광장이 떠내려갈 듯 환호하는 엄마. 그 모습을 보니 갑작스레 엄마에게 더 많은 곳을 보여주고 싶다는 생각이 뜨겁게 솟아오른다. 프랑스의 에펠탑과 로마의 콜로세움도 보여주고 싶다. 스페인의 성가족 성당도, 벨기에의 그랑플라스 광장도 보여주고 싶다. 내가 유럽에서 가장 흥분하며 보았던 곳들을 엄마에게 다 보여주고 싶다! 두 달 동안 동유럽을 샅샅이 돌았으니 이제 북유럽과 서유럽만 정복하면 우리는 유럽 대륙을 완벽히 횡단하는 셈이다. 하지만 그 많은 곳들을 3주 안에 다 돌 수 있을까?

　나는 다시 자리를 펴고 앉아 노트북으로 유럽 지도를 확인하며 탈린에서 가까운 곳을 중심으로 새로운 루트를 짜기 시작한다. 다행히 런던발 서울행 비행기를 예약하지 않아서 여행 기간은 얼마든지 늘릴 수 있다.

일단은 남아 있는 돈으로 핀란드와 스웨덴, 노르웨이, 덴마크 등 북유럽을 여행하기로 마음먹는다. 물가가 비싼 만큼 언제 다시 갈 수 있을지 모를 나라들이다. 그러면 그 후에는? 아, 모르겠다. 뭐, 어떻게든 되겠지.

기분이 좋아진 우리는 탈린의 카우치 호스트 아누 아주머니의 집을 향해 발걸음을 옮긴다. 하지만 웬일인지 이번에는 길 찾기가 쉽지 않다. 잠시 두리번대다 현지 아주머니에게 주소가 적힌 종이를 내민다.

"여기 가려고 하는데 어디서 버스를 타야 하죠?"

"*%&@$*#*%&@$*#"

"네? 뭐라고요?"

"*%&@$*#*%&@$*#"

"버스, 정류장, 어디, 아세요?"

아주머니와 어떻게든 대화를 해보려고 진땀을 빼고 있는데 갑자기 엄마가 나선다. 두 여인이 서로의 언어를 사용하며 온갖 손짓을 이어간다. 눈빛들도 예사롭지가 않다.

"맞아요. 우리가 여기로 가는 거예요."

"*%&@$*#*%&@$*#"

"네, 그럼 그거 종이에 좀 써줘요."

신기하게도 아주머니가 엄마가 들고 있던 종이에 메모를 시작한다. 그러더니 아주머니는 할 일을 다했다는 듯 뿌듯한 얼굴로 뒤돌아선다. 엄마도 분주하게 발걸음을 옮긴다. 나는 마치 마법에 걸린 듯 엄마를 쫓아간다. 그렇게 몇 분 정도 걸었을까. 정말 눈앞에 버스정류장이 나타난다. 세상에! 이게 정말 가능한 일일까?

"봤지?"

네, 어머니. 정말 대단하십니다. 이제 혼자 여행하셔도 되겠어요. 나는 보고도 믿을 수 없는 이 상황이 너무나 웃겨서 뒤집어진다. 그리고 잠시 후, 정말 거짓말처럼 아누 아주머니의 집으로 향하는 버스가 우리 앞에 도착한다.

"정말 잘됐네! 이럴 때는 축배를 들어야지!"

우리가 여행을 더 하게 됐다는 이야기를 들은 아누 아주머니가 신기한 술잔과 에스토니아 전통술을 꺼내 온다. 와인 잔도 아닌, 그렇다고 사기잔도 아닌 독특한 모양의 술잔에 시선이 간다.

"그거 북한에서 사 온 술잔이야."

아주머니가 가리킨 술잔 바닥을 보자 '묘향산'이라는 한글이 뚜렷하게 쓰여 있다. 엄마가 눈이 더 동그래져서는 술잔을 이리 보고 저리 보며 관찰한다. 아주머니는 러시아가 소련이던 시절 북한을 방문한 적이 있다고

엄마의 여행 노트 #8

어느 날 문득 깨어났을 때 이 여행이 끝나 있다면… 가슴에 담은 게 많아 웃고 있을까, 여전한 아쉬움에 울상을 짓고 있을까.

한다. 벌써 30년도 더 된 일이다. 북한의 술잔에 에스토니아의 전통술이 채워진다. 그 맛이 참으로 오묘하다. 내가 가보지 못한 곳, 가고 싶다고 마음대로 갈 수도 없는 그곳에서 온 술잔이 빚어낸 맛이리라.

갑자기 무슨 생각이 났는지 아주머니가 벌떡 일어나 책장으로 달려간다. 그러고는 책장 사이에 있던 종이를 꺼내 격하게 흔들어 보인다. 그 종이는 헬싱키로 가는 뱃삯을 엄청나게 할인해주는 직원할인티켓이었다. 아주머니의 여동생이 이곳과 핀란드를 오가는 '바이킹 라인' 페리의 승무원으로 일하고 있었던 것이다. 우리는 24유로의 뱃삯을 4유로의 뱃삯으로 바꿔주는 이 종이 한 장에 신이 나 아주머니를 껴안는다. 이게 다 여행의 연장을 응원해주는 하늘의 뜻이 아닐까.

서점에 들러 북유럽 가이드북과 서유럽 가이드북을 구입한다. 앞으로 여정이 어떻게 될지는 모르겠지만 어떻게든 끝까지 유럽을 완주해보겠다는 의지의 표현이다. 꼬박 하루를 투자해서 부지런히 여행에 필요한 것들을 구입하고 루트를 점검한다.

그리고 런던으로 가는 공항이 아닌 헬싱키로 가는 항구 앞에 선다. 두 달 전 터키에서 기차를 타고 불가리아로 넘어오면서 시작된 동유럽 여행.

계획대로였다면 우리의 마지막 여정이 되었을 동유럽 여행이 또 다른 길을 내어주고 있다. 이름도 생소했던 나라들이 이젠 머릿속에 확실히 각인된 채 추억으로 남았다. 돌아보니 그 어떤 멋진 풍경보다도 카우치 호스트들의 환대와 격려가 가슴에 남는다. 눈물 날 만큼 아름다운 추억들이다.

"엄마, 이제 다시 시작이야. 지금부턴 예정에도 없던 연장전이야."

"연장전에 들어서는 것 치고는 발걸음이 너무 가벼운데? 엄만 아들만 옆에 있으면 세상 어디라도 갈 수 있을 것 같아!"

여행 첫날, 중국 칭다오로 향하기 위해 페리에 올랐던 설렘으로 우리는 헬싱키로 가는 페리에 올라탄다. 조금 달라진 게 있다면 지금은 엄마나 나나 배낭여행 베테랑이라는 점이다. 행운의 4유로짜리 페리를 타고 우리는 스칸디나비아 반도로 향한다. 자, 또 다른 시작이다!

"엄마, 일단 또 가고봅시다!"

가을이
아름다운 이유

"엄마, 여기가 북유럽이야."

우리는 언제 집에 돌아갈까 말까를 고민했었냐는 듯 여행 초심자의 긴장과 설렘을 그대로 간직한 채 헬싱키를 밟는다. 새벽 페리를 타고 온 탓에 약간 피로하기는 했지만 왠지 그 피로감조차도 반갑게만 느껴진다. 정말 모든 게 처음으로 돌아간 듯하다.

"원준아, 엄마 사진 좀 찍어줘."

엄마가 페리에서 나눠준 핀란드 잡지를 한 손에 쥐고 한 손으로는 'V' 자를 그리며 헬싱키 대형 지도 앞에 선다. 들뜬 표정이 역력하다. 사진 찍은 걸 확인한 엄마가 어디로 갈지 정하지도 않았는데 앞서 걷는다. 엄마의 빨간 가방이 눈에 들어오자 또다시 감회에 젖는다. 저 빨간 가방을 처음 봤을 때 나는 설레고 두려웠다. 너무도 꿈꾸던 일이었고, 과연 가능한 일을 시작한 걸까 싶어서였다.

"엄마! 가방 안 무거워?"

"발걸음 가벼운 거 보면 모르겠어?"

나는 피식 웃으며 엄마를 따라잡는다. 바야흐로 가을이 무르익었다. 살짝 비가 내려 하늘이 어둡긴 했지만 곳곳에 눈에 띄는 낙엽수들 때문에

도시 전체가 화려하게 느껴진다.

"가을엔 편지를 하겠어요. 누구라도 그대가 되어…."

헬싱키의 공원을 거니는데 엄마의 작은 노랫소리가 귓가를 간질인다.

"결혼하기 바로 전에 네 아빠랑 이런 길을 걸은 적이 있어."

나는 그냥 고개만 주억거린다. 아빠 이야기를 참 오랜만에 듣는 것 같다. 엄마가 가던 길을 멈추고 발밑에 흩어져 있던 낙엽을 줍는다.

"그때처럼 참 낙엽이 많다. 색깔도 화려하고."

나는 걸음을 살짝 늦추고 엄마의 뒷모습을 가만히 바라보며 걷는다.

내 나이보다 젊었을 엄마와 아빠가 가로수 길을 하염없이 걷고 있다. 둘은 가끔씩 웃기만 할 뿐 말이 없다. 젊은 아빠가 허리를 숙여 바닥에 나뒹구는 빨간 낙엽을 줍는다. 그리고 젊은 엄마에게 건넨다. 젊은 엄마가 낙엽을 받아든다. 마음에 드는지 뭐라고 이야기한다. 젊은 아빠가 웃으며 젊은 엄마의 손을 살며시 잡는다. 둘의 머리 위로 우수수 낙엽이 진다. 그리고 시간이 흐른다. 젊었던 엄마가 낙엽과도 같은 나이가 된다. 시나브로 엄마는 인생의 가을을 걷고 있는 것이다. 그 낙엽의 시간에 내가 함께 걷고 있다는 사실이 가슴을 뭉클하게 만든다.

"엄마!"

"응?"

찰칵!

"우리 엄마, 예쁘네!"

"싱겁긴!"

엄마의 미소가 젊은 엄마의 미소와 겹쳐진다. 헬싱키의 낙엽도 그 옛날 어느 곳인지 모를 곳의 낙엽과 오버랩 되며 청아하게 빛난다. 어쩌면 이런 순간을 맞이하기 위해서 여행을 하는 건 아닐까.

엄마의 여행 노트 #9

길가에 피어 있는 들꽃 한 송이도 예쁘다 느꼈던 내가 당신을 잃고는 세상이 흑백이 되었었지. 솔직히 말하면 당신과의 추억이 많은 곳에 있고 싶지 않았어. 어느 곳을 보아도 슬퍼졌으니까. 어쩌면 그러한 마음 때문에 쉽게 여행을 떠나왔나봐. 지금 이 먼 타국에서 당신과의 추억을 떠올리는 걸 보면 아팠던 내 마음도 많이 나은 모양이야.

콰지모도를
만나다

확실하진 않지만 스웨덴에서 두 번째로 오래된 교회라고 했다. 그리고 에릭은 그 교회의 열쇠를 가지고 있다고 했다. 그 이야기는 우리를 교회 종탑에 초대하고 싶다는 뜻이었다. 엄마와 나는 자리에서 벌떡 일어나 에릭의 뒤를 따랐다.

"걸어서 갈 수 있는 곳이야?"

"아니, 교회까지 가는 대중교통이 없어서 부모님 차를 빌리려고. 어머니는 좀 어떠셔? 피곤하실 것 같은데…."

스톡홀름의 카우치 호스트 에릭은 생긴 것만큼이나 예의가 바르고 공손하다. 엄마를 챙기는 모습에서 느낄 수 있지만 비단 그 모습이 아니더라도 모든 면에서 기본이 좋은 친구란 게 느껴진다. 이전에 교회 관리인으로 잠깐 일을 한 적이 있는 에릭에게 목사님이 정기적으로 교회를 관리해달라며 열쇠를 맡겼다는데, 그게 하나도 신기하지 않을 만큼 에릭은 신뢰가 가는 친구다.

"이 열쇠가 너와 엄마한테 좋은 추억을 안겨줄 수 있으면 좋겠다. 그리고 그 추억과 함께 내가 너희의 기억 한편에 자리 잡을 수 있다면 정말 행복할 거야."

늘 느끼는 거지만 서양 친구들은 표현을 참 멋지게 한다. 나라면 쑥스러워서 하지 못했을 표현들을 이 친구들은 스스럼없이 내뱉는다. 자기표현도 확실하고, 시적 표현도 자유자재로 사용한다. 주입식 교육이 아닌, 스스로 생각하고 표현하는 걸 중요시하는 창의적인 교육을 받아서가 아닐까, 혼자 생각해본다.

에릭이 차를 몰고 나온다. 쌀쌀한 바람을 맞고 있던 우리는 냉큼 차에 오른다. 그 순간 거짓말 같은 일이 벌어진다. 처음에는 하늘에서 웬 하얀 가루가 떨어지나 했는데 가만 보니 눈이다. 여행을 떠난 후 처음으로 만나는 눈에 엄마가 먼저 차에서 내리며 환호한다.

"첫눈이다!"

지금은 겨울의 'ㄱ'자도 꺼내기 힘든 10월이다. 북유럽의 평균기온이 낮다는 사실은 익히 알고 있었지만 10월에 눈을 만날 수 있을 거라고는 생각지 못했다.

"에릭, 여기서는…"

10월에도 눈이 와?, 라고 질문하려는데 에릭도 멍하니 하늘을 바라보며 신기해하고 있다.

"첫눈이야. 올해의 첫눈. 이때 눈이 내리는 걸 본 적이 없는데… 아마도 반가운 손님이 와 있는 걸 하늘도 아는 모양이야."

에릭이 웃으며 말한다. '에릭, 자꾸 그렇게 멋진 말로 우리 마음을 녹일 거야?! 네 따뜻한 마음 때문에 눈이 다 녹아내리겠어!'라고 말하려다 입을 닫는다. 아직 나는 이런 말에 익숙하지가 않다. 눈발이 점점 굵어진다. 금세 세상이 은빛으로 물든다.

"어쩜, 이번 여행엔 이렇게 예고 없는 선물들이 많이 찾아올까!"

엄마가 하염없이 내리는 눈을 보며 말한다. 그렇다. 우리는 참 운이 좋은 여행자다. 가는 곳마다 에릭처럼 친절하고 선한 친구들을 만났고, 일부러 시간을 맞춘 것도 아닌데 일 년에 한 번 열린다는 축제나 행사들을 자주 만났다. 게다가 지금 내리는 이 아름다운 눈처럼 어디서나 깜짝 선물이 우리를 기다리고 있었다.

"앞으로의 인생도 이번 여행만 같으면 좋겠어."

엄마의 들릴 듯 말 듯 한 목소리가 내 입가에 미소를 만들어준다. 그러게 엄마. 이런 선물들이 엄마 삶에 문득문득 나타나서 엄마가 기분 좋게 소리칠 수 있는 날이 많으면 좋겠어. 나는 얼른 카메라를 들어 하얀 눈을 맞고 서 있는 엄마와 에릭의 모습을 담는다.

'솔렌튜나 교회'에도 눈이 쌓여 있었다. 고풍스런 외관이 지은 지 수백 년은 더 되었다는 걸 말해준다. 교회 한편에는 천년의 역사를 가지고 있다는 비석이 서 있다. 십자가와 뱀의 형상이 그려져 있는데, 에릭에 따르면 이 그림들이 당시의 언어였단다. 교회 전체를 잠시 눈에 새긴 뒤 에릭을 따라 교회로 들어선다.

우아한 샹들리에에 불이 들어온다. 웅장하고도 낮은 오르간 소리가 들

리는 듯하다. 엄마가 색 바랜 나무 의자 위에 가지런히 놓여 있는 붉은색 성경책을 들춰보다 이내 자리에 앉아 기도를 올린다. 신기하게도 엄마 옆에서 함께 기도를 올리고 있는 수많은 사람들의 모습이 그려진다. 눈을 잠시 감았다 뜨니 에릭과 엄마가 오래된 제단 앞에 서 있다.

"수백 년 전에 한 부자가 이 교회에 꼭 묻히고 싶다며 큰돈을 기부했어요. 그 돈으로 교회는 제단을 증축했고, 그 부자는 자기가 원했던 대로 이 제단 밑에 묻혀 있대요."

내가 에릭의 말을 통역하자 엄마가 고개를 끄덕인다. 하지만 제단에 오를 엄두는 내지 못한다. 에릭은 이곳저곳으로 우리를 이끌며 교회에 대한 친절한 설명을 이어간다.

"참, 교회 종탑에 올라본 적 없다고 했지?"

위를 가리키는 에릭의 손짓에 엄마가 먼저 고개를 끄덕인다. 그러자

에릭이 엄마의 손을 잡고 교회 사무실 뒤편에 있는 아주 작은 문 앞에 선다. 문이 열리자 가파른 나무 계단이 나타난다. 에릭이 앞서 계단을 오른다. 우리도 벽에 손을 짚으며 조심히 계단을 밟는다.

"원준아, 이상하게 가슴이 두근거려."

노트르담의 꼽추 콰지모도가 보았을 교회의 비밀스런 공간들 때문일까. 눈앞에 펼쳐진 알 수 없는 기계들을 빠르게 훑어본다. 교회의 유물을 보관하는 작은 공간과 낡은 파이프 오르간, 커다란 시계태엽 등 종탑으로 가는 길에는 어느 하나 신기하지 않은 것들이 없다. 그 장면마다 콰지모도의 모습이 환영처럼 지나간다.

그렇게 꼭대기까지 올라오자 청동으로 만든 거대한 종이 나타난다. 밖에서 봤을 땐 커 보이지 않았는데 가까이서 보니 규모가 엄청나다. 10년 전만 해도 당직자가 수동으로 종을 쳤다는데 현재는 전자식으로 바뀌어 매시 정각이면 자동으로 종이 울린다고 한다. 올라온 김에 종 한 번 쳐야겠다는 생각이 아쉬운 야망으로 끝난다.

내처 종탑 위에까지 오른다. 하지만 눈이 너무 많이 와 계단 끝에서 발걸음을 멈춘다. 까치발을 들고 머리를 쏙 내미니 종탑 난간과 벽 사이로 스톡홀름의 야경이 보인다. 눈을 맞으며 조용하게 빛나는 도시가 에릭을 닮았다는 생각이 든다. 잠시 서로의 시간을 가진 우리는 아쉬운 마음으로 종탑을 내려온다. 다시금 신비로운 공간들이 우리 곁을 스쳐간다.

"반평생을 살면서 10월에 눈을 보는 것도 처음이고, 교회 종탑에 올라본 것도 처음이야. 이렇게 귀중한 추억을 두 개나 가슴에 담아 가네. 에릭에게 너무 고맙다고, 에릭을 만난 건 축복이라고 꼭 전해줘."

나 역시 에릭에게 해주고픈 말이다. 에릭은 '뭐 대단한 걸 보여준 것도 아닌데….'라며 수줍어한다. 눈이 펑펑 내리는 날 한국으로 데려가 붕어

빵 한 봉지와 군고구마 한 봉지를 품에 안겨주고 싶다. 그리고 네가 지금 느끼는 그 따뜻함이 우리가 스톡홀름에서 느꼈던 따뜻함이었다고 전하고 싶다.

교회를 나서면서 다시 한 번 뒤를 돌아본다. 눈이 더 쌓인, 순백의 교회가 송별의 인사를 건넨다. 갑자기 불어온 바람이 종탑의 종을 스쳤는지 희미한 종소리가 들린다.

Pippi

LITTLE SWEDEN
PROBABLY THE BEST SOUVENIRSHOP IN OLD TOWN
Big selection of quality T-shirts for baby, children, adults

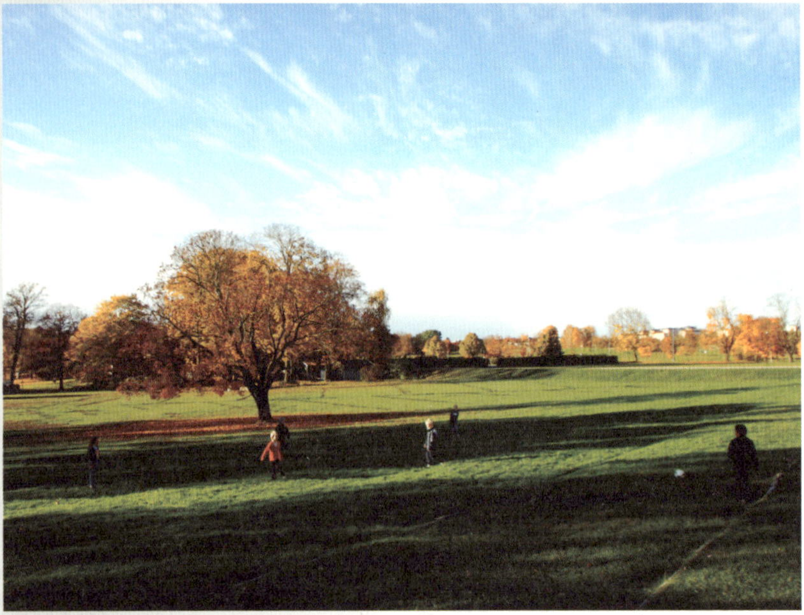

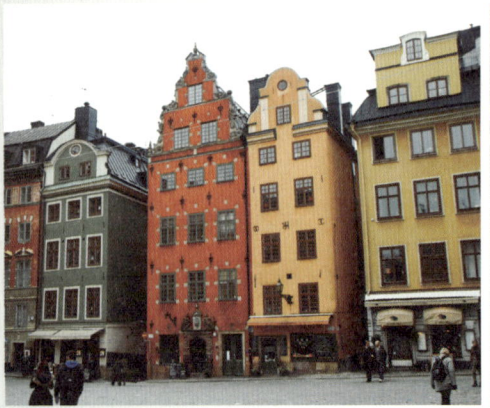

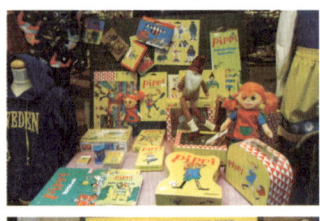

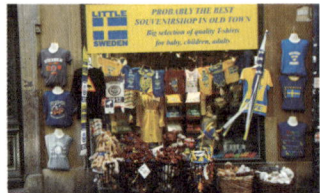

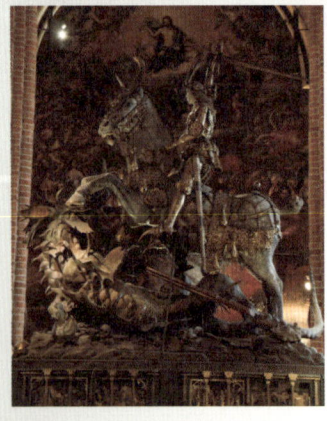

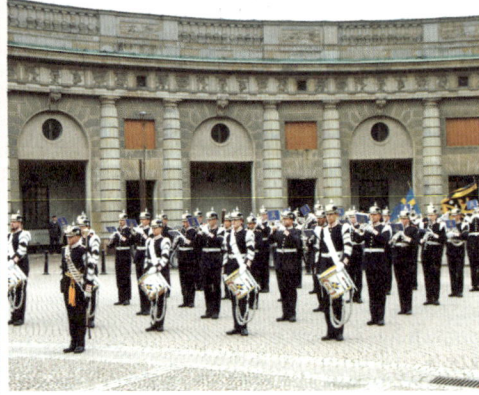

Just Passing By
───── 스톡홀름

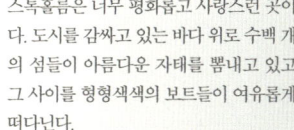

스톡홀름은 너무 평화롭고 사랑스런 곳이다. 도시를 감싸고 있는 바다 위로 수백 개의 섬들이 아름다운 자태를 뽐내고 있고 그 사이를 형형색색의 보트들이 여유롭게 떠다닌다.
'감라스탄'이라 불리는 800년 역사의 고풍스런 구시가지 골목도 여행자들의 필수 코스다.
 또한 이곳은 과학과 문화의 성지이기도 하다. 알프레드 노벨의 고향이자 어린이들의 오랜 친구 '말괄량이 삐삐'의 탄생지이기 때문이다. 70·80년대를 풍미한 세계적인 그룹 '아바'도 이곳 출신이다.

초콜릿게이트

에릭과의 짧은 추억을 가슴에 품고 새로운 카우치 호스트, 마리나의 집으로 향한다. 오랜 기간 카우치서핑을 했지만 한 도시에서 두 명의 호스트를 만난 것은 스톡홀름이 유일하다. 엄마와 내가 일부러 마리나의 집을 찾는 이유는 단 한 가지, 한국 음식을 해주기 위해서다.

러시아인 마리나는 핀란드인 전직 요리사 안드레아스와 결혼해 스톡홀름에 살고 있는데 전 세계를 여행하며 각국의 다양한 음식을 맛보는 것이 큰 즐거움이라며 내게 쉽게 접할 수 없는 한국 음식을 꼭 맛보고 싶으니 자신의 집을 찾아달라고 정중히 초대 메시지를 보내왔다. 이미 에릭에게 초대된 상태였고, 스톡홀름에서의 일정이 짧아서 난처했지만 한국의 맛과 문화를 원하는 친구들이 있는데 어찌 그냥 지나치랴. 나는 엄마와 의논 끝에 스톡홀름에 하루 더 머물며 마리나·안드레아스 부부와 시간을 보내기로 결정했다.

"원준. 너무 반가워. 이렇게 일부러 찾아와주다니 정말 고마워!"

지하철역을 벗어나자 목발을 짚은 마리나가 힘겹게 우리 곁으로 다가온다. 딱 봐도 다리 상태가 많이 안 좋아 보인다. 엄마가 얼른 달려가 마리나를 부축한다.

"반가워, 다리는 왜 그래? 이 상태로 어떻게 마중까지 나온 거야?"

"얼마 전에 발목이 완전 부러졌어. 중상이지. 흑흑. 어차피 병원에서도 재활을 위해 많이 걸으라고 해서 검사검사 나온 거야. 걱정 마."

말은 그렇게 했지만 마리나는 우리가 집을 못 찾을까봐 마중 나온 게 분명했다. 그녀의 집까지 가는 길이 무척이나 복잡했기 때문이다.

"엄마, 카우치서핑을 하면서 세상에 어쩜 이리 착한 사람들이 많을까, 생각할 때가 많아."

"그러니까. 그리고 정말 다양한 사람들이 있다는 것도 신기해. 마치 사람 사이를 여행하는 것 같아."

"그거 정답이네!"

우리는 이런저런 이야기를 하며 마리나의 집에 들어선다. 여행광 부부가 사는 집답게 세계 곳곳에서 수집한 기념품들과 사진들로 벽면이 도배되어 있다. 특히 여행지에서 만난 사람들이 보낸 엽서와 편지들을 보니 아직도 손편지가 오가고 있구나, 여행에서 만난 인연이 계속되고 있구나, 싶어 괜히 내 마음이 뭉클해진다.

서 있기 힘든 마리나를 거실 소파에 앉혀두고 엄마와 나는 바로 주방으로 향해 비빔밥을 만들기 시작한다. 채소 볶는 고소한 냄새에 마리나가 참지 못하겠다는 비명을 지를 때쯤 그녀의 남편, 안드레아스가 회사

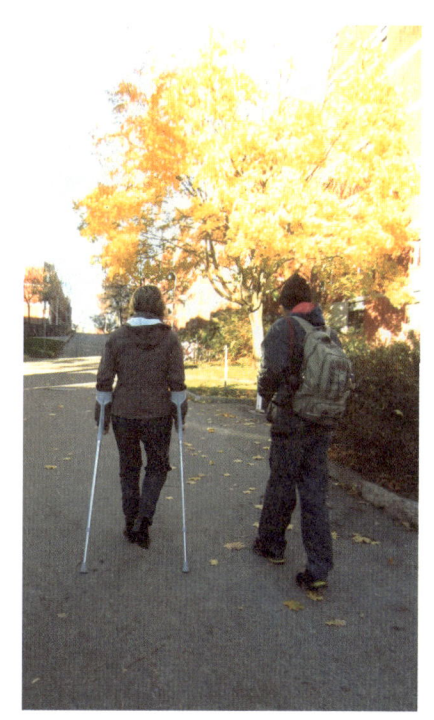

일을 마치고 돌아온다. 그는 옷도 갈아입지 않고 바로 주방으로 들어와 환한 웃음을 건네며 내게 악수를 청한다. 엄마의 현란한 손놀림을 보고는 자신이 모시던 주방장보다 손이 빠르다며 혀를 내두른다. 그의 칭찬에 신이 난 엄마의 동작이 더 빨라지더니 순식간에 비빔밥이 완성된다.

"우와, 내 평생 이렇게 컬러풀한 음식은 처음이야. 게다가 이렇게 영양소 풍부한 채소가 가득 들어간 음식이라니! 이 요리만 봐도 한국이 어떤 나라인지 알 것 같아!"

안드레아스는 수저를 들기도 전에 극찬을 쏟으며 우리를 긴장시킨다. 예쁜 건 예쁜 거고 입에 맞아야 할 텐데. 혹시 한 입 먹은 후 얼굴을 찌푸리면 어쩌지? 하지만 역시나. 우리의 걱정은 기우에 불과했다. 안드레아스와 마리나는 숨도 쉬지 않고 비빔밥을 흡입한다.

"입바른 말이 아니고 지금껏 먹어본 음식 중에 다섯 손가락 안에 꼽을 수 있어!"

안드레아스가 감격에 겨운 듯 흥분하며 말한다.

"어머, 요리사였던 사람이 그렇게 얘기를 하면 정말 비빔밥 맛이 좋나 보다!"

흥분한 엄마가 안드레아스의 그릇에 여분으로 볶아놓은 채소를 마구 올려준다. 안드레아스는 사양도 않고 엄마가 주는 음식을 덥석덥석 받아먹는다. 그 모습을 흐뭇하게 바라보는 엄마. 역시 이 친구들을 만나길 잘했구나! 엄마는 뭔가 더 해주고픈 마음에 젓가락질하는 법과 밥물 조절하는 법을 알려준다. 그리고 나는 언젠가 꼭 한국을 방문할 거라는 젊은 부부에게 한국의 대표 관광지와 간단한 한국어를 알려준다.

"이런 게 바로 외교야! 너와 엄마는 한국 대사관에서 지원금을 받아야 해! 나는 너희 모자 덕분에 가본 적도 없는 한국이란 나라에 반해버렸거든!"

마리나의 말에 안드레아스도 맞장구를 친다.

"나라끼리 하는 외교보다 개인 외교가 훨씬 더 중요한 것 같아. 아무리 좋은 나라라고 정평이 나 있는 나라라도 내가 그 나라에서 만난 사람이 별로면 그 나라에 딱 정이 떨어지니까."

안드레아스의 말에 나와 엄마도 동의하며 고개를 끄덕인다.

"참, 스웨덴은 어때? 여행은 할 만해?"

마리나의 질문에 나는 마음속에 가지고 있던 의문을 풀어놓는다.

"그럼, 여행을 하기에는 안전하고 깨끗한 곳이지. 그런데 북유럽 물가는 왜 이렇게 비싼 거야? 물가만 따지면 여행하기에 너무 벅찬 동네야."

내 말에 안드레아스가 먼저 입을 연다.

"음, 비단 여행자들만 느끼는 건 아니야. 우리도, 또 이곳 사람들 모두 북유럽의 물가가 무척이나 비싸다고 느끼고 있어. 짧게 설명하기는 어렵지만… 기본적으로 부가세가 굉장히 높은 편이고, 인건비가 무척이나 비싼 것도 그 이유 중 하나라고 생각해. 국민 총소득이 높고 나라의 경제력이 높은 것도 이유가 될 수 있겠지."

이 말을 듣고 있던 마리나가 거든다.

"세금도 엄청나. 우리도 월급의 절반가량을 세금으로 내. 100유로를 벌면 50유로를 세금으로 떼인다는 소리지. 무시무시하지?"

"맙소사! 그 정도일 줄은 몰랐네. 그런데 국민들의 불만은 없어? 월급의 절반이 날아가는데 어떻게 그렇게 태연할 수 있지?"

내 반문에 안드레아스가 대답한다.

"그렇게 떼어간 세금을 정부가 절대 허투루 쓰지 않는다는 믿음이 있거든. 그래서 나도 큰 불만이 없어. 일단 복지정책이 무척 잘되어 있어.

'요람에서 무덤까지'란 말 들어본 적 있지? 이곳에선 전 국민의 교육, 의료, 육아 비용이 모두 무상으로 제공돼. 어디가 아파서 병원을 가도 병원비가 무료고, 대학 등록금까지 모두 나라에서 해결해줘. 자기 기호품을 사는 것 이외엔 삶에 꼭 필요한 많은 부분이 해결된다는 소리지. 장애인과 사회적 약자들에 대한 복지도 정말 잘되어 있어."

그 말을 듣고보니 며칠간 탔던 스톡홀름의 버스가 생각난다. 스톡홀름의 모든 버스는 장애인과 어린이, 유모차를 끄는 엄마들의 승하차가 수월하도록 고안된 저상버스다. 게다가 버스가 멈추면 차체가 내려앉으며 인도와 높이를 맞춘다. 버스에 계단이라고는 찾아볼 수가 없다.

"좀 전에 네가 했던 말 있잖아. 세금을 절대 허투루 쓰지 않는다는 믿음이 있다고. 그런 자신감은 어디서 나오는 거야? 솔직히 정치인들 못 믿겠다고 말하는 나라는 동서양을 통 털어서 엄청 많잖아."

"그렇긴 하지. 그런데 이곳 정치인들의 청렴도는 믿을 수 있는 정도라고 생각해. 그런 청렴도를 바탕으로 모든 정책이 투명하게 돌아가기 때문에 삶의 질이 아주 높은 편이라고 생각하고. 세금을 많이 낸다고 해서 불만이 높을 이유가 없어. 결국 모두가 잘살기 위해 평등하게 세금을 내는 거니깐. 진짜 부자들은 수입의 60퍼센트도 넘게 세금을 내기도 해."

안드레아스의 설명을 맞받아치며 마리나가 해준 이야기가 압권이다.

"이런 일도 있었어. 스웨덴의 정치계를 주름잡던 유명한 여성 정치인이 하루는 개인적으로 쇼핑을 나갔다가 지갑을 안 가져온 사실을 알게 된 거야. 그래서 '토블론'이라는 초콜릿 두 개를 국가 법인 카드로 긁어버린 거지. 달랑 초콜릿 두 개를 말이야. 근데 회계 처리 과정에서 이 사실이 알려졌어. 그와 동시에 전 국민이 분노에 휩싸였고 여성 의원은 당연히 의원직에서 물러났지. 또 그녀가 속해 있던 정당도 내리막길을 걷게 되었

어. '워터게이트' 사건에 빗대어 '토블론게이트' 사건이라는 말까지 생겨났다니깐. 이러니 정치인들은 청렴할 수밖에 없고 국민들도 그런 정치인들의 정책을 신뢰하게 되는 거지."

두 귀를 의심할 정도로 믿기 힘든 이야기였다. 아니 초콜릿 두 개로 저런 일이 발생하다니. 우리나라에선 정치인, 기업인들이 몇백억씩 횡령을 해도 보여주기 식으로 구속된 뒤에 특사로 풀려나곤 하는데. 그렇게 사면받고 나와서 또 해먹는데…!

"한국은 어때? 살기 좋아? 정치는 깨끗한 편이야?"

차마 나는 진실을 말해줄 수 없어 뭐 그럭저럭 준수한 편이야, 라고 얼버무리고 만다. 비록 짧은 시간 나눈 대화였지만 충격이 어마어마하다. 한국 음식을 알려주러 왔던 우리는 더 대단한 사실을 알게 되었다. 여행을 통해 참 다양한 것들을 배우게 되지만 오늘의 배움은 우리에게 씁쓸한 웃음을 안겨준다.

북유럽 물가는
반칙!

그래, 안다. 마리나와 안드레아스의 설명은 충분히 이해가 간다. 자국의 복지정책으로 인해 물가도 높지만 그만큼 삶의 질도 높다는 것을. 하지만 이건 정말 해도 해도 너무하다는 생각이 든다. 핀란드에서부터 시작된 북유럽 여정은 정말 물가와의 전쟁이었다. 우리는 잘 먹고 잘살고 있는 그들과 같을 수 없는 외국인이자 장기여행자다. 먹는 것도 줄이고 즐길 것도 줄여가면서 여행을 하는데도 북유럽의 물가는 우리의 등골을 휘게 했다. 축지법을 쓰지 않고서는 절대 줄일 수 없는 대중교통비도 만만치 않았다. 핀란드 항구에서 시내로 가는 트램비가 4천500원 정도였고, 스웨덴 스톡홀름 중심가에서 에릭의 집으로 가기 위해 올라탄 통근 열차비는 달랑 여덟 정거장에 1만 3천 원을 호가했다. 게다가 노르웨이로 넘어오는 버스 요금은 1인당 12만 원이었다. 지갑에서 돈이 줄줄 샌다는 말의 뜻을 북유럽에 와서 뼈저리게 느꼈다.

하지만 물가 면에서 핀란드와 스웨덴은 양반이었다. 물가의 끝판 대장은 누가 뭐래도 노르웨이! 비록 9년 전이지만 나는 이곳의 폭력적인 물가를 생생히 기억하고 있다. 시간이 지났으니 물가도 더 올랐겠지, 하며 오슬로에 입성했지만 나는 어김없이 '멘붕'에 빠지고 말았다. 엄마가 목이

마르다고 해서 편의점에 들렀는데 500밀리리터 콜라가 26크로네였던 것이다.

자, 그렇다면 우리는 1크로네가 과연 얼마인지 알아봐야 한다. 유로를 노르웨이 크로네로 환전하니 1크로네가 대략 200원이라는 계산이 나온다. 이제 콜라 값 26크로네에 200을 곱해보자. 그렇다. 노르웨이의 콜라 값은 5천200원이다. 그것도 1.5리터가 아닌 500밀리리터 콜라가 말이다. 기가 차 말이 나오지 않는다. 엄마는 정말 궁금한 건지 불난 집에 부채질을 하는 건지 계속에서 1크로네 값을 다시 계산해보란다. 그래서 다시 했다. 정확히 202원이 나왔다. 콜라 값이 5천252원으로 올라간다.

그래도 우리는 어떻게 해서든 북유럽 일정을 마쳐야 한다. 먹고 살아야 한다는 뜻이다. 대략의 물가를 알아보기 위해 여행하면서 늘 사 먹는 것들의 가격을 스캔해본다. 아뿔싸! 껌 한 통이 2천 원이다. 그렇다고 유기농 과일 껌이라거나 20개들이 껌이 아니다. 에너지 음식으로 통하는 초코바는 한 개에 4천 원이 넘는다. 그리고 여행자와는 떼려야 뗄 수 없는 생수가 한 통에 5천 원이다. 이 말인즉 비상시를 위해 물 한 통을 가방에 쟁여놓은 후 초코바 하나에 콜라 한 캔을 마시고 깔끔하게 껌으로 입가심을 하기 위해서 1만 6천 원이란 돈을 써야 한다는 이야기다. 갑자기 에릭의 목소리가 귓가에 울려 퍼진다.

"나도 겁나서 노르웨이에는 못 가. 친구 몇 명이 작은 레스토랑에서 케밥 비슷한 음식을 먹었는데 100유로(약 15만 원) 가까이 나왔대!"

자, 이제 결단을 내릴 시기가 왔다. 아직 본격적인 오슬로 여행을 시작하지도 않았지만 나는 엄마에게 우리가 배낭여행자라는 사실을 복기하면서 일방적인 통보를 내린다.

"엄마 북유럽 물가가 이 정도야. 오슬로엔 3일만 머물고 후딱 떠날 예정이니까 딱 3일만 고생합시다. 도시가 크지 않으니 일단은 걸어 다닐 거야. 밥은 음식점에서 사 먹지 못할 수도 있어. 만만하던 맥도날드 빅맥 세트도 여기서는 1만 5천 원이거든. 둘이 햄버거 나부랭이만 먹어도 3만 원이란 얘기지. 그러니까 오늘부터 3일간은 진짜 무전여행처럼 다닐 거야."

나는 엄마를 이끌고 일단 마트로 향한다. 그곳에서 식빵과 잼을 산다. 이건 우리의 몇 끼 음식이 될 것이다. 이마저도 2만 원이 넘는다. 엄마가 고개를 끄덕이며 말한다.

"정말 여기에서는 3일 동안 숨만 쉬다 가야겠구나."

압도적인 물가 때문에 정신이 혼미하긴 했지만 사실 오슬로는 너무도 평화롭고 아름다운 도시다. 이런 아이러니 때문에 나는 내가 다녀본 도시 중 가장 힘들었던 곳을 꼽을 때도 오슬로를, 최고로 아름다운 도시를 꼽을 때도 오슬로를 지목한다. 아무리 물가가 비싸다 한들 〈절규〉로 유명한 뭉크의 도시이자 세계 최고의 조각가 비겔란의 도시가 어찌 멋지지 않겠는가.

나는 정신을 차리고 엄마의 손을 잡은 뒤 기차역에서 멀지 않는 국립미술관으로 달려간다. 한 푼이라도 아끼겠다는 우리의 다짐에 하늘이 응답했는지 일요일은 미술관이 무료다. 그리고 마침 오늘이 일요일이다.

"엄마, 이 미술관이 내가 유럽에서 제일 좋아하는 미술관이야!"

나는 절규에 가까운 목소리로 외친 뒤, 뭉크의 〈절규〉가 전시되어 있는 전시관으로 엄마를 이끈다. 9년 전 보았던 바로 그 자리에 화려한 그림 한 점이 보안용 유리관 뒤에서 몸을 사리고 있다. 〈절규〉는 이 미술관에 전시된 이후 몇 번이나 도난을 당했던, 세상에서 가장 유명한 그림 중 한 점이다. 얼마나 유명한 그림인지는 엄마의 한마디로도 알 수 있다.

"우와! 진짜 〈절규〉네! 이거 엄마 가게 할 때 앞 건물에 있던 슈퍼에도

걸려 있었어!"

엄마는 지구 반대편 동네 슈퍼에도 걸려 있는 뭉크의 진품을 직접 보았다는 사실에 감동해 말을 잇지 못한다. 여행을 하며 만나는 대가들의 진품은 희한한 아우라를 가지고 있다. 주체할 수 없는 흥분으로 온몸을 전율케 하는 힘을 가지고 있다고나 할까.

"엄마, 그림 옆에 좀 서봐!"

나는 창피하다는 엄마를 설득해서 그림 속 표정과 같은 표정을 짓게 한 후 사진을 찍는다.

"볼도 둘 다 쏙 들어간 게 아주 똑같네! 똑같아! 이거 완전 북유럽 물가에 기죽은 우리의 모습을 형상화한 것 같아! 하하!"

사진을 찍을 땐 멋쩍어하던 엄마가 방금 전에 찍은 사진을 보고는 나보다 더 좋아한다. 노르웨이가 뭉크의 조국인 까닭에 국립미술관엔 〈절

규)뿐 아니라 그의 대표작들이 줄줄이 전시되어 있다. 그가 전성기 때 그렸던 〈사춘기〉나 〈마돈나〉는 물론 한때 400억 원이 넘는 금액에 거래된 적 있는 〈다리 위의 소녀〉도 눈을 뗄 수 없게 만든다. 물론 엄마와 나는 그림값을 서울의 집값으로 환산하는 '단순무식한' 감상을 하기도 했지만, 간만에 만나는 명작들에 눈과 마음이 흡족해진다. 우리는 배가 고파서 쓰러지기 일보 직전에 미술관을 나선다.

이튿날, 우리는 씩씩하게 걸어서 도시 북쪽에 있는 비겔란 조각 공원으로 향한다. 그때 하늘에서 눈이 펑펑 쏟아진다. 스톡홀름에 이어 오슬로에서 다시 보는 '10월의 눈'이다. 아무리 생각해도 신기한 장면이다. 엄마와 나는 길에서 만난 왕궁 공원에 들어가 구경할 생각도 않고 눈싸움을 시작한다. 내가 장난으로 던진 눈뭉치가 엄마의 왼쪽 눈을 강타한다.

"엄마, 괜찮아?"

엄마가 손을 들어 괜찮다는 표현을 한다. 내가 다행이다 싶어 돌아서는데 나의 방심을 기다렸던 엄마가 내 티셔츠 속으로 눈뭉치를 쏟아 넣는다. 등골이 오싹해져서 팔딱팔딱 뛰는 나를 보며 깔깔대는 엄마. 참, 여행을 하다보면 엄마랑 내가 언제 이렇게 유치했었나 싶을 정도의 일들이 비일비재하게 일어난다. 하지만 그런 일들이 일어날 때마다 뭔가… 조금은 순수해지는 기분이 든다고나 할까. 하여간 기분이 묘하고 좋다.

우리는 웃으며 서로의 옷에 묻은 눈을 탈탈 털어준다. 더 어두워지기 전에 비겔란을 만나야 하기 때문이다.

비겔란은 로댕과 함께 세계 최고의 조각가로 통하는 이다. 프롱네르 공원으로도 불리는 비겔란 조각 공원은 비겔란이 오슬로 시에 헌정한 대규모 조각 공원이다.

공원에 도착하자 나는 엄마에게 국립미술관에서 했던 것과 똑같은 말로 공원을 소개한다.

"엄마, 이 공원이 내가 유럽에서 제일 좋아하는 공원이야!"

"아들이 아침부터 들떠 있는 거 보면서 이곳에 뭔가 대단한 게 숨겨져 있겠다는 생각은 했어."

예전에 이곳을 둘러본 후 무슨 일이 있어도 죽기 전에 다시 오리라 다짐했는데 그 꿈이 생각보다 빨리 이루어져 감개무량하다.

"20세기 초에 오슬로 시가 비겔란한테 부지를 제공했대. 그리고 비겔란이 일생을 바쳐서 자신의 재능을 이 공원에 쏟아부었대. 안타깝게도 공원이 완성되기 전에 비겔란은 세상을 떠났고, 그의 제자들과 시민들이 힘을 합쳐서 공원을 완성시킨 거야. 대단한 합작품이지. 이제 엄마는 눈앞에 나타나는 작품들을 보면서 감탄하면 돼."

　내가 이렇게 말하는 건 정말 이 공원에 전시된 조각들이 소름 끼치게 멋져서다. 비겔란의 평생 화두는 바로 '인생'이었다. 그래서 이 공원은 과거와 현재, 미래까지도 바라보게 하는 힘을 가지고 있다. 공원 초입의 녹지를 벗어나면 다리가 나타난다. 그곳에는 다양한 인간 군상들이 조각되어 있다. 아이를 번쩍 안은 아버지, 손주의 손을 집은 할아버지, 포옹하는 연인, 환호하는 아이들. 인생의 희로애락이라는 진부한 표현은 어쩌면 이 공원을 설명하기 위해 만들어진 것인지도 모르겠다. 그만큼 비겔란은 엄청난 상상력을 동원해 다양한 인간 군상을 다리 위에 펼쳐놓았다. 섬세한 조각 하나하나마다 비겔란의 영혼이 스며들어 꿈틀거리는 것만 같다.
　다리를 지나면 거대한 분수가 나온다. 인간의 탄생과 죽음뿐 아니라 삶의 황금기와 암흑기 등 인생의 모든 것을 아우르는 다양한 주제의 부조들이 이 분수를 빙 둘러싸고 있다. 때문에 이곳을 지나는 사람들은 누구나 감상에 젖은 눈을 하고 있다.
　하지만 공원의 진정한 주인공은 바로 공원 끝자락에 가야 만날 수 있

다. 멀리서 보면 그저 거대한 기둥으로만 보이는 비겔란 평생의 역작, '모놀리트'가 바로 그것이다. 무려 17미터에 이르는 이 거대한 기둥은 그 아래 서 있는 것만으로도 넋을 빼놓는데, 조각의 내용은 뒤로 나자빠질 만큼 놀랍다. 기둥엔 정상을 향해 기어오르는 수많은 인간들의 모습이 담겨져 있다. 121명의 벌거벗은 남녀가 아등바등하며 서로를 밟고 밀어내며 무엇이 있는지도 모르는 정상을 향해 처절히 기어오르고 있는 것이다. 그리고 그들은 하나같이 괴로움과 고통에 몸부림치고 있다.

이 놀라운 대작을 마주하니 자연스럽게 '우리는 왜 사는가? 우리는 무엇을 위해 몸부림치는가?' 따위의 깊은 철학적 고민에 빠져든다. 엄마도 벅찬 표정으로 말없이 모놀리트를 수십 바퀴 돈다.

"엄마!"

대답이 없다. 엄마는 기둥에 가까이 다가갔다가 다시 멀어졌다가를 반복한다. 나는 다시 한 번 엄마를 부른다.

"원준아, 인생은 다 아픔을 지니고 있나봐. 그게 아프다고 말해봤자 무슨 소용이 있을까 싶어. 결국 모두가 느끼는 감정일 텐데."

나는 엄마의 감상을 방해하지 않기로 한다. 엄마가 한참 동안 모놀리트에서 떨어지지 않는다.

비겔란 조각 공원을 나서는 엄마가 사진 한 장을 찍어달라고 한다. 나는 이 틈에 엄마에게 궁금했던 걸 물어본다.

"엄마, 엄마도 모놀리트에 새겨진 조각들처럼 인생이 고달팠어?"

엄마가 긍정도 부정도 아닌 옅은 미소를 짓는다. 무슨 뜻일까? 내가 엄마 나이가 되면 알 수 있는 미소일까? 나는 그저 사진을 찍는다. 사진 속 엄마는 미소를 짓고 있다기보다는 어딘지 모를 쓸쓸함을 풍겨내고 있다. 인생이란 엄마의 표정 같은 것일까? 혼자 비겔란 조각 공원을 왔

을 때와는 전혀 다른 기분으로 공원을 나선다.

:

 잼 바른 식빵으로 끼니를 때우며 쉼 없이 돌아다니니 3일이 후딱 지나갔다. 결과적으로 오슬로에서의 지출은 그 어떤 도시에서 쓴 돈보다 적었다. 허리띠를 졸라맨 수준이 아니라 목걸이를 허리에 동여맨 정도로 돈을 아낀 탓이다.
 오슬로를 떠나기 전날, 그래도 마지막인데 뭔가 맛있는 거라도 먹어야 되지 않을까 싶어 엄마에게 점심 선택권을 넘겼다. 호텔 뷔페나 고급 레스토랑만 아니라면 어디든 들어갈 생각이었다. 그런데 엄마가 말없이 근처 마트에 들어가 샌드위치를 집어 들었다. 순간 눈물이 앞을 가렸다. 이 불효자가 오슬로에서 얼마나 깐깐하게 돈을 썼으면 드시고 싶은 것 드시라는데 그깟 샌드위치를 고르셨을까. 심지어 가장 저렴한 계란 샌드위치를! 나도 샌드위치 매대로 묵묵히 다가가 계란 샌드위치를 집어 들었다. 그리고 마트 앞 벤치에 엄마와 나란히 앉아 눈물 겨운 샌드위치를 천천히 씹어 삼켰다.

 우리는 살인적인 물가를 자랑하는 북유럽 여행을 무사히 마친 뒤 서유럽에 입성했다. 대부분의 사람들이 서유럽의 물가가 비싸다며 엄살을 부리지만 북유럽에서 보름간의 담금질을 마친 우리에게 서유럽의 껌값은 정말 껌값이었다. 하지만 내 통장에 남은 돈은 채 10만 원이 되지 않았다.

누나,
지금이야!

"베를린 장벽이 어디야? 뉴스로 장벽 무너지는 장면을 정말 인상 깊게 봤었는데, 너도 기억나지? 와, 그 장벽을 드디어 눈으로 보게 되는구나!"

서유럽에 도착한 후 예상했던 대로 엄마는 기분이 마냥 좋다. 하지만 그런 엄마를 바라보는 내 마음은 영 편치가 않다. 말했던 대로 여행 출발 당시 통장에 넣어두었던 돈이 드디어 바닥을 드러냈다. 뼛속까지 절약을 생활화하며 물가 비싼 북유럽에서 돈도 남겨 왔지만 서유럽을 돌기에는 가당치도 않은 액수다. 서유럽을 아무리 빠르게 돈다고 해도 최소 한 달의 시간이 걸린다. 이 말은 한 달간의 여행 자금이 필요하다는 뜻이다.

물론 엄마도 이 사실을 알고는 있다. 하지만 이번 여행에서 엄마의 코드는 '긍정'이다. 우선 베를린에 왔으니 베를린을 보고 즐기겠다는 게 엄마의 생각이다. 독일에서 가장 높다는 건축물 'TV타워' 앞에서 엄마가 눈이 빠져라 타워 꼭대기를 올려다보고 있다. 그런 엄마를 뚫어져라 바라보다 이내 결심을 세운다.

사실 처음부터 방법은 하나였다. 남아 있는 잔돈을 긁어모아 전화카드를 사서 번호부터 누른다.

'띠리리리리.'

전화가 걸리는 그 짧은 순간 누나의 얼굴이 스쳐 지나간다. 사실 라트비아의 리가를 떠나기 전 우리는 메일로 짧은 대화를 나눴었다. 그때 내가 했던 말들을 대충 요약해보자면 이렇다.

'여행이 끝나간다. 만감이 교차한다. 결국은 해냈다. 응원해줘서 고맙다. 엄마도 잘 지낸다. 그런데 생각보다 너무나 잘 지낸다. 그래서 여행이 끝나는 걸 너무 아쉬워한다.'

그리고 누나가 했던 말들은 대략 다음과 같다.

'축하한다. 장하다. 여행 더 하고 와라. 돈 보내주겠다.'

그때 엄마와 둘이서 여행을 떠나기로 결정했을 때와 거의 비슷한 기분이 들었다. 너무 고맙고 미안한 마음. 웃음은 나오는데 마냥 웃을 수만은 없는 상황. 솔직히 한국에서 혼자 생활비 대랴, 일하면서 돈 모으랴, 우리가 미처 정리하지 못한 것들 정리하랴, 이래저래 바쁘고 고달팠을 누나에게 손을 내미는 게 마뜩찮았다. 하지만 누나가 강하게 의견을 피력했다.

'엄마 서유럽 다시 보내려면 돈 더 든다. 그냥 간 김에 돌 수 있는 데 다 돌고 와라. 너무 미안하면 여행 후에 잠시 나의 노예로 살아라.'

네. 누님. 노예로 산다 한들 이 은혜를 갚겠습니까.

"여보세요?"

드디어 누나가 전화를 받는다.

"어, 누나, 나야. 이제 때가 된 것 같아. 괜찮겠어?"

"엄마는 어때? 여행 더 하실 수 있겠대?"

"그 질문은 일단 나한테 해야 할 것 같은데. 나는 완전 힘들어. 근데 엄마는 지치지도 않나봐. 어제는 유럽 다 돌면 남미로 가는 거냐고 농담까지 던지더라니까!"

누나는 일을 하고 있는 중인지 짧게 웃고는 바로 본론으로 넘어간다.

"나중에 돌아오면 다 생색낼 거야. 그러니깐 아무 말 말고 필요한 액수만 말해."

나는 남은 한 달간의 여행 자금을 말한다. 누나가 오케이를 외친다. 나는 너무 고마워서 딱히 할 말이 떠오르지 않는다.

'뚜, 뚜, 뚜….'

전화 카드가 다 되었는지 전화가 갑자기 끊긴다. 누나가 뭔가를 말하려고 했던 것 같은데…. 아마도 여행 잘하고 엄마 잘 챙기고 제발 먹는 것 좀 제대로 먹고 다니라는 얘기를 하려던 거겠지. 수화기를 내려놓는데 참 뭐라고 표현할 수 없는 기분이 든다. 나 이런 누나도 있거든, 이라며 동네방네 자랑하고픈 마음뿐이다.

엄마가 있는 곳으로 돌아가려다 은행이 눈에 띄어 혹시나 하는 마음으로 잔액을 확인해본다. 그리고 나는 입을 다물지 못한다. 내가 말했던 액수보다 더 많은 돈이 입금되어 있다. 이번 여행을 하면서 누나가 얼마나 시원시원한 성격인지 깨닫게 된다. 고마워, 누나. 엄마랑 정말 잘 놀다 돌아갈게!

나는 엄마에게 재빨리 뛰어가 이 기쁜 소식을 전한다. 엄마도 미안함과 고마움이 겹쳐진, 묘한 표정을 짓는다. 무작정 좋아할 줄 알았는데 그게 아닌 모양이다.

"엄마! 아들도 잘 됐지만 딸도 참 잘 됐어!"

"그러게 말이다. 매번 말하지만 이게 정말 다 내 복이다, 복!"

엄마가 웃으며 말한다. 이제 천군만마와도 같은 풍족한 여행 자금이 생겼다. 전진하지 않을 수 없다. 우리는 시청사와 마리엔 교회가 한눈에 들어오는 길가에 그대로 주저앉아 오랜만에 임시회의를 연다. 회의의 주제는 '남은 기간 서유럽을 어떤 식으로 여행할 것인가?'

나는 서유럽이라면 이미 콩알만 한 나라들까지 샅샅이 뒤져본 경험이 있으므로 결정의 전권을 엄마에게 넘긴다. 누나가 토스해준 여비와 여러 가지 상황을 고려했을 때 대략 한 달 반 정도 여행을 지속할 수 있다는 계산이 나온다. 그에 맞춰 두 가지 안이 상정된다.

제1안__ 남은 기간 영국과 프랑스, 이탈리아 등 서유럽 주요 국가 네댓 개만 쉬엄쉬엄 둘러본다.
제2안__ 남은 기간 서유럽 지도 위에 찍힌 모든 나라를 샅샅이 둘러본다.

지금까지의 숨 가빴던 장기 레이스를 떠올려보면 제1안 통과가 유력하다. 엄마가 장고의 시간을 갖는다. 드디어 망치를 두드리며 말한다.
"제2안! 무조건 모든 곳을 돈다!"
당황스럽다. 엄마에게 정말 제2안을 찍은 게 맞느냐고 반문한다. 엄마가 검지와 중지만 치켜세우며 제2안을 다시 외친다. 고백하건대 나는 내심 제1안이 선택되기를 은근히 바랐다. 솔직히 나는 지쳤다. 쌀밥에 고기를 먹지도 못하면서 매일 움직이고 이동하고 걸어 다니는 게 너무 힘들었다. 카우치 호스트의 집에 돌아가서도 새벽까지 다음 이동지에 있을 호스트들에게 영문의 긴 편지를 쓰는 것도 한계에 달했다. 그렇게 새벽 두세 시에 잠든 후 아침 일찍 일어나 또다시 문을 박차고 나가는 일상이 내 에너지를 모두 앗아갔다. 하지만 엄마가 무심히 뱉은 한마디가 녹슬어가던 나의 엔진에 기름을 부어버린다.

"내가 환갑인데… 언제 또 유럽에 올 수 있겠어…."
땅, 땅, 땅. 제2안 통과! 임시회의 종료. 그래, 꺾인 무릎을 다시 세우고 서유럽을 샅샅이 뒤지며 엄마의 가이드 노릇을 하리라. 나는 엄마를 이끌

고 그길로 베를린 버스 터미널로 향한다. 본격적인 서유럽 여행을 준비하기 위해서다. 많은 나라를 둘러보기 위해선 '유레일패스'(기차)나 '유로라인패스'(버스)를 구입해 무제한으로 교통편을 이용하는 게 경제적이다. 누나가 흔쾌히 여비를 보내줬다고 해서 그 돈을 흥청망청 쓸 수는 없는 일. 나는 엄마와 다시 한 번 회의를 거친 뒤 다소 비싼 유레일패스를 포기하고 유로라인패스를 구입하기로 한다. 그리고 터미널에서 거사를 치른다. 터미널 직원과 우리 사이에 여권과 서류, 카드 등이 오간 뒤 우리의 이름이 찍힌 버스 패스 두 장이 출력된다. 드디어 한 달간 마음껏 유럽 대륙을 오갈 수 있는 티켓이 손에 들어온다.

엄마가 패스를 품에 안고 마치 과자선물세트를 받은 아이처럼 기뻐한다. 그리고 그 모습을 바라보는 나의 마음도 춤을 춘다. 한국에서 우리의 여정을 끝까지 응원하며 지켜볼 누나의 흐뭇한 마음도 느껴진다. 또 한 번 사나이 가슴에 불씨가 생긴다. 왼쪽 가슴에 손을 대면 혹여나 데일까 나는 두 손을 바지춤에 딱 붙이고 엄마를 앞서 걷는다.

"원준아, 힘들면 엄마가 가방 들어줄까?"

신이 난 엄마가 농을 던지며 내 뒤를 바짝 쫓아온다.

엄마의 여행 노트 #10

늦겨울, 딸의 배려로 우리는 배낭 하나씩을 메고 집을 나설 수 있었다. 그런 딸에게 작은 선물이라도 해야겠다는 생각에 영화에서나 있을 법한 일을 실행하기로 했다. 이름하야 '윤미 프로젝트'. 딸의 사진을 가지고 다니며 각각의 여행지를 배경으로 사진을 찍는 일이다. 나무 위에 올라가 한껏 웃고 있는 딸의 사진은 내가 애지중지하는 물건 중 단연 1위다. 세계여행을 가겠다고 했을 때 가장 많은 지지를 보내준 윤미야, 네가 우리와 늘 함께 여행하고 있어 엄마는 참 든든하다.

추억의
냄비 자국

베트남 하노이에서 이런 말을 한 적이 있다.

"이 도시는 우리를 사랑하나봐. 아니면 심히 긍휼히 여기거나."

중국 여행을 마치고 (지금에 와서 생각해보니 중국을 여행하던 때의 우리는 배낭여행계의 신생아였다. 그때는 한 달 이상을 여행했다며 서로를 대견해했었는데. 하하. 참 격세지감이 따로 없다.) 힘겹게 입성한 베트남 하노이에는 우리에게 집을 선뜻 내어준 혜진 누나와 우리의 이야기가 담긴 블로그만 보고 진수성찬과 뜨거운 응원을 대접해준 우홍, 진영, 지은 선생님이 있었다. 그들 때문에 중국 여행의 여독을 풀고 앞으로 나아가는 데 힘을 얻었다. 그래서 우리에게 하노이는 따뜻하기만 했던 도시로 남아 있다. 그런데 지금, 이곳 베를린에서도 똑같은 말이 튀어나온다.

"엄마, 이 도시는 우리를 사랑하나봐. 아니면 심히 긍휼히 여기거나."

엄마가 무릎을 치며 고개를 끄덕인다. 아닌 게 아니라 이곳에서 우리의 가슴을 울린 사람은 누나뿐이 아니었다. 베를린의 카우치 호스트인 군디 아주머니도 우리의 마음을 감동으로 뒤흔들어놓았던 것이다.

베를린 중심가를 둘러본 우리는 예정보다 일찍 군디 아주머니 집으로 돌아왔다. 저녁 모임이 있다던 아주머니는 아직 귀가 전이었다. 어르신 전문 간호사로 일하고 있는 아주머니는 태어나서 단 한 번도 베를린을 떠난 적이 없는 베를린 토박이라 지난 며칠간 독일 통일 과정에 대한 생생한 경험담과 목격담을 들려주었다. 워낙 성격이 시원시원해서 이야기를 하는 중간 중간 내 등짝을 퍽퍽 때려가며 호응을 유도했다.

금세 저녁시간이 되었고 우리는 배가 고파 마트에서 구입한 라면을 끓여 먹기로 했다. 보글대는 라면 국물에 침이 절로 넘어갔다. 나는 라면이 불기 전에 어서 먹어야겠다는 생각만 하며 우리 방 식탁 위에 냄비를 털썩 내려놓았다. 아차! 그리고 깨달았다. 식탁이 나무였다는 사실을. 냄비 받침을 대지 않았다는 사실을. 서둘러 냄비를 들어 올렸을 때는 이미 식탁에 동그란 냄비 모양의 자국이 남은 후였다. 조금 그을린 정도가 아니라 완벽하게 타버린 자국이었다.

엄마의 얼굴이 라면 국물보다 더 붉어졌다. 군디 아주머니는 독립한 딸 방에 서퍼들을 초대했는데, 얼마나 방을 멋지게 꾸며놓았는지 인테리어라면 잼병인 나도 아주머니의 인테리어 욕심을 알아치릴 수 있었다. 집 이곳저곳에 놓여 있는 아기자기한 소품들, 소파와 침대, 그리고 문제의 식탁도 일부러 고른 듯한 느낌이 팍팍 드는 물건이었다. 그런데 내가 그 완벽함에 먹칠을 하고 만 것이다!

"어떡하니, 원준아?"

"나도 모르겠어! 우선 닦아보자."

나는 행주에 물을 묻혀서 식탁을 열심히 닦았다. 엄마는 마른 수건으로 식탁을 닦았다. 수세미로 살살 문질러도 보고 비누로 닦아도 보고 사과즙을 짜 떨어뜨려보기도 했다. 그런다고 검게 탄 자국이 사라질 리 없었다. 우리는 망연자실한 채 식탁 의자에 주저앉았다.

"그냥 식탁을 하나 사드리자."

나는 머릿속으로 이런 식탁은 얼마쯤 할까 생각하다 이내 손으로 얼굴을 가려버렸다. 무척 비쌀 거야! 어쩌지 정말?! 그때 문소리가 들렸다. 곧이어 군디 아주머니의 밝은 목소리가 들려왔다. 나는 얼른 일어나 무의식적으로 식탁을 몸으로 가렸다. 심장이 뛰었다. 엄마가 먼저 아주머니에게 미안하다는 사과의 제스처를 보냈다. 나는 내가 한 짓이 부끄러워 슬며시 옆으로 물러섰다.

"죄송해요, 아주머니. 이 식탁을 우리가 망쳐버렸어요."

불안해하는 우리의 얼굴을 심각하게 바라보던 아주머니가 식탁으로 시선을 돌렸다. 꿀꺽. 침 넘어가는 소리가 막간의 침묵 사이로 울려 퍼졌다. 나는 고개를 푹 숙였다. 화를 내면 어쩌지? 정말 중요한 식탁이면 어쩌지? 이러다 내쫓기면 어디로 가야 하지? 그때 아주머니의 털털한 웃음소리가 적막을 갈랐다.

"아하하하! 나한테 이렇게 갑자기 선물을 주기야? 그대들을 기억할 수 있는 마크를 새겨주다니 너무 고마워!"

도대체 아주머니가 뭐라고 하는 거지? 나는 아주 잠깐 동안 아주머니의 말을 되새겨봤다. 그리고 천천히 엄마에게 통역을 했다.

"엄마, 내가 한 얘기가 아주머니가 한 얘기가 맞지?"

"그걸 내가 어떻게 알아?"

우리가 어리바리한 표정으로 여전히 기가 죽어 있는 걸 본 아주머니가 식탁의 탄 부분을 매만지며 다시 이야기했다.

"이걸 볼 때마다 그대들을 떠올릴게. 정말 고마워. 내게 이런 추억을 남겨줘서!"

이 말을 전달받은 엄마가 환하게 웃더니 급기야 아주머니를 격하게 포

 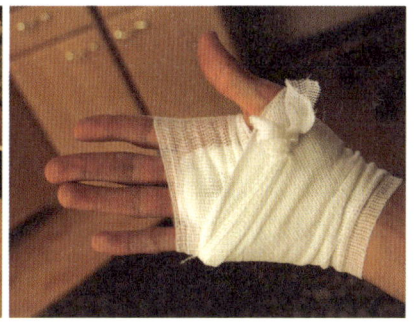

옹했다. 아주머니도 엄마를 안고 등을 쓰다듬었다. 그런데 나는 감동에 앞서 의문이 들었다. 아니, 도대체 이 상황에서 어떻게 저런 생각을 할 수 있을까? 추억이 자국이라니! 우리가 만나는 사람들은 모두 천사란 말인가? 같은 상황에서 나는 아주머니처럼 말할 수 있을까? 엄마와 식탁을 함께 매만지며 깔깔대던 아주머니가 갑자기 내 손을 덥석 잡았다.

"원준! 손 괜찮아? 많이 다친 거 아니야?"

나는 그제야 내 손을 비리봤다. 빨갛게 붓고 피도 배어나와 있었다. 아마도 냄비를 들어 올리다 데인 상처인 것 같았다. 경황이 없어서 다친 줄도 몰랐는데 막상 상처를 보니 쓰라림의 고통이 밀려왔다. 아주머니가 얼른 구급상자를 꺼내와 내 손에 연고를 발라주고 붕대까지 감아줬다. 그제야 의심이 아닌 눈물 한 방울이 눈자위를 적셨다. 아주머니가 추억의 자국 위에서 못 다한 이야기를 나누자며 직접 만든 간식을 내왔다. 내 입에서 자동으로 이 멘트가 흘러나왔다.

"엄마, 이 도시는 우리를 사랑하나봐. 아니면 심히 긍휼히 여기거나!"

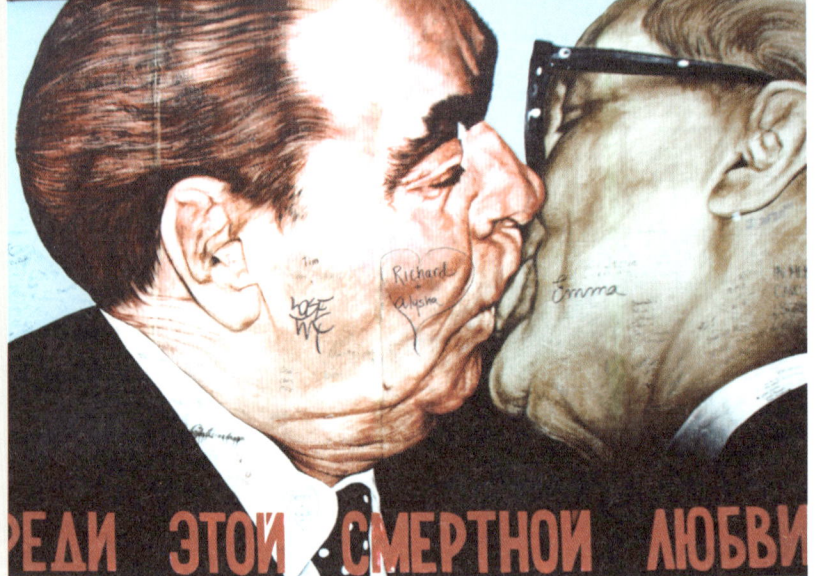
РЕДИ ЭТОЙ СМЕРТНОЙ ЛЮБВИ

Just Passing By
───── 베를린

장담컨대 베를린은 과소평가된 도시다. 물론 독일에는 하이델베르크나 로텐부르크처럼 예쁘장한 도시들과 관광객들이 앞다투어 몰려가는 뮌헨이 있지만 베를린은 결코 그들에게 뒤지지 않는다. 볼거리도 풍부하지만 베를린의 진짜 매력은 바로 이곳이 지니고 있는 역사 그 자체다. 시내 한가운데에서 베를린 장벽과 브란덴부르크 문, 찰리 검문소 등 독일 통일의 기념비적인 건물을 볼 수 있으며 세계대전과 나치의 중심지였기에 카이저빌헬름 교회와 홀로코스트 추모비와 같은 역사 현장을 둘러볼 수 있다.

Just Passing By
_____ 잔세스칸스

:

네덜란드는 한때 '풍차의 나라'라고 불릴 만큼 많은 풍차가 있었다. 전 국토가 평지인 탓에 풍력발전이 용이했기 때문이다. 하지만 산업혁명 후 풍차는 점차 자취를 감추었다. 때문에 풍차를 보기 위해선 암스테르담 인근의 잔세스칸스라는 마을로 향해야 한다. 비록 이곳에도 4, 5기의 풍차만 남아 있지만 직접 풍차를 보고 그 안에 들어가 볼 수 있다는 사실만으로도 매력적인 곳이다. 마을에 있는 치즈 박물관과 나막신 박물관은 부록이고 잔잔히 펼쳐지는 목가적인 풍경은 특별 선물이다.

재닌의
깜짝 선물

엄밀히 말하자면 재닌은 우리를 초대할 수 있는 상황이 아니었다. 우리가 취리히에 닿은 시각 재닌은 출장차 독일에 있었다. 하지만 그녀는 이미 우리를 맞을 준비를 모두 마친 뒤였다.

'너와 어머니의 여행 이야기가 너무 듣고 싶어. 내가 PDF 파일 하나를 보낼게. 꼭 확인해줘. 그럼 만나길 기대하며. 재닌.'

나는 취리히 관광 명소를 담은 파일이겠지, 하며 재닌이 보내준 PDF 파일을 열어보았다. 그런데 그 안에는 눈을 의심할 정도의 엄청난 내용이 담겨 있었다. 재닌의 집이 혹여 우주에 있다 하더라도 단번에 찾아갈 수 있을 만큼 상세한 설명이 담긴 파일이었던 것이다. 지도는 물론 기차에서 내린 뒤 집으로 가는 동안 보이는 풍경들, 열쇠가 놓인 장소, 대문 등을 찍은 사진이 설명과 함께 첨부되어 있어서 엄마라도 혼자 재닌의 집을 찾아갈 수 있을 것 같았다.

해서 지금 나는 엄마에게 PDF 파일을 띄운 노트북을 주고 재닌의 집을 한번 찾아가보라고 하는 중이다. 나는 내 머릿속에 그려놓은 지도와 엄마의 발걸음이 일치하는지 확인하며 엄마와 두세 걸음 떨어져 걷고 있다. 우선 엄마는 재닌의 영어 메시지를 모두 무시한다. 대신 사진과 실물을 맞춰가며 천천히 앞으로 향한다. 골목을 지나고 또 다른 골목을 지난다. 이곳도 단풍이 한창이라 날씨에 비해 화사하고 따뜻한 느낌을 준다. 한참을 걷던 엄마가 어느 한 곳에 우뚝 서더니 건물 한 채를 가리킨다. 나는 얼른 그쪽으로 달려가 건물의 주소를 확인한다. 그곳에는 정말 재닌의 집이 있었다. 엄마에게 다가가 한 손을 번쩍 들어 올린다. 그러자 신이 난 엄마도 손을 들어 하이파이브를 한다.

"엄마, 이제 혼자 다녀. 난 한국으로 돌아갈게. 돈도 아끼고 좋지, 뭐!"

엄마가 그럴까, 라며 어깨를 으쓱한다. 엄마 등에 매달려 있는 빨간 배낭도 덩달아 움직인다. 엄마가 여행에 대한 자신감이 넘칠 때마다 나는 잘 길러놓은 아이를 보는 것처럼 흐뭇하다. 엄마가 내친김에 열쇠까지 자기가 찾겠다며 건물로 들어선다. 재닌이 PDF 파일에 굵고 붉은 화살표로 표시해놓은 작은 공간이 나타난다. 그곳에 있던 흰색 의자를 찾아 덮개를 연다. 녹색 지갑이 나온다. 그리고 지갑 속에는 열쇠가 들어 있다. 재닌의 설명 그대로다. 친절한 설명은 그렇다 치더라도 어떻게 전혀 만난 적도 없는 사람에게 열쇠를 덜컥 맡길 수 있을까. 정말 카우치서핑은 '놀랄 노자'의 연속이다.

하지만 이게 끝이 아니었다. 빈집에 들어서자마자 시작된 재닌의 환영 이벤트가 우리의 입을 다물지 못하게 한 것이다. 우선 눈에 띈 것은 바닥에 붙어 있는 귀여운 손가락 모양의 스티커. 그 손가락들을 따라가자 'Open'이라고 쓰인 상자가 보인다. 나는 마치 프러포즈를 받는 사람처럼 떨리는 마음으로 상자를 바라본다. 그런데 호기심을 이기지 못한 엄마가 냉큼 상자 뚜껑을 열어버린다. 뭐, 엄마라면 양보할 수 있다. 엄마가 상자에서 재닌이 직접 쓴 손편지를 들어 올린다.

"빨리 읽어줘!"

"취리히에 온 걸 환영해! 너와 어머니를 만날 수 있어 너무 기뻐! 상자에 필요한 것들을 넣어두었으니 마음껏 사용해. 그럼 이따 보자! 재닌."

"와, 완전 감동이다! 그런데, 원준아. 너도 여자 친구한테 이런 이벤트 하고 그랬니?"

"아니, 왜 얘기가 거기로 튀어?!"

엄마가 아니면 말지 뭘 그리 놀라냐는 듯 무심하게 상자를 들여다본다. 나도 괜히 멋쩍어져서 상자로 시선을 돌린다. 상자 속에는 취리히 지도와 심카드가 삽입된 휴대폰, 충전기까지 들어 있다. 나는 얼른 휴대폰을 들어 재닌에게 문자메시지를 보낸다. 카우치서핑 메시지를 주고받을 때 자신은 청각장애가 있으니 전화 대신 문자메시지를 보내달라고 했던 게 생각나서다.

'재닌, 우리는 집에 잘 도착했어. 네 성의가 너무 고마워 눈물이 날 정도야. 엄마와 나도 너와의 만남을 기대하고 있어. 그럼 조심히 돌아와.'

메시지를 보낸 뒤 30초 만에 답장이 온다.

'정말 환영해, 친구! 이 메시지를 받게 될 순간을 얼마나 기다렸는지 몰라! 집까지 잘 찾아온 것 같아 다행이야. 오늘 최대한 빨리 집으로 갈게.'

상자 옆으로 이어져 있는 화살표들이 재닌의 깜짝쇼가 아직 끝나지 않았음을 알려준다. 화살표를 따라가니 또 다른 손편지가 놓여 있다.

'이 방을 쓰면 돼. 냉장고에 먹을 게 많으니 원하는 만큼 다 꺼내 먹어! 이제부터 이 집은 네 집이나 마찬가지니까. 편히 쉬어!'

엄마와 나는 소름 돋을 만큼 감동한다. 이 귀엽고 감동적인 이벤트를 하나하나 준비했을 재닌을 생각하니 입가에 절로 미소가 지어진다. 아무리 생각해도 이건 너무나 사랑스런 이벤트다.

엄마와 나도 가만히 있을 수만은 없다. 해주고 싶은 게 너무나 많은데 여행자인지라 해줄 수 있는 게 많지 않다. 해서 우리는 저녁에 돌아올 재닌을 위해 비빔밥 파티를 열기로 한다. 사실 그간 카우치 호스트들에게 늘 비빔밥이나 감자전과 같은 한국 음식들을 만들어주곤 했다. 하지만 재닌의 집에선 하루만 머물 예정이었고, 재닌이 언제 돌아올지도 알지 못해 비빔밥은 패스하기로 했었다. 하지만 이제 패스는 없다. 당장 재닌에게 문자를 보낸다.

'오늘 저녁에 가장 한국적인 음식을 만들 예정이야. 꼭 함께 먹었으면 좋겠어!'

'와우! 정말? 기쁜 마음으로 빨리 돌아갈게. 내 마음은 벌써 취리히를 향해 있어.'

그 어느 때보다도 더 화려하고 맛 좋은 비빔밥을 만들겠어! 우리의 마음이 바빠진다. 두 개의 배낭을 방에 가지런히 놓아두고 서둘러 집을 빠져나온다.

처음에는 마트로 직행할 생각이었는데, 어쩌다보니 중앙역을 지나 취리히의 메인 도로라 할 수 있는 반호프 거리에까지 와 있다. 발길 닿는 대로 걷는 게 습관이 된 모양이다. 이왕 이리 된 거 구시가지까지만 걸어가

보기로 한다.

반호프 거리를 벗어나자마자 리마트강이 나타난다. 이 강이 바로 바다처럼 넓은 취리히 호수로 향하는 강이다. 강변을 따라 늘어서 있는 구시가지로 빨려 들어가 린덴호프라는 요새에 오른다. 그러자 구시가지뿐 아니라 취리히의 전경까지 한눈에 들어온다. 이곳은 스위스 제1의 도시임에도 참으로 고즈넉하고 여유롭다. 아늑함과 친근함까지 느껴지는 건 아마도 친절한 재닌 때문이겠지.

골목을 돌며 대형 체스를 두고 있는 아저씨들을 구경하고 유럽에서 가장 큰 시계(지름 8.7미터)가 설치되어 있다는 성 베드로 성당에도 눈길을 준다. 그리고 샤갈의 스테인드글라스로 유명한 프라우뮌스터에서 한참을 서성이다 취리히의 상징이라는 그로스뮌스터까지 구경한다. 어느새 날이 저물어가고 있다. 우리는 얼른 마트로 발걸음을 옮긴다.

엄마가 그 어떤 때보다 진지하게 고른 채소를 정성스레 다듬는다. 재닌에게 최고의 재료로 최고의 징싱이 들어간 비빔밥을 만들겠다는 엄마의 각오가 대단하다. 20분이면 뚝딱 비빔밥을 만들던 엄마가 채소를 고르는 데에만 한 시간을 보냈고 다듬는 데도 30분 가까이를 보내고 있다. 나는 재닌의 이벤트에 영감을 받아 '오직 당신만을 위한 요리가 한국에서 배달되고 있습니다.'라는 문구를 대문에 써 붙인다. 비빔밥을 만드는 시간이 즐겁고 설렌다. 매번 맡던 채소 볶는 냄새도 더 향긋하게 느껴진다. 고소한 밥 냄새가 온 집 안에 퍼질 때쯤 함박웃음을 머금은 재닌이 집에 들어선다.

첫 만남이 어쩜 이렇게 어색함 없이 기쁠 수가 있을까? 엄마와 재닌은 마치 몇 년 만에 만난 모녀처럼 서로를 안고 뺨을 만지고 등을 쓰다듬느

라 정신이 없다. 엄마와의 호들갑스런 인사가 끝난 뒤에야 나도 재닌과 포옹을 하며 인사를 나눈다. 솔직히 재닌이 귀가 들리지 않는다기에 좀 걱정했었다. 하지만 입술을 정확하게 읽을 줄 알아 소통하는 데 아무런 문제가 없다. 설사 재닌과의 대화가 어려웠다고 해도 우리는 분명히 눈빛과 마음으로 충분히 의사소통을 했을 것이다.

재닌이 비빔밥을 무척이나 잘 먹는다. 먹는 도중에 몇 번이나 엄지를 치켜세워 엄마가 재닌의 손을 붙잡고 얼른 밥을 먹게 할 정도다. 식탁에 둘러앉은 우리 셋은 잘 비벼진 비빔밥처럼 화기애애하다. 오늘 준비한 이벤트가 너무 인상적이었다고 말하자 어깨를 으쓱하며 기분 좋아하는 재닌. 내겐 좋은 친구들이 너무 많이 생겼다. 그리고 그 친구들은 엄마가 아니었다면 만나지 못했을 인연들이다. 오늘이 취리히에서, 아니 재닌의 집에서 보내는 첫날이자 마지막 날이라는 사실이 너무도 야속하다. 밤이 깊어갈수록 우리가 나누는 훈훈한 정도 점점 깊어만 간다.

SWITZERLAND

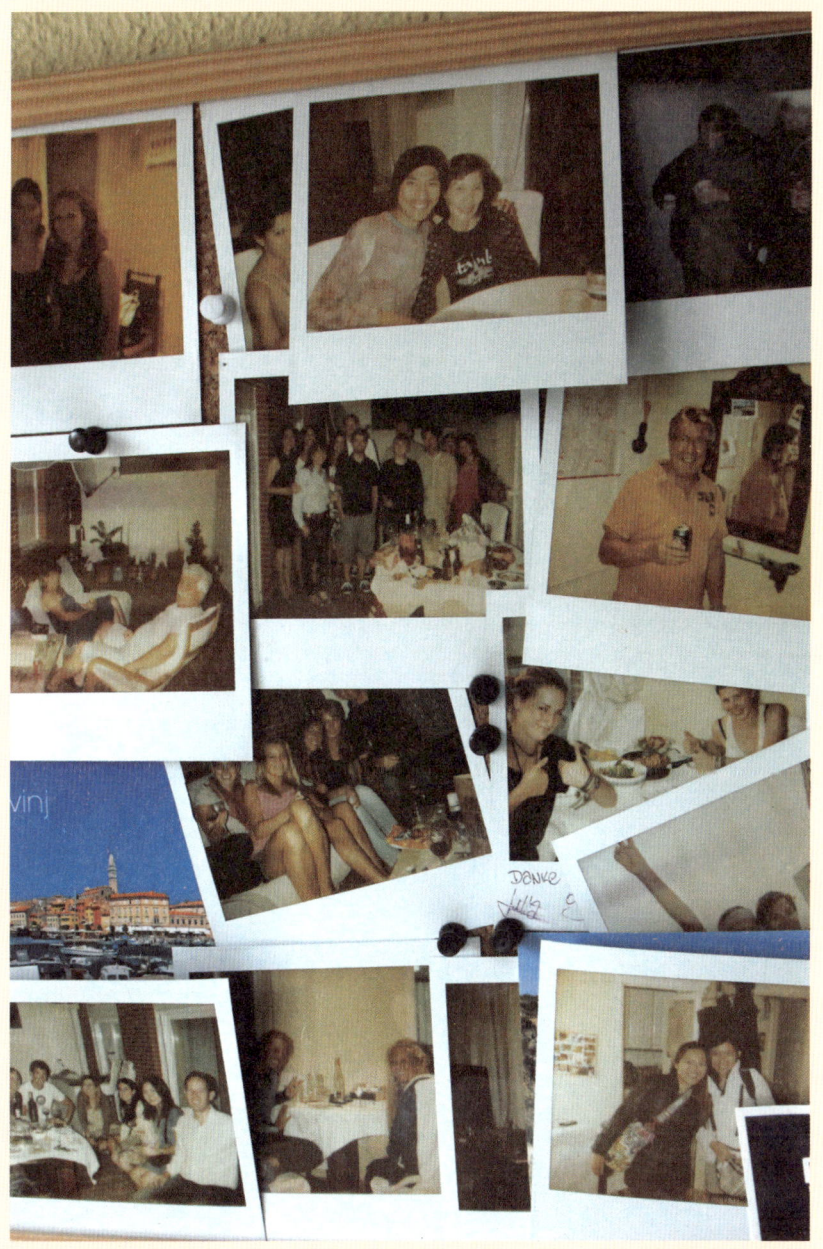

엄마의 여행 노트 #11

한국에 돌아가서 카우치서핑을 할 때 해야 할 일. 영어 배울 것, 먹을 것 많이 해줄 것, 필요한 것이 무엇인지 물을 것, 그 나라의 음식을 가능하면 한 번은 같이 해 먹을 것, 열쇠를 주어 아무 때나 들어오게 해줄 것, 너무 늦게까지 붙잡고 얘기하지 말 것, 늦게까지 자게 둘 것, 떠나기 전 사진을 찍고 글을 남겨달라고 할 것. 뭐가 어쨌든 각국의 친구를 많이 만들 것!

도대체
어디서들 오셨어요?

취리히는 1박 2일만 머물 예정이라 부지런히 아침부터 시내로 나왔다. 오늘도 어김없이 비가 내린다. 벌써 며칠째인지 모르겠다. 비도 피할 겸 시내에 있는 미술관을 첫 목적지로 잡는다.

"어! 원준아. 저 사람들은 뭐하는 사람들이야? 따라가볼까?"

엄마가 가리킨 곳을 보니 독특한 복장을 한 사람들이 악기를 짊어지고 어디론가 향하고 있다. 거리의 악사들이라 하기엔 인원이 너무 많다. 그리고 복장이 너무 화려하고 다채롭다. 우리는 누가 먼저랄 것도 없이 미술관을 머릿속에서 지우고 그 무리를 따르기 시작한다. 밴드로 보이는 그

들이 향한 곳은 취리히의 구시가지. 분위기가 심상치 않다고 느낄 때쯤 갑자기 정체 현상이 빚어진다. 그 원인을 알아보기 위해 고개를 빼고 앞을 내다본다. 순간 절로 탄성이 튀어나온다. 골목 중앙에 펼쳐진 광장에 수백 명의 사람들이 다양한 분장을 하고 다양한 악기를 든 채 일사분란하게 움직이고 있었던 것이다. 아니, 도대체 어디서들 오셨어요? 나는 어떤 설명도 없이 엄마를 번쩍 안아 올린다. 엄마가 비명을 지른다. 하지만 비명은 곧 환호로 뒤바뀐다.

"우와! 축제다! 축제!"

엄마의 말이 끝나자마자 우렁찬 나팔 소리가 들린다. 그러자 드럼과 실로폰, 탬버린, 그리고 이름을 알 수 없는 갖가지 악기들이 동시에 연주를 시작한다. 대략 스무 명 정도로 구성된 밴드 수십 팀이 함께하는, 지금껏 듣도 보도 못한 엄청난 규모의 연주다. 엄마와 나는 잔뜩 흥분해 우산도 내팽개치고 축제 안으로 뛰어든다. 단체 연주가 끝나자 귀가 울릴 정도의 엄청난 환호성이 터진다. 이에 신이 난 밴드들이 자신들만의 테마를 가지고 각 골목으로 흩어지며 개별 연주를 시작한다. 그들을 쫓으며 엄마와 나의 축제도 본격적으로 시작된다.

밴드마다 그들 특유의 분장과 의상으로 개성을 드러냈는데 그걸 보는 것만으로도 즐겁다. 트럼프 카드 모양을 얼굴에 그려 넣고 커다란 모자를 눌러쓴 빨간 옷의 밴드는 록음악을 연주하고 온몸을 푸른색으로 뒤덮은 밴드는 광장에 위치한 호텔의 발코니로 뛰어 올라가 신나게 나팔을 불어댄다. 굵어진 빗줄기도 밴드 멤버들의 열정을 꺾을 수는 없다. 그리고 그들을 쫓으며 신명나게 춤을 추는 사람들도 빗줄기쯤은 아랑곳하지 않는다. 정신을 차릴 수 없을 정도로 흥겨운 축제 마당이 쉬지 않고 이어진다. 분홍색 가발을 쓰고 진한 화장으로 여장을 한 아저씨가 엄마의 어깨를 감싸 쥔다. 찰칵. 피에로 분장을 하고 축제에 뛰어든 가족이 잇몸이 드러날 정도로 환히 웃으며 엄마를 둘러싼다. 찰칵. 드라큘라 분장을 하고 송곳니를 날카롭게 드러낸 아가씨가 엄마를 위협한다. 찰칵.

"원준아, 싱가포르 축제보다도 신이 난다! 그때는 그 축제가 인생에서 만날 수 있는 가장 즐거운 축제라고 생각했는데 아니었어!"

흥이란 흥을 잔뜩 어깨에 실은 엄마가 축제 한가운데에서 넘실댄다. 그때 귀여운 동물 모자를 쓴 어르신 밴드의 리더가 손짓한다. 우리가 다가가자 이 어르신 밴드가 세상에서 가장 앙증맞은 포즈로 몸을 흔들며 통통 튀는 음악을 연주한다.

조금 더 걸어가니 '영화 속 악역'들이 펑크 음악을 짱짱하게 연주한다. 〈배트맨〉 시리즈에 나왔던 조커가 드럼을 치고 〈13일의 금요일〉에 나왔던 연쇄살인마가 트럼펫을 분다. 이에 대항하는 슈퍼히어로 밴드도 눈에 띈다. 마법사 망토를 걸친 대장의 지휘에 맞춰 지구를 지키는 다양한 히어로들이 그들 모습에 어울리는 행진곡으로 사람들을 불러 모은다. 나는 정말 쉴 새 없이 셔터를 누른다.

가만 보니 축제를 구경하는 이들의 복장도 예사롭지 않다. 밴드의 의

상에 뒤지지 않는 기발하고도 창의적인 복장이다. 온몸에 나무를 뒤집어 쓴 할머니도 있고 고양이보다 더 귀엽게 고양이 분장을 한 아가씨도 뛰어다닌다. 턱시도에 중절모를 멋지게 갖춘 신사들도 거리를 휘젓는다. 지금 우리가 있는 공간이 현실인지 동화 속인지 헷갈릴 정도다. 설사 동화 속이라 해도 그곳에서조차 꿈인지 생시인지 허벅지를 꼬집어볼 수준의 비현실적인 장면들이 끝도 없이 펼쳐진다.

이름도 모르는 이 놀라운 축제 속에 빠져 들어온 엄마와 나는 한국의 막춤이 뭔지를 보여주겠다는 듯 코믹 댄스를 추며 골목을 돌아다닌다. 온몸의 세포들이 하나 하나 일어나 뼛속부터 털끝까지 간질이는 것 같다.

"엄마, 앞으로 우리 인생에 이렇게 흥겨운 축제가 또 있을까!?"
"당연하지! 인생은 모르는 거야!"

신나게 피에로를 따라 뛰는 엄마를 쫓아 뛴다. 또 한 번 찾아온 내 인생 최고의 축제 속에서 허우적거리며 희열을 만끽한다. 바야흐로 여행 269일째다.

잠깐 옛날이야기, 애증의 브뤼셀

취리히를 떠난 버스가 이른 아침 벨기에의 수도 브뤼셀에 우리를 내려놓는다. 아, 결국 브뤼셀에 다시 왔구나. 만감이 교차하는 순간이다.

"엄마, 여기가 브뤼셀이야. 기억나지? 예전에 나 사고 났던 곳."

"아, 여기가 거기구나. 기억나지… 그때 진짜 걱정했었어."

브뤼셀은 내 인생에 있어서, 그리고 내 여행 사전에 있어서 가장 큰 사고가 터졌던 곳이다. 고로 평생 잊을 수가 없는 도시다. 지금 생각해도 아찔할 정도로 극적인 사건이 벌어졌던 곳이 바로 이곳이란 말이다. 때는 9년 전, 대학교 2학년 시절로 거슬러 올라간다.

나는 여름방학을 앞두고 미친 듯이 돈을 벌고 있었다. 1년 전, 두 차례의 중국 여행을 통해 배낭여행의 재미를 느꼈던 터라 동남아시아 여행을 준비하고 있었다. 하지만 난데없이 '사스'라는 호흡기 질환이 유행했다. 처음에는 곧 사그라지겠지 했는데 사망자까지 속출하면서 여행 계획에 빨간불이 들어왔다. 차선책을 고민할 수밖에 없었다. 우선 중국에서 발원한 사스가 아시아 전역에 퍼졌기 때문에 아시아는 여행에서 제외되었다. 그리고 남미와 아프리카는 학생이 가기에는 부담스러운 곳이었다. 미국은 차 없이 여행을 하는 게 가능할까 싶었다. 그러다보니 얻은 답이 유럽이었다. 문제는 돈이었다. 동남아시아 여행을 위해 준비한 돈으로 유럽을 여행할 수는 없었다. 그날로 나는 아버지가 운영하던 공장에 나가 하루 열 시간씩 일을 했다. 그리고 밤에는 과외를 세 개씩 뛰며 악착같이 여행 자금을 모았다. 그렇게 모은 돈이 자그마치 500만 원. 당시 1년 치 등록금이었으니 꽤나 큰돈이었다. 나는 익숙한 서유럽은 물론 동유럽과 북유럽까지 루트에 추가했다.

여름이 한창이던 어느 날, 드디어 나는 호기롭게 런던행 비행기에 몸을 실었다. 런던에서 즐거운 일주일을 보낸 뒤 벨기에 브뤼셀에 도착했다. 그리고 그날 밤 사건이 일어났다. 사태를 파악한 건 새벽이었다. 이상한 느낌에 갑작스레 눈이 번쩍 떠졌는데 베개처럼 베고 자던 보조 배낭이 온데간데없었다. 새벽 3시에 좀비처럼 유스호스텔을 기어 나와 미친 듯 브뤼셀 기차역으로 달려갔다. 역 주변엔 잠든 노숙자들만 있을 뿐 승객이라고는 개미 새끼 한 마리도 없었다. 여행을 시작한 지 일주일 만에 지갑과 여행자 수표, 유레일패스, 사진 백업용 외장하드 등 여행에 반드시 필요한 '생존도구'들을 잃어버렸나. 나행히 여권과 카메라 가방은 무사했다. 하지만 그 사실이 위로가 되진 못했다.

'망했다! 빌어먹을! 그것도 하필 한국인에게 털리다니!'

그렇다. 범인은 인상 좋은 한국 아저씨였다. 그(놈)는 내게 다가와 여행 팁을 알려주었고, 벨기에 명물인 와플도 권했다. 엄청 친절한 사람을 만났다는 생각에 나는 그의 옆 침대에 짐을 풀었다. 생각해보니 나는 누가 봐도 어리바리해 보이는 초보여행자였다. 그러니 처음부터 그에게 나는 확실한 먹잇감이었던 것이다. 그는 내 가방을 멘 채 어딘가로 향하는 야간열차 안에서 휘파람을 불고 있을 터였다.

분을 삭이지 못하고 부르르 떨며 뜬눈으로 아침을 맞았다. 야속하게도

호스텔의 이름은 'Sleep Well Hostel'. 호스텔 간판을 째려본다고 사라진 물건들이 돌아올 리 없었다. 나는 터벅터벅 길을 나섰고, 그렇게 생존을 건 하루가 시작되었다. 나에겐 정말 1유로짜리 동전 하나도 남아 있지 않았다. 차비라도 있어야 신고를 하러 가고, 전화비라도 있어야 집에 전화를 걸 텐데… 막막하기만 했다.

한국인에게 당했지만 먼저 도움을 청한 사람도 한국인이었다. 여행자로 보이는 한국 아가씨 둘에게 자초지종을 설명하고 동전을 얻었다. 나는 그 돈으로 버스를 타고 무작정 한국 대사관부터 찾았다. 그리고 대사관 전화로 부모님께 사고 소식을 알렸다. 놀란 부모님을 진정시키느라 꽤나 애를 먹었는데 진짜 진정해야 할 사람은 바로 나였다. 이 작은 도시엔 내가 이용한 항공사 지점도 없었고, 여행자 수표를 재발행할 외환은행 지점도, 신세를 질 한국인 친구도 없었다. 어떻게든 가까운 대도시 파리로 가야 했다. 불행 중 다행으로 누나가 파리를 여행 중이었다. 그럼 대체 파리까지 어떻게 가야 할까?

나는 지푸라기라도 잡는 심정으로 대사관에 도움을 요청했다.

"학생 사정은 잘 알겠는데 대사관에서는 어떤 금전적 도움도 줄 수가 없어요. 그리고 한국에서 송금을 받는 것도 법으로 금지되어 있어요. 미안해요."

아니, 그럼 하루아침에 거지가 된 대한민국 국민을 위해 도대체 뭘 해 줄 수 있는 거냐고 쏘아붙이고 싶었다. 하지만 나는 머릿속이 하얘져서 어떤 말도 나오지 않았다. 야속함을 뒤로하고 대사관 앞에 주저앉아 있는데 창고에서 일하던 아주머니 한 분이 급히 뛰어나왔다.

"학생, 딱해서 어째. 우선 이 돈으로 밥이라도 사 먹어."

아주머니가 내 주머니에 찔러준 돈을 확인하니 10유로였다. 나는 감사하다는 인사도 제대로 못하고 길을 나섰다. 그리고 그 돈으로 밥을 먹는 대신 경찰서를 찾아 신고를 했고 (이때 작성한 도난 신고서 덕분에 귀국 후 보험사로부터 사고 수령금을 받을 수 있었다.) 기차역까지 가는 버스를 잡아탔다.

   이제 남은 건 파리행 기차표를 구하는 일. 운이 없게도 일반열차는 만석이었고 특급열차만 남아 있었다. 티켓 값만 무려 100유로, 당시 우리 돈 13만 원에 가까운 거액이었다. 도대체 100유로를 어떻게 구한단 말인가! 무임승차를 시도해볼까도 했지만 어림도 없는 소리였다. 결국 나는 내 인생에 있을 수도 없고 있어서도 안 되는 일을 벌이고야 말았다. 기차역을 오가는 사람들을 붙잡고 구걸을 시작한 것이다. 나는 최대한 불쌍한 표정을 짓고 사람들에게 달려들었다. 아, 기대하고 기대하던 유럽에 와서 구걸을 하게 되다니! 악착같이 번 돈을 탈탈 털어서 여행을 왔는데 구걸을 하게 되다니! 하지만 볼멘소리만 하고 있을 수는 없었다. 시간이 지날수록 마음이 급해졌다. 창피함 같은 것도 사라졌다. 어서 빨리 100유로를 모아야 한다는 생각뿐이었다. 돈을 구하지 못하면 나는 새벽에 보았던 노숙자들 틈에서 신문지를 펼쳐야 할 테니까!

   나의 목표물은 오직 하나, 동전이었다. 어느 누가 사정이 딱하다는 이유로 알지도 못하는 사람에게 10유로, 20유로짜리 지폐를 흔쾌히 건네겠는가? 나는 구걸에 파격적인 박리다매 방식을 도입했다. 사람들을 붙잡고 내 상황이 이러하니 더도 말고 덜도 말고 가지고 있는 동전을 좀 달라고 말했던 것이다. 나라도 주머니 속에서 짤랑거리는 100원, 500원짜리 동전은 쉽게 줄 수 있을 것 같았다. 나의 치밀한 구걸 전략은 사람들에게 통했고 주머니는 점점 부풀어 올랐다. 꼬박 8시간을 구걸하자 목표치가 달성됐다. 심지어 초과 달성을 이뤘다. 105유로를 벌었던 것이다. 아니,

구걸해냈던 것이다!

   그제야 배가 고파왔다. 100유로로 기차표를 사고 남은 돈으로 빵과 우유를 사 먹은 뒤 파리로 향했다. 설렘에 가슴이 콩닥콩닥해야 할 파리 가는 길이 이렇게 애처로울 거라고 누가 상상이나 했겠는가! 자정이 다 되어 도착한 파리는 황량했다. 이제는 익숙해진 구걸로 지하철 표를 산 뒤 누나가 묵고 있는 민박집으로 향했다. 하필이면 누나가 야경을 구경하러 나간 탓에 나는 민박집 문 앞에서 기다려야 했다. 밤늦게 돌아온 누나는 상거지꼴을 하고 울부짖는 동생을 보며 아연실색했다. 나는 그 자리에서 탈진해 쓰러지고 말았다.

   다음 날 나는 내가 이용한 항공사 파리 지점에 들러 귀국 일자를 이틀 뒤로 변경했다. 가슴이 미어졌지만 달리 방법이 없었다. 착잡한 마음에 민박집 구석에 쭈그려 앉아 지지리 궁상을 떨고 있으니 누나와 민박집에 머물던 여행자들이 나를 데리고 파리 시내를 구경시켜주었다. 아이러니하게도 내 인생 최고의 암흑기 한편엔 이렇듯 에펠탑이 반짝거린다.

   밤늦게 민박집으로 전화가 한 통 걸려왔다. 엄마였다. 여행 일정을 채우고 오라는 엄마의 협박에 가까운 당부였다. 어느새 한국에선 가족과 친척은 물론 친구들까지 동원되어 '태원준 유럽배낭여행 60일 채워주기 운동본부'가 차려져 일사분란하게 움직이고 있었던 모양이다.

   "엄마, 나 미안해서 여행 더 못 해. 돌아갈게."

   하지만 엄마는 막무가내였다.

   "벌써 네가 필요할 물건들을 파리 민박집 주소로 보냈어. 여행 다 채우고 돌아와."

   결국 다음 날 나는 항공권을 두 달 연장시켜 스톡홀름 아웃으로 변경했다. 그리고 열흘 후 민박집으로 국제 택배가 도착했다. 유레일패스 2개

2003년. 파리. 외장하드 도난으로 브뤼셀 사진은
남아 있지 않다.

월권과 여행 가이드북, 사진 백업용 외장하드 그리고 격려의 편지들이 잔뜩 들어 있었다. 눈물이 핑 돌았다.

"한국에서 다시 만나! 아무나 쫓아가지 말고 조심해서 다녀!"

바르셀로나행 기차를 탄 내게 누나가 소리쳤다. 나는 고개를 끄덕이며 손을 흔들었다. 그렇게 여행은 다시 시작되었다.

여기까지가 브뤼셀 사건의 전말이다. 그래서 여행을 잘 끝마쳤느냐고? 설마, 그럴 리가! 그 후로도 사건과 사고는 끊이지 않았다. 바르셀로나에서 멀티 어댑터를 갈아 끼우다 감전 사고를 당해 응급처치를 받은 적도 있고, 코피가 멈추지 않는 나 때문에 열차가 정차하기도 했다. 내가 탄 이탈리아행 기차가 탈선해 승객들이 부상을 입기도 했는데, 그때 나는 지지리도 운이 없는 내가 이 기차에 올라탔기 때문이라며 자책했다. 독일에선 환전 사기를 당하기도 했고, 이름 모를 도시에선 강도를 만나 죽을힘을 다해 도망치기도 했다. 여행 막판, 물가가 비싼 북유럽에선 여행비가 떨어져 3일을 내리 굶다가 마트에서 무의식중에 초콜릿을 까먹고 있는 나를 발견하기도 했다. 드디어 집에 가는구나 생각하며 들어섰던 스톡홀름 알란다공항에서도 사건은 이어졌다. 당시 스웨덴 사회를 경악케 했던 살인사건이 있었는데 피의자가 동양인이었다. 내가 그와 인상착의가 비슷했던 건지 아니면 동양인이라는 이유로 차별을 당했던 건지 여전히 헷갈리지만 나는 출국을 거부당한 채 조사실로 끌려가 한참을 심문당했다. 누명을 쓰고 감옥에 가는 것보다 집으로 돌아가지 못할까봐 두려웠다. 다행히 수많은 우여곡절 끝에 나는 결국 한국 땅을 다시 밟았다.

그 여행 이후 나는 웬만한 사고엔 당황하지 않는다. 아무리 충격적인 사건을 접해도 크게 동요하지 않는다. 결국 모든 사건사고는 지나고 나면 경험이 되고 추억이 되기 마련이니까. 오히려 그때 그 시한폭탄과도 같던 여행 때문에 나는 여행의 마력에 빠져들었다. 만약 그때 많은 이들의 도움 없이 바로 귀국했다면 내가 지금 이 길 위에 서 있을까? 이렇게 엄마와 함께 세계여행을 할 수 있을 거라고 상상할 수 있었을까?

역시 세상에 무의미한 시간은 없고, 필요하지 않은 경험은 없다.

벨지움
아파트먼트

"짠, 바로 여기야. 여기서 자면 돼."

벨기에 브뤼셀의 카우치 호스트 브루노가 4층짜리 아파트 꼭대기에 위치한 방문을 열며 말했다.

"우와, 조… 좋네…."

그렇게 말하기는 했지만 엄마가 걱정되는 건 어쩔 수가 없었다. 브루노가 내준 곳은 방이 아니라 허름한 다락방 창고였다. 작은 창문 사이로 보이는 브뤼셀의 전경은 훌륭했다. 하지만 창문이 이 창고의 유일한 장점이었다. 난장판도 이런 난장판이 없었다. 백열등 하나가 조명의 전부인 창고 안엔 물이 뚝뚝 떨어지는 옷가지들 수십 벌이 널려 있었고 각종 잡동사니가 난잡하게 쌓여 있었다. 붉은 매트리스 위엔 누가 쓰다 던져놓은 침낭도 나뒹굴고 있었다. 내가 짐 둘 곳을 찾지 못해 방황하는 사이 엄마가 창고 한편에 빨간 배낭을 내려두며 말했다.

"어차피 잠만 잘 건데 뭐 어때?"

엄마는 점점 더 대인배가 되어갔다. 필요하다는 사람이 있으면 아들까지도 내어줄 것만 같았다. 싱숭생숭한 내 마음을 알 리 없는 엄마가 웃으며 농담을 던졌다.

"야, 진짜 이번 여행 중 최고의 숙소다!"
그래, 뭐. 언제 또 이런 곳에서 자볼 수 있겠나. 감사하는 마음으로 지내다 가야지!

브루노를 만나기 전으로 시간을 돌려보자. 브뤼셀에 도착한 우리는 우선 유명하다는 곳을 빠르게 둘러보았다. 브루노를 만나기 전까지 시내 투어를 끝내기로 한 것이다. 1960년 국왕의 결혼식이 열렸다는 아름다운 생미셸 대성당을 지나 빅토르 위고가 '세상에서 가장 아름다운 광장'이라고 칭송했던 그랑플라스에서 목이 빠져라 주변의 고딕 건물들을 올려다보았다. 특히 높이가 100미터에 달하는 종탑을 가진 시청사는 말이 시청사지 한 폭의 그림 같았다. 벨기에의 상징과도 같은 오줌싸개 동상도 보러 갔다. 사실 이 주먹만 한 동상은 정말 실망스러울 만큼 작고 볼품이 없는데, 희한하게 실망했던 사람들도 다시 불러들이는 매력을 가지고 있었다. 그 옛날 실망했던 나를 다시 자기 앞에 세워놓았으니 말이다.
동상의 오줌 줄기를 뒤로하고 우리는 다시 브뤼셀 북역으로 돌아왔다. 약속 시간이 얼추 되어갔다. 사람이 비교적 드문 곳에서 브루노를 기다리고 있는데 귀와 코, 하물며 혀에까지 커다란 피어싱을 한 청년이 우리 쪽

으로 걸어왔다. 나는 속으로 '그냥 지나가라, 그냥 지나가라.'를 외쳤지만 그 청년은 가던 길까지 멈추고 우리 앞에 딱 섰다. 하는 수 없이 참으로 비굴한 얼굴로 '우리는 가진 돈도 별로 없는 장기여행자예요.'라는 표정을 지으며 청년을 바라봤다. 그런데 웬걸. 청년이 빙그레 웃으며 엄마에게 아는 체를 하는 게 아닌가. 그가 바로 브로노였던 것이다. 나는 괜히 혼자 뻘쭘해져서는 과장된 포즈로 인사를 건넸다.

가진 것이라고는 몸뚱이와 젊음뿐인 대학생 브루노는 역시 빈털터리인 유럽 각국의 대학생 다섯 명과 함께 빈민가의 허름한 4층짜리 아파트를 통째로 임대해 숙식하고 있었다. 벨기에인 브루노와 그의 여자 친구 알리시아, 스위스인 남학생 파비앵, 터키인 여학생 우샤, 프랑스인 남학생 제이콥, 네덜란드인 남학생 사무엘이 이 허름한 건물의 주인공들이었다. 건축, 사진, 법, 경영 등등 전공도 모두 달랐다.

각기 다른 나라에서 몰려든 개성 만점의 젊은이들이 한곳에 모여 사는 모습을 보니 오래전에 봤던 〈스페니쉬 아파트먼트〉라는 영화가 떠올랐다. 유럽 전역에서 몰려든 가난한 대학생들이 같은 아파트에 동거하면서 벌어지는 유쾌한 사건들을 엮은 영화다. 그 영화를 보며 꼭 한번 저렇게 살고 싶다고 생각했었는데, 그 바람이 이제야 이뤄지다니! 역시 엄마 말대로 인생은 알 수 없는 모양이다. 이제 엄마와 나까지 이곳에 자리를 잡았으니, 이 아파트는 무려 6개국의 사람들로 복작거리게 생겼다.

창고에서 밤을 보낸 첫날, 창틈으로 바람이 새어 들어와 꽤나 추웠다. 잠을 자지 못하고 뒤척이고 있는데 노크 소리가 들렸다. 나가보니 문 앞에 '추울 테니 이거 써.'라고 적힌 쪽지와 함께 깨끗한 침낭과 담요가 놓여 있었다. 나는 이미 잠이 든 엄마에게 담요를 덮어주었다. 마음이 따뜻해져선지 그렇게 추웠던 창고가 좀 훈훈하게 느껴졌다.

이튿날 아침, 사무엘이 우리를 불렀다. 건축비엔날레 참석을 위해 며칠 방을 비우는데 창고 대신 자신의 방을 쓰라는 것이다.

"엄마를 창고에서 주무시게 한 게 계속 마음에 걸렸어."

엄마와 나는 창고도 괜찮다고, 정말 잘 만하다고 손사래 쳤지만 사무엘은 그저 웃으며 엄마를 번쩍 안아 자신의 방으로 납치해 갔다. 전날에는 귀신이라도 튀어나올 듯 난장판이었던 방이 반짝반짝 빛이 날 정도로 깔끔하게 치워져 있었다. 이런, 고마운 녀석!

알리시아는 아침부터 엄마를 따라다녔다. 혹여나 젊은이들 틈에서 엄마가 불편하진 않을까 싶어 상냥하게 말을 붙였고, 여행 중이니 피부 관리가 힘들었을 거라며 자신의 화장품을 엄마 앞에 늘어놓았다. 처음 이 친구들을 만났을 때는 혈기도 왕성하고 그만큼 개성도 너무 강해 친해지기 어렵지 않을까 생각했는데, 역시나 나의 쓸데없는 걱정이었다.

이곳에 머무는 동안 단연 흥미로웠던 점은 이 젊은이들의 생활방식을 엿보는 일이었다. 우선 집안일은 각자 맡은 역할이 있어 누가 더 많이 일하게 되는 불상사가 없었다. 담배 피는 장소와 음악을 듣는 장소도 정확히 구분되어 있었고, 마지막으로 화장실을 쓴 사람은 바닥의 물을 제거해야 했다. 주방을 쓰는 사람은 방음을 위해 주방문을 반드시 닫아야 했으며, 주방 한쪽엔 각자의 이름이 적힌 룰렛 판이 걸려 있었다. 아마도 귀찮은 일을 할 사람을 룰렛 판을 이용해 복불복 게임으로 정하는 모양이었다.

워낙 돈이 부족한 학생들이기 때문에 돈을 아끼는 그들의 노하우도 무척이나 재미있었다. 와인 없이는 살 수 없는 유럽 출신들이라 주방엔 항상 와인 통이 놓여 있었는데 브루노의 권유로 한 잔 마셨다가 입맛만 버렸다. 정말 최악의 맛에 고맙다는 말 대신 이거 대체 어디서 온 와인이냐는 질문이 튀어나왔고, 브루노는 학교 매점에서 5리터짜리를 달랑 3유로

에 사 온 거라며 오히려 자랑을 했다. 당장 밥값 한 푼이라도 아껴야 하는 나였지만 괜찮은 와인 한 병을 사주고 싶은 마음이 들었다.

식비는 무조건 공동부담이었다. 매달 초 식비를 걷어 함께 소비하는 방식. 하지만 집 나온 대학생들이 돈을 걷어봐야 얼마나 걷겠는가? 아침은 슈퍼에서 파는 싸구려 빵조각으로 해결했고 저녁은 냉장고에 남은 채소들을 긁어모아 파스타를 만들어 먹었다. 마실 거라곤 수돗물과 마트에서 가장 싸게 파는 순도 10퍼센트짜리 과일주스가 전부였다. 샴푸나 주방세제, 식용유 등 집 안에 구비된 웬만한 액체류도 무조건 대용량 리필용이었다. 이 집에선 모든 게 질보다 양이었던 것이다. 하지만 이들에겐 문제 될 게 없었다. 돌을 씹어 먹고도 남을 나이들이니까. 그들의 생활을 찬찬히 둘러본 나도 마치 대학생 시절로 돌아간 것처럼 풋풋해지는 것 같았다.

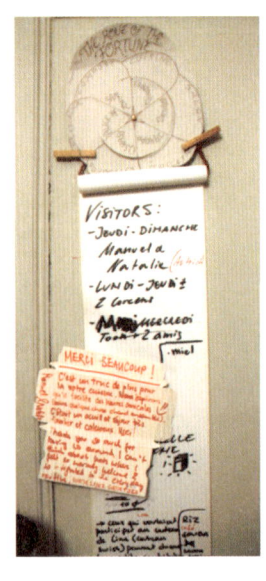

이들은 우리가 떠나는 날까지 소소한 재미와 감동을 선사했다. 아침 일찍 제이콥과 브루노가 엄청난 양의 과일을 들여왔다. 한 번에 산 것치고는 너무도 양이 많았다.

"이 많은 걸 어디서 사 온 거야? 오늘 파티라도 해?"

알리시아가 먹을 수 있는 것과 먹을 수 없는 것을 분류하면서 대수롭지 않다는 듯 답했다.

"재래시장에서 신선도가 떨어져 버리는 것들을 헐값에 가져온 거야. 그래도 여기서 먹을 수 있는 게 얼마나 많은데!"

엄마의 여행 노트 #12

온종일 걷고 난 뒤의 허기와 달콤한 피로가 뒷받침된다면 별것 아닌 음식도 침이 고일 만큼의 미식으로 변한다.

어느새 집 안에 있던 친구들 모두가 분류 작업에 동참했다. 나는 산더미처럼 쌓여 있는 과일을 눈여겨보았다. 좀먹은 오렌지, 썩은 바나나, 알이 다 빠진 포도 등 먹을 수 있는 게 반도 되지 않을 것 같았다. 그래도 신이 나는지 모두의 손놀림이 경쾌했다. 엄마와 나도 이들의 협업에 동참하기로 했다. 갑자기 튀어나오는 벌레들 때문에 깜짝 놀라기도 했지만 이 모든 상황이 그렇게 재미있을 수가 없었다.

한 시간쯤 지나자 과일이 어느 정도 정리가 되었다. 그리고 우리도 떠날 시간이 되었다. 손을 닦고 식탁을 정리하고 인사를 했다. 그런데 이 친구들, 고르고 골라 나름 최상품으로 판정된 과일들을 우리 품에 안겨주는 게 아닌가. 최상품이어봤자 무르고 터진 과일이었지만 그 어떤 과일보다 달콤하고 맛깔스러울, 정성과 마음이 가득 담긴 과일이었다.

로마로 가는 버스 안, 엄마와 나는 나란히 오렌지 하나씩을 베어 문다. 입 안 가득 단물이 퍼져 나간다. 비록 지갑은 텅 비었지만 마음만은 감동으로 가득 차오른다. 여섯 친구의 얼굴이 한 명 한 명 머릿속에 스쳐 지나간다.

엄마가 뭘 알아?
엄마는 다 알아!

    고의는 아니었지만 나의 불찰인 것만은 확실하다. 지하철 검표원은 외국인이라도 예외가 될 수 없다며 우리에게 청천벽력과도 같은 벌금 고지서를 안긴다. 여권 검사까지 당하니 개인적으로 창피한 건 둘째치고 꼭 나라 망신을 시킨 것 같아 고개를 들 수가 없다.

    로마의 최고 명물, 콜로세움을 보러 가는 길. 엄마와 나는 나란히 지하철 티켓을 끊은 뒤 콜로세오 역 개찰구 앞에 섰다. 유럽 대부분의 지하철은 개찰구 펀칭 기계에 티켓을 펀칭해야만 정상적으로 티켓을 산 것으로 인정된다. 만약 티켓을 샀다고 하더라도 펀칭을 하지 않으면 무임승차로 간주되어 벌금을 물린다는 뜻이다. 마침 지하철이 들어와 부리나케 펀칭을 하고 플랫폼으로 뛰어갔다. 그런데 펀칭에 익숙하지 못한 엄마가 서두르다가 그냥 개찰구를 통과해버렸다.

    "원준아, 엄마 펀칭 못 했는데 어쩌지?"

    "뭐, 괜찮겠지. 그동안 검표원 한 번도 못 봤잖아."

    "그렇겠지? 와, 이제야 이름을 좀 아는 곳에 가보네. 얼른 도착했으면 좋겠다."

    엄마는 이탈리아에 도착했을 때부터 흥분해 있었다. 익히 들어봤던 곳

에 왔다는 것에 기분이 마냥 좋았던 것이다. 하지만 그 흥분도 잠시, 엄마는 콜로세움 역에 도착하자마자 울상이 되었다. 유명 관광지라 그런지 개찰구에 대여섯 명의 검표원이 떡하니 버티고 서 있었던 것이다. 순간 나 역시 긴장이 돼서 손에 땀이 다 났다.

"아까 나한테 말하지 그랬어! 나한테 해달라고 했으면 문제없었잖아!"

나는 엄마에게 소리를 지른 후 씁쓸한 마음으로 검표원에게 다가갔다. 그에게 자초지종을 설명했지만 먹힐 리가 없었다. 엄마가 억울한 마음에 검표원을 붙들고 한국말로 하소연을 하기 시작했다. 하지만 검표원은 엄마가 뻗은 손을 거칠게 밀어냈다. 순간 화가 머리끝까지 났지만 달리 어쩔 방도가 없었다. 나는 검표원이 시키는 대로 여권을 내보였고, 몇 가지를 체크한 검표원은 냉정하게 벌금 고지서를 작성했다. 속이 부글부글 끓었다.

그렇게 콜로세움에 들어섰으니 감흥이 있을 리가 없다. 날씨는 왜 또 이렇게 더운지. 얼마 전에 눈을 맞았다는 게 거짓말처럼 느껴질 정도다. 불쾌지수가 상승하는가 싶더니 그동안 꾹꾹 눌러왔던 짜증이 갑자기 터져 나온다. 여긴 예전에 이미 다 봤었는데… 나도 모르게 구시렁거리기 시작한다.

"원준아, 너무 신경 쓰지 마. 여행하다 그럴 수도 있지. 뭘 그런 걸 가지고 그래?"

"그런 거 아니야. 그냥 짜증이 나서 그래! 엄마야말로 신경 쓰지 마!"

나조차 당황할 정도의 격앙된 반응이다. 하지만 엄마들이란 자식들의 짜증에 그리 크게 반응하지 않는다. 수십 년 키우면서 이런 적이 한두 번이 아니었을 테니까. 수긍하고 싶지는 않지만 자식들한테 제일 만만한 사람은 엄마다. 배가 고파도 엄마한테 화를 내고, 연애에 실패해도 엄마한테 화를 내는 게 자식이다.

"아이고, 우리 아드님이 왜 골이 나셨을까?"

"골난 거 아니라니까! 내가 무슨 애도 아니고! 그만 좀 해!"

미안하지만 나는 모든 짜증의 촉수를 엄마에게 놀려버린다. 여행을 떠나온 지 275일이 지나간다. 공치사를 하자는 게 아니다. 나도 사람인지라 지치는 건 당연하다. 때로는 그 피곤이 짜증으로 올라온다. 솔직히 동유럽 여행을 시작하면서부터는 잠도 제대로 못 잤다. 앞에서도 말했지만 이삼 일에 한 번씩 이동을 해야 했기 때문에 매일 밤 이동 경로를 체크해야 했다. 게다가 카우치 호스트들에게 보낼 메시지 영작 시간은 내게 다크서클을 선물했다.

그리고 여행이 연장되면서부터 체력이 급격하게 떨어졌다. 처음 계획을 했을 때는 6개월, 길어봐야 7개월짜리 여행이었기 때문에 나도 모르게 그 기간에 맞추어 페이스를 조절했던 탓이다. 그런데 여행이 연장되니 기

쁜 마음 한 편에 피곤함이 자리 잡았다. 막판 스퍼트를 마쳤는데 다시 경기가 연장된 상황이랄까. 게다가 연장 경기가 열린 곳이 북유럽과 서유럽이다. 몇천만 원을 들고 호화롭게 여행을 하지 못하는 상황에서 매 순간 돈을 아끼고자 머리를 쓰는 것도 골치가 아팠다.

그리고 결정적인 이유! 나는 유럽을 크게 한 바퀴 돈 적이 있다. 그래선지 가는 곳마다 또 만났다는 반가움은 있었지만 여행의 설렘은 당최 느껴지지 않았다. 뭐가 있는지, 그 규모가 어느 정도인지를 몰라야 기대감이라는 게 생길 텐데 나는 웬만한 관광지와 유적지, 예술품 들을 다 구경했던 것이다. 그러니 어느 날은 가이드 하는 자체가 노동처럼 느껴지기도 했다. 이러니 내가 짜증이 나지 않을 수 있겠는가.

콜로세움 한편에 가만히 앉아 숨을 고르고 있던 나를 흘끔대던 엄마가 내 마음을 다 알겠다는 얼굴로 다가온다. 정말 이럴 때는 엄마들이 무섭기까지 하다.

"원준아, 여기가 유럽에서 제일 유명한 곳 중 하나라고 했지?"

이제 짜증 그만 내고 구경이나 하자고 말할 줄 알았던 엄마의 음색이 왠지 좀 떨리는 것 같다.

"엄마는 지금 네가 짜증을 내는 이 순간조차도 너무 소중해."

"…"

"힘들겠지. 왜 아니겠어. 어떤 아들이 엄마랑 이렇게 오래 여행을 하겠어?!"

"…"

"가끔 너랑 세계여행을 하고 있는 꿈을 꾸기도 해. 그게 꿈이 아니라 현실인데도 말이야. 엄마가 아무리 훌륭한 미사여구를 붙인다 하더라도 이 여행이 얼마나 즐겁고 소중한지 너는 모를 거야."

왜 엄마들은 이렇게 말을 잘할까?

"조금만 더 힘을 내자. 이제 얼마 남지 않았잖아. 이번 여행이 지나면 우리가 언제 또 이렇게 여행을 하겠니?"

"…."

"너는 세상에서 가장 멋진 아들이야. 아마 한국으로 돌아가면 모두가 너한텐 엄지를 치켜들걸. 두고 봐!"

엄마, 날 울릴 셈이야?

"엄마도 잘할게. 그러니까 얼른 일어나서 엄마 사진 좀 찍어줘."

나는 못난 자식이 맞다. 서른이 넘어서 힘들고 지치고 짜증이 난다고 엄마한테 화를 낸 못난 자식! 그러면서 갖은 생색은 다 낸 꼴이라니. 엄마의 말을 듣는 내내 가슴이 울렁거린다. 하지만 티 내지 않고 자리에서 일어난다. 그러고는 조금 쌀쌀맞게 말한다.

"엄마, 거기 서봐. 아니 조금 뒤에! 아니, 거기보다는 앞에! 아, 잘한다며?!"

엄마가 피식 웃는다. 나도 그제야 웃음이 나온다. 엄마가 아무 일도 없었다는 듯 경쾌한 걸음으로 콜로세움을 돌아보기 시작한다. 나도 얼른 엄마를 따라잡는다. 뭔가 말려든 기분이 들지만, 그래도 나의 불쾌지수는 차가운 얼음 속으로 사라졌다. 미안해, 엄마!

엄마의 여행 노트 #13

동익 : 어떻게 카우치서핑의 호스트가 될 생각을 했어요?

비키 : 남편과 헤어지고 아들도 남편하고 지내니까 외롭던 차에 이전에 아프리카에서 카우치서핑을 했던 게 생각나더라고요. 늘 새로운 사람들과 새로운 이야기를 할 수 있다는 게 참 매력적으로 느껴졌어요. 이제 카우치서핑은 내 삶의 활력소예요.

동익 : 나도 그래요. 유럽에서 처음 카우치서핑을 한 후 생각했던 게 '왜 동남아시아에서는 카우치서핑을 하지 않았을까?'였어요.

비키 : 내 주변 친구들은 위험하게 왜 낯선 사람을 집에 들이냐고 말해요. 그 친구들한테 당신과 원준의 이야기를 꼭 해주고 싶어요.

동익 : 고마워요. 이 여행은 정말 꿈만 같고 기적 같은 일이에요.

비키 : 나는 꿈꾸는 일은 일어난다고 믿어요. 어느 날 마치 기적처럼 일어나죠. 이 아파트로 이사 온 후에 앞집 할머니와 몇 번 이야기를 나눈 적이 있어요. 그런데 얼마 지나지 않아 할머니가 보

이지 않더라고요. 그리고 며칠 후 누군가 문을 두드렸어요. 젊은 여자였는데, 앞집 할머니의 딸이더라고요. 그녀가 내게 말했어요. 어머니가 돌아가셨다, 유언을 남기셨다, 집에 있는 꽃과 나무들을 앞집 여인에게 남겨달라. 나는 깜짝 놀랐죠. 우리 집 옥상을 화원처럼 꾸미는 게 내 꿈이었거든요. 할머니에겐 한 번도 그런 이야기를 한 적이 없어요. 그런데 그분이 그 예쁜 꽃들을 제게 주신 거예요. 기적이 일어난 거죠.

동익 : 정말 기적이 맞네요. 꿈을 꾸면 이뤄진다… 이거 정말 살 만한 인생인걸요?

비키 : 그럼요. 나는 인생이란 기적의 연속이라고 생각해요.

동익 : 당신을 만난 것도 내 인생의 기적이에요. 이렇게 좋은 공간을 나눠줘서 고마워요. 꼭 한국에 놀러 와서 내 집에 묵고 가요.

비키 : 지금부터 꿈꿔봐야겠네요. 그럼 이뤄질 테니까. 하하.

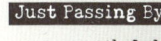
바티칸, 모나코, 안도라

유럽에는 유난히 작은 초미니 국가들이 있다. 우리가 발자국을 찍은 곳 중엔 바티칸과 모나코, 안도라가 7에 해당된다.
바티칸 시국은 '세계에서 가장 작은 나라'다. 인구 천여 명에 면적은 채 1제곱킬로미터도 되지 않는 0.44제곱킬로미터다. '나라'를 한 바퀴 도는 데 한 시간이면 된다는 소리다. 하지만 바티칸은 가톨릭의 영원한 종교 지도자이자 전 세계의 존경을 한 몸에 받고 있는 교황의 나라로 그 영향력만큼은 세계 최고 수준이다. 바티칸 박물관에선 레오나르도 다 빈치와 미켈란젤로와 같은, 범우주적인 대가들의 작품들도 만나볼 수 있다.

프랑스 남부에 위치한 모나코는 인구 3만여 명에 면적이 채 2제곱킬로미터도 되지 않는 세계에서 두 번째로 작은 나라다. 하지만 넘실대는 지중해와 화려한 카지노 때문에 1년 내내 관광객들이 쉬지 않고 몰려드는 관광 대국이며 한때 할리우드 최고의 여배우였던 그레이스 켈리가 왕비를 지냈던 곳이다.

아는 사람보다는 모르는 사람이 더 많다는 안도라는 스페인 카탈루냐 지방과 프랑스 툴루즈 지방 사이에 껴 있는, 유럽인들조차 고개를 갸웃하는 작은 나라다. 면적은 468제곱킬로미터로 바티칸과 모나코에 비하면 거대한 영토를 자랑하지만 그래봐야 제주도 크기의 1/4에 불과한 인구 8만 명의 소국이다. 전 국토가 면세 지역이라 쇼핑객들의 발걸음이 끊이지 않는다. 더불어 피레네 산맥 한복판에 위치한 까닭에 고도가 높고 적설량이 많아 스키 마니아들의 성지로도 통한다.

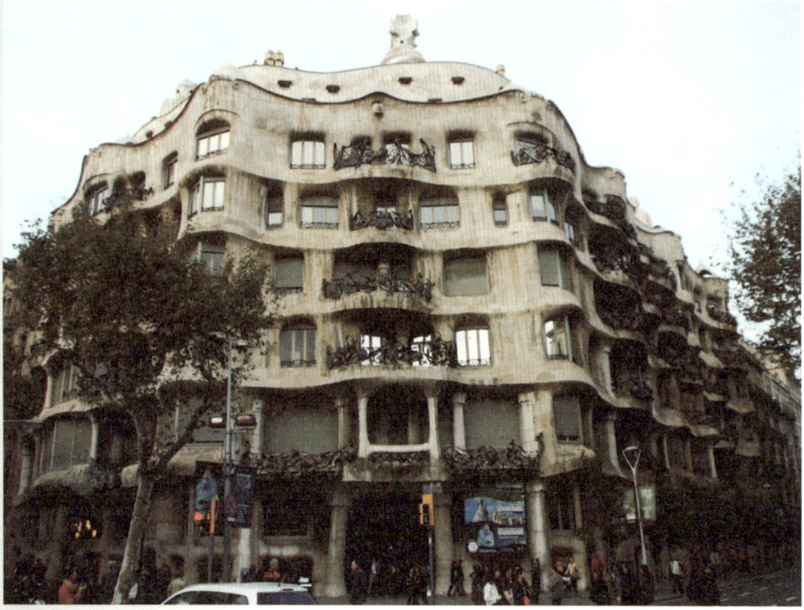

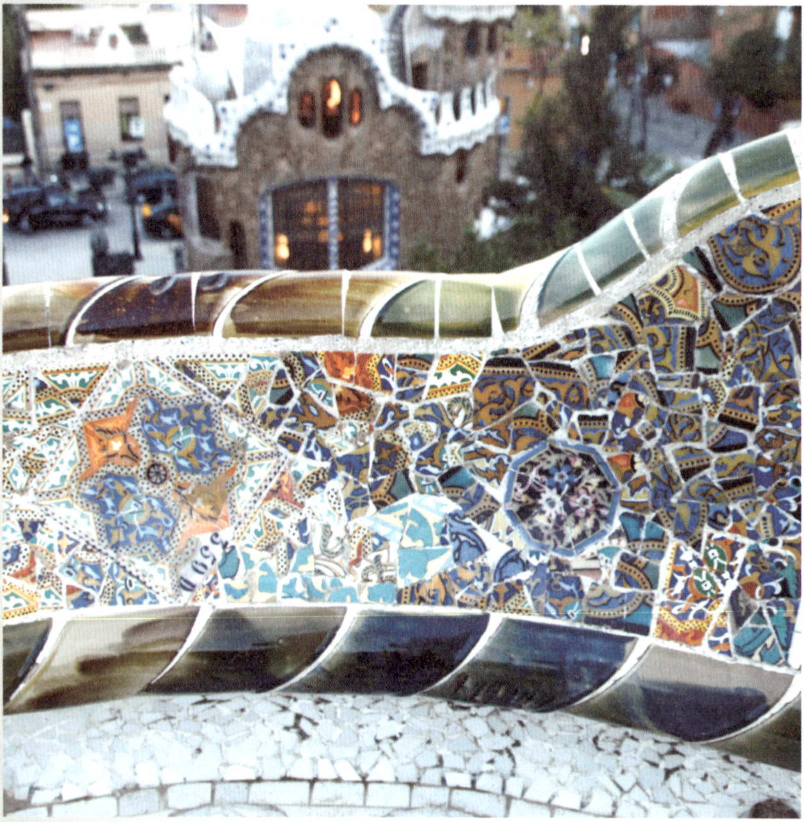

Just Passing By
___ 바르셀로나

바르셀로나는 단 한마디로 표현이 가능한 도시다. '안토니오 가우디'. 그만큼 이 도시에서 절대 빼놓을 수 없는 인물이 인류 역사상 최고의 건축가로 꼽히는 가우디다. 그는 직선이 아닌 곡선의 미를 중요시 여겨 상상을 초월하는 특이한 건축물을 남겼다. 세계 건축사에서 절대 빠지지 않는 성가족 성당과 카사 바트요, 카사 밀라 등을 보고 있으면 가우디가 도대체 인간이었는지 신이었는지 궁금해진다. 그의 작품만으로 바르셀로나가 세계 건축학도들의 성지가 되었으니 말 다했다. 하지만 안타깝게도 가우디는 그의 최고 역작 성가족 성당 건설 중 허무하게 교통사고로 급사했다. 그 이야기를 들은 엄마가 말했다. "이 건물들은 인간의 영역이 아니라 신의 영역이야! 가우디의 능력을 시기한 신들이 그를 데려간 걸 거야!"

마드리드
나이트라이프

"한번 가볼래? 선택은 네가 해."

마드리드의 카우치 호스트 게르하드가 유럽에서 밤 문화만큼은 마드리드가 최고라며 나를 유혹한다. 지금 가고자 하는 곳에 유럽 최고의 클럽들이 모여 있다는 게 부연설명이다. 나는 슬쩍 엄마를 쳐다본다. 매번 엄마의 길을 당당하게 이끄는 캡틴이었다가도 이럴 땐 영락없이 '엄마, 나 나가서 놀아도 돼?'라고 외치는 꼬맹이가 되어버린다.

"얼른 샀다 와서 숙제해."

엄마의 농담에 나는 주먹까지 불끈 쥐며 '예스!'를 외친다. 더 망설일 것도 없다. 게르하드가 친구들에게 빠른 속도로 전화를 돌리는 동안 나는 그나마 괜찮은 옷으로 갈아입는다.

"오늘 밤은 나한테 맡겨. 정말 재미있을 거야!"

흥분한 게르하드를 따라 밤거리로 나선다. 거리 자체가 엄청난 열기를 내뿜고 있다. 한 명, 두 명 모이던 친구들이 금세 떼거지로 바뀐다. 발걸음이 얼마나 가벼운지 오전, 오후 내내 시내 관광을 했다는 게 믿기지 않을 정도다. 수많은 클럽에서 쏟아져 나오는 젊은이들이 흥분을 가라앉히지 못하고 골목을 뛰어다닌다. 일부러 속옷만 입은 건지 아니면 제대로 차려

입은 건지 모를 옷차림을 한 금발 미녀들도 거리를 활보한다. 이게 바로 스페인의 정열인가! 낮에 본 스페인의 모습을 찾아볼 수가 없다. 최악의 경제 위기로 인해 분위기가 착 가라앉아 있던 모습 말이다. 지금 이곳은 완전 신세계다.

게르하르드와 그의 친구들이 나를 가장 '핫'하다고 소문난 클럽으로 이끈다. 문을 열고 들어서자 굉음에 가까운 음악 소리가 거대한 스피커를 타고 흘러나온다. 무대 중앙에서 믹싱을 하던 디제이가 갑자기 웃통을 벗더니 펄쩍펄쩍 뛰며 좌중의 마음을 흔든다. 그때부터 우리는 그냥 미친 사람이 된다. 모두가 넘치는 에너지를 주체하지 못하겠다는 표정으로 정신없이 몸을 흔든다. 잠깐 사라졌던 게르하르드가 내 손에 맥주 캔을 쥐여주고 또다시 사라진다. 그러거나 말거나 나는 맥주 반 캔을 한 번에 마신 뒤 남은 맥주를 머리 위에 부어버린다. 나에게 이런 야성적인 매력(?)이 있었다니! 나는 맥주에 젖고 땀에 젖은 머리를 흔들며 난생처음 보는 이들과 함께 몸을 흔든다. 음악이 바뀌고 조명이 바뀔 때마다 클럽은 엄청난 함성과 환호성으로 가득 찬다. 나는 또 언제 마드리드의 클럽에 오겠냐는 심정으로 방방 뛰며 이 짜릿함을 만끽한다.

그때 게르하르드의 고향 친구인 페트라가 다짜고짜 내 손을 잡고 클럽을 나선다. 나는 꿈에서 깨어난 것처럼 허우적대며 거리로 튕겨져 나온다.

"이 근방이 다 내 손바닥 안이야! 내가 마드리드 최고의 술집들을 차례대로 소개해줄게!"

나는 그 자리에서 만세를 부른 후 페트라의 뒤를 쫓기 시작한다. 이곳에서 11년째 살고 있다는 페트라의 인맥은 실로 엄청났다. 페트라가 술집에 들어설 때마다 주인들은 벌떡벌떡 일어나 반갑게 그녀를 맞이했다. 그럴 때마다 페트라는 나를 소개시켰고, 테이블 위에는 공짜 술이 줄을 이었다. 얼마나 술을 마셨는지 기억도 나지 않을 만큼 별의별 술을 다 얻어먹고보니 이미 대여섯 군데의 술집을 거친 후였다.

이번 술집에 들어설 때는 몸을 가눌 수도 없었다. 하지만 이곳에서 나의 정신을 번쩍 들게 한 이가 있었으니 바로 금발의 미녀도 아니고 터질 듯한 볼륨을 자랑하는 글래머도 아닌, 친숙한 이름의 '라울'(집에서 키우는 이구아나의 이름이 라울이다!)이다. 이곳의 바텐더 라울은 나와 페트라가 바에 들어서자마자 갖은 호들갑을 떨며 반겼다. 영어로 쉴 새 없이 수다를 늘어놓던 라울이 갑자기 페트라와 스페인어를 주고받더니 이내 못 참겠다는 듯 벌떡 일어나서 내 이마에 키스를 했다. 아니, 이럴 수가! 방금 뭐가 지나간 거지? 나는 어벙한 표정으로 페트라와 라울을 번갈아 바라봤다. 그러자 황급히 내 앞에 고급 칵테일을 내놓으며 자신을 게이라고 소개하는 라울! 그래, 이 친구 처음부터 날 보는 눈빛이 장난이 아니었어!

"생각해보니까 너는 딱 라울 타입이야!"

뭐가 그리 웃긴지 페트라가 배꼽을 잡고 쓰러진다. 나는 자꾸만 들이대는 라울을 적당히 방어하며 기분 좋게 칵테일을 들이켠다. 어찌 됐건 오늘은 크레이지 나이트이니까! 어떻게 알았는지 게르하드가 라울의 술집으로 쳐들어와 소리를 지른다.

"원준! 어디 갔었어! 우리 한 번 더 흔들어야지!"

게르하드가 어찌나 세게 나를 이끄는지 스텝이 좀 꼬인다. 아이고 이 친구들아, 나 좀 잠깐 쉬게 해다오!

"쉬기는 왜 쉬어? 지금 근처에서 CS 파티가 열리고 있단 말이야. 얼른 따라와!"

"그게 도대체 뭔데?"

"CS, 카우치서핑!"

"말로만 듣던 카우치서핑 파티가 지금 이곳에서 열리고 있다고?"

나는 다리에 힘을 주고 걷기 시작한다. 정신이 없었지만 라울 덕에 술이 좀 깨기는 했다. 게르하드를 따라 골목 몇 개를 지나자 작은 술집이 나온다. 문을 열자 또다시 후끈후끈한 열기가 느껴진다. 맥주를 들이켜는 젊은이들 사이로 카우치서핑 로고가 박힌 현수막이 보인다. 잔뜩 흥분한 게르하드가 의자 위로 올라간다.

"여기 좀 주목해봐! 이 친구는 한국에서 온 친구야!"

모든 시선이 일제히 나에게 쏠린다. 얼떨결에 내가 맥주병을 높이 들며 '마드리드 카우치서핑을 위하여!'라고 외치자 술집은 그야말로 열광의 도가니로 변한다. 흥분한 누군가가 머리 위로 맥주를 뿌린다. 나는 그 맥주를 맞으며 다시 한 번 정신없이 몸을 흔든다. 도대체 카우치서핑은 내게 왜 이렇게 많은 선물을 주는 거야!

단 몇 시간 동안이었지만 나는 유럽 최고라는 클럽들의 밤 문화를 화

끈하게 즐겼다. 다행히 더는 버틸 수 없다고 생각할 즈음 게르하드가 나를 이끌고 거리로 나섰다. 그리고 우리는 개로 변하기 직전, 거의 기다시피 택시를 잡아타고 집으로 돌아왔다. 한국에서 늘 그랬듯 나는 엄마 몰래 방으로 숨어들어 재빨리 이불 속으로 들어갔다. 그런데도 계속 음악소리가 들리는 것 같았다. 나는 이불을 뒤집어쓴 채 몸을 흔들며 서서히 꿈나라로 달려갔다.

Just Passing By
----- 리스본

'대항해 시대'. 리스본을 가장 잘 표현할 수 있는 단어다. 해양왕이라 불리는 '엔리케 왕자', 인도 항로를 개척한 '바스코 다 가마'가 세계를 향해 닻을 올린 곳이 바로 리스본이다. 포르투갈의 영웅들은 15세기부터 이곳을 거점으로 세계를 휘저으며 식민지를 개척해 영토를 넓혀갔고 막대한 부를 쌓았다. 테주강에 자리 잡은 '발견의 탑'과 '벨렘탑'은 포르투갈의 화려했던 영화를 잘 보여준다. 하지만 과거의 영광은 영원할 수 없는 법!

브라질까지 집어삼키며 세계 최대 영토를 자랑했던 포르투갈은 현재 우리나라와 비슷한 크기이며 우리가 방문했을 때는 경제 위기로 허덕이고 있었다. 하지만 대항해 시대의 영광을 엿볼 수 있는 수많은 볼거리들을 섭렵하는 것만으로도 리스본은 반드시 들리볼 만한 곳이다.

동쪽 끝에서 출발한 가녀린 모자,
서쪽 끝에 서다

거친 바람이 휘몰아치는 언덕에 오르자 뒤편으로는 광활한 대초원이, 앞으로는 드넓은 대서양이 펼쳐진다. 동서남북 어디를 둘러보아도 숨 막히게 아름다운 장면뿐이다. 이곳은 유럽의 최서단이자 유라시아 대륙의 서쪽 끝, 포르투갈의 호카곶이다.

"엄마, 여기가 끝이야. 우리는 더 이상 서쪽으로 갈 수 없어."

엄마는 벅찬 가슴을 억누르느라 그저 대서양만 바라보며 숨을 고른다. 나 역시 가슴이 벅차다 못해 아려온다. 동양의 작디작은 나라, 그것도 아시아 대륙의 가장 동쪽에 있는 대한민국에서 출발한 우리가 드디어 유라시아 대륙의 서쪽 끝까지 오고야 말았다.

호카곶 기념비에는 포르투갈의 민족시인 카몽이스가 남긴 '여기서 땅이 끝나고 바다가 시작된다.'라는 글귀가 적혀 있다. 그 글귀를 몇 번 되뇌다가 저 아래로 다시 눈을 돌린다. 대서양을 따라 이어진 울타리 안쪽으로 세상에서 가장 아름다운 길이라고 불러도 좋을 둘레길이 펼쳐져 있다. 바람이 무척 강하게 불어온다. 대서양이 포효하며 물보라를 일으키자 그 물보라가 바람을 타고 날아와 우리 뺨에 닿는다.

이곳까지 오는 데 9개월 반이 걸렸다. 여행을 시작하기 전 우리는 무슨

대화를 나눴던가.

"엄마, 언제든 돌아갈 수 있어. 힘들면 무조건 이야기해야 해."

"알았어. 중국이나 제대로 돌고 올 수 있을지 모르겠네."

그때 우리가 생각한 세계는 지금처럼 넓지 않았다. 인천에서 출발해 런던으로 끝나는 루트를 만들었지만 사실 좁게는 중국을, 넓게는 동남아시아 정도를 생각했다. 그런데 우리는 중동을 거쳐 유럽에 닿았다. 그리고 내처 달려 유라시아 대륙의 서쪽 끝까지 온 것이다.

한겨울 칼바람에 거북이 목을 하고 여행하던 시절이 있었다. 숙소 사기를 당하고, 롤러코스터 같은 버스에서 죽을 둥 살 둥 꼬박 하루를 보내면서 여행이 지속될 수나 있을까 싶던 순간들도 있었다. 엄마와 의견 차이를 보이다 한국으로 돌아갈까 고민하던 시기도 있었다. 하지만 그 위태위태했던 시간들을 무사히 지나니 마치 거짓말처럼 여행에 가속이 붙었다. 우리는 마치 걷지 않으면 안 되는 사람처럼 길 위에 섰고, 어느 순간부터는 사람 사이를 여행하며 울고 웃고를 반복했다. 넘실대는 대서양 위로 그간의 모든 여정들이 빛을 내며 흘러간다.

이젠 지칠 법도 한 엄마가 여전히 여행에 대한 설렘과 기대를 가지고

엄마의 여행 노트 #14

여행을 오래 하다보니 세상일에 대한 걱정이 사라진다. 내일이 아니라 오늘이 중요하기 때문인 것 같다.

전진한다. 이번 여행을 시작한 건 정말 내 인생에서 가장 잘한 일이다. 이제 나 칭찬 좀 받아도 되지 않을까. 다시 한 번 거센 바닷바람이 불어온다. 가냘픈 엄마가 바람을 이기지 못하고 휘청거린다. 재빨리 달려가 엄마의 어깨를 감싼다. 이제 우리가 밟을 곳은 딱 두 도시만 남아 있다. 가녀린 모자는 뿌듯하면서도 아쉬운 마음으로 육지 끝에 있다는 등대를 향해 나란히 걸어간다.

고마워, 파리!

"에펠탑이다! 이제 정말로 유럽에 온 기분이야!"
"엥? 엄마 우리 지금 유럽만 3개월 넘게 돌았거든?!"

엄마의 흥분이 최고조에 달했다. 에펠탑을 부르짖는 목소리가 어찌나 큰지 주변 사람들의 시선이 한꺼번에 쏠린다. 얼굴이 다 화끈거릴 지경이다. 하지만 엄마를 이해하지 못하는 건 아니다. 여기는 엄마의 드림 스폿, 파리다. 그리고 엄마가 그렇게 보고 싶다던 에펠탑이 눈앞에 서 있다.

"정말 크다! 한눈에 다 볼 수가 없네!"
"세느강 건너편에 있는 샤이요궁에 가면 다 보이는데 그쪽으로 갈까?"
"아니야. 우선은 좀 만져보고 싶어."
"하하. 만지긴 왜 만져?!"
"에펠탑 만져봤다고 자랑 좀 하게."
"누구한테?"
"누구긴, 친구들한테지."
"엄마, 진심이야?"
"응."

엄마가 너무나 당연하다는 듯 대답한다. 아니, 그럼 고작 친구들한테 자랑하려고 그렇게 에펠탑 노래를 불렀던 거야? 세상에서 가장 개성 있는 건축물이기 때문에, 혹은 현대적인 감각을 가장 잘 표현한 건축물이기 때문에 이곳에 오자고 한 게 아니란 말이야? 여행 연장 이야기가 나왔을 때도 엄마는 분명 파리에 가장 가보고 싶다고 말했다. 나는 워낙 로맨틱한 도시로 유명하니 여자인 엄마도 파리에 대한 환상이 있는 거겠지, 짐작했는데 글쎄 그게 아니란다!

"엄마 친구들이 유럽 여행을 갔다 와서 파리랑 에펠탑 얘기를 얼마나 많이 하는지… 너무나 자연스럽게 파리의 어디, 어디가 너무 아름답다, 얘기하는 게 그렇게 부럽더라고. 그래서 그때 생각했어. 내가 언젠가 꼭 파리에 가서 에펠탑 만지고 온다. 그게 바로 오늘이야!"

엄마가 도대체 무슨 말을 하는 건가 싶어서 기억을 더듬어본다. 아, 그래! 몇 년 전 엄마 친구들이 유럽 여행을 가긴 갔었다. 엄마도 갔다 오라고, 이번 기회가 아니면 언제 유럽에 가겠느냐고 말한 기억도 난다. 그런데 엄마는 이런저런 이유를 대면서 결국 친구들 틈에 끼지 않았다. 그때는 그저 엄마 일이 바쁜가보다, 혼자 여행 가는 게 우리한테 미안힌가보다 생각했다. 하지만 지금 생각해보니 그때 여행을 갔던 친구들 대부분이 부부동반이었던 것 같다. 그리고 그때까지 엄마는 아빠 없이 여행을 가본 적이 없었다. 엄마는… 그 여행을 가고 싶지 않았던 게 아니라 차마 용기를 내지 못했던 거다. 그러고는 속으로 얼마나 부러워했던 걸까. 아, 나는 도대체 몇 살이 되어야 엄마의 마음을 헤아릴 수 있을까!

"엄마, 가서 일른 만져. 손도 씻지 마. 그리고 내가 파리는 아주 샅샅이 보여줄 테니까 한국 가서 자랑 많이 해!"

엄마가 알겠다며 엄지를 있는 힘껏 치켜든다. 에펠탑에 다다르자 엄마가 정말로 에펠탑 한 귀퉁이를 쓰다듬기 시작한다. 고개가 빠져라 에펠탑

꼭대기를 처다보면서도 에펠탑에서 손을 떼지 않는다. 그리고 그때, 거짓말처럼 에펠탑이 반짝이기 시작한다. 주변 사람들이 일제히 환호성을 지른다.
"와! 엄마한테 파리가 주는 선물인가봐!"
엄마가 손을 입에 모으고 꿈꾸듯 불빛을 바라본다. 에펠탑은 정시마다 탑을 감싸고 있는 2만 개의 조명을 밝히는 이벤트를 진행한다. 그걸 알 리 없는 엄마가 정말 뜻밖의 선물을 받은 사람처럼 입을 다물지 못한다. 그런 엄마를 찍기 위해 얼른 카메라를 든다. 초점이 맞지 않아 잠시 뷰파인더 속 엄마를 바라보는데 갑자기 엄마의 얼굴에 정말 아름다운 미소가 뜬다. 나는 순간 무슨 생각에선지 카메라를 내린다. 다행히 엄마의 입가에 환한 미소가 남아 있다. 저 미소는 파리가 내게 주는 선물이다. 나는 그 모습을 가슴속에 담기로 한다. 심장이 움직인다. 찰각.

삼척동자도 알 만한
유명 인사들의 아지트

파리를 샅샅이 뒤지겠다는 우리의 마음을 읽었는지 파리의 카우치 호스트 제니가 종이 한 장을 내민다.

"나만 믿고 이 루트대로 가봐. 파리의 얼굴을 제대로 볼 수 있을 거야."

친절한 파리지앵이 소개하는 12개의 파리였다. 그냥 눈으로 훑어도 유명하다는 곳은 죄다 적혀 있고 어떻게 가는지까지 간략하게 쓰여 있다. 우리는 제니에게 고맙다는 인사를 건네고 약간 들뜬 마음으로 자리에 눕는다.

파리는 볼거리가 넘쳐나는 곳이다. 한 달을 머무르며 구경한다고 해도 시간이 부족한 곳이 바로 파리다. 하지만 안타깝게도 우리에게 허락된 시간은 단 며칠뿐이다. 서울행 비행기 예약을 마친 까닭이다. 이제 2주 뒤면 서울로 향하는 비행기를 타야 한다. 파리에서 일주일, 런던에서 일주일. 후회 없는 여행이 될 수 있도록 유종의 미를 거두어야 한다. 파리에서의 발걸음이 급해질 수밖에 없는 이유다.

"엄마, '파리' 하면 뭐가 생각나?"

"에펠탑, 노트르담 대성당, 몽마르트 언덕, 루브르 박물관…."

"오! 엄마 공부라도 한 거야?"

"그 정도는 삼척동자도 다 알아!"

역시 파리는 엄마와 여행하기에 가장 이상적인 도시다. 특별히 기를 쓰고 좋은 걸 보여주기 위해 이리 뛰고 저리 뛸 필요가 없다. 삼척동자도 알 만한 유명 인사들이 도시 곳곳에 잘 모셔져 있기 때문이다. 봐도 이름을 모르는 것들과 내가 죽기 전에 드디어 이걸 보는구나 싶은 것들 사이에는 엄청난 간극이 있다. 물론 남들이 모를, 숨은 보석을 찾아냈을 때의 쾌감도 대단하다. 하지만 저곳은 도대체 어떤 곳일까, 하며 평생 꿈꾸던 곳에 발을 들여놓는 건 상상 이상의 쾌감을 안겨준다. 게다가 파리는 엄마가 친구들에게 자랑도 할 수 있는 곳이 아닌가! 엄마는 잠을 자는 순간에도 흥분을 감추질 못한다.

아침 일찍부터 집을 나선 우리는 제니의 추천지 중 파리 북쪽에 위치한 생투앙 벼룩시장부터 찾는다. 시장이 방앗간이라면 우리는 참새나 다름없으니까. 생투앙 벼룩시장은 파리의 3대 벼룩시장(방브, 몽트뢰유) 중 가장 큰 규모를 자랑하는 곳이다. 백 년이 훨씬 넘는 역사를 가진 곳이라 그런지 시장에 왔다는 느낌보다는 옛 감성이 잘 살아 있는 골목을 걷는 기분이 든다. 오래된 잡지와 고풍스런 도자기, 고가구, 유리 제품, 잘 빠진 구체 인형 등 빈티지한 물건들이 그렇지 않아도 바쁜 이국인의 발걸음을 자꾸만 잡아끈다.

골목을 돌아서 다른 편 가게들을 둘러본다. 파란색 페인트를 칠해놓은 셔터문에 빼곡히 못을 박아 넣어 각양각색의 열쇠를 달아놓은 열쇠 가게가 눈에 띈다. 하나같이 녹슬어 사용이 가능할까 싶은 열쇠들이지만 한국의 전형적인 열쇠와는 전혀 다른 모양을 하고 있어 흥미를 끈다. 거대한 성당의 문이나 깊은 산속에 숨어 있는 고택의 문을 딸 수 있을 것 같은 포

스를 가진 열쇠들이다.

　시장에 오면 현지인을 구경하는 재미도 쏠쏠하다. 파리지앵들은 참 모자를 좋아하는 것 같다. 날이 추워서이기도 하겠지만 남녀노소를 불문하고 다들 자신의 개성을 살린 모자들을 멋들어지게 쓰고 있다. 똑같은 모자를 쓴 사람이 한 명도 없다. 게다가 옷은 또 얼마나 멋지게 입고들 다니는지. 왜 파리지앵, 파리지앵 하는지 알 것 같다.

　엄마는 옛 파리의 모습이 담긴 엽서 몇 장을, 나는 60년대 프랑스 우표 몇 장을 손에 쥐고 다음 목적지인 몽마르트 언덕으로 향한다. 지하철에서 내려 계단만 올랐을 뿐인데 벌써 저 먼 곳에 사크레쾨르 대성당이 보인다. 언덕 꼭대기에 있는 데다 주변에 높은 건물도 없어서 사크레쾨르 대성당은 마치 하늘에 걸려 있는 마법의 성처럼 보인다.

　"와! 파리는 그냥 다 그림이구나!"

　지금까지 돌았던 도시들이 이 말을 들었다면 파리를 질투할 게 분명하다. 엄마는 거리를 걸으면서도, 하물며 지저분하기로 유명한 파리 지하철을 타면서도 같은 소리다. 내가 이끌기도 전에 엄마가 앞서 걷는다. 토요일이라 그런지 성당으로 가는 길은 엄청난 인파로 술렁인다. 100미터도 되지 않는 언덕을 천천히 오른 후 뒤돌아보니 파리 전경이 한눈에 들어온다. 과연… 파리는 사랑스러운 도시라는 데에 이견을 낼 수 없는 얼굴을 가지고 있다.

　대성당 앞마당에서는 각종 공연이 펼쳐지고 있다. 그중 좁은 난간 위에서 공 묘기를 부리고 있는 남자 주변에 사람들이 몰려 있다. 난간에서 물구나무를 서면서도 공을 떨어뜨리지 않다니, 거의 신기에 가까운 묘기다. 공연이 끝나자 주변에 있던 사람 몇은 그에게 사인까지 요청한다.

　대성당 뒤편, 예술가들의 거리라는 떼르뜨르 광장에도 가본다. 19세기,

화가와 문인들의 안식처였다던 이곳에선 지금도 예술의 향기가 뭉근하게 피어오른다. 피에로 분장을 하고 마임을 하고 있는 예술가, 중세 복장을 갖춰 입고 발효주를 팔고 있는 어르신, 기타를 퉁기는 청년, 좌판에 온갖 작품을 내어놓고 팔고 있는 작가를 지나치니 손님들을 기다리고 있는 거리의 화가들이 눈에 띈다. 하지만 유럽도 경기가 좋지 않아서 화가 앞에 앉는 사람보다 화가 곁을 서성이는 사람들이 훨씬 더 많다. 우리 역시 화가들이 그려놓은 그림들을 구경하면서 몽마르트 언덕의 뒷골목으로 스며든다. 벌써 어둠이 밀려들고 있다.

"엄마, 오늘은 여기까지 보고 들어가야겠어."

"그럼 우리 에펠탑 한 번만 더 보고 가자."

"좋지! 에펠탑은 밤에 더 멋지니까!"

우리는 에펠탑은 물론 파리의 야경을 보기 위해 또 한 번 발걸음을 옮긴다. 눈이 즐거우니 피곤함을 느낄 새가 없다.

이튿날, 우리는 아침 7시에 집을 나선다. 매월 첫째 주 일요일은 파리 시내의 거의 모든 관광지 입장료가 무료다. 이런 날 뭉그적거릴 수는 없다. 오늘 방문 예정인 곳의 입장료를 합하면 1인당 10만 원 정도다. 하지만 오늘은 '프리 선데이.' 갑자기 20만 원이라는 돈이 생겼다. 이따 저녁에 근사한 저녁이라도 사 먹어야겠다.

우선 폐관 시간이 빠른 박물관과 미술관부터 돌기로 한다. 가장 먼저 루브르 박물관을 찾는다. 이른 시간임에도 무료 입장이라는 혜택 때문에 엄청난 인파가 모여 있다. 유럽에서 가장 많은 관람객이 찾는, 세상에서 가장 유명한 박물관인 이곳에 들어가는 일은 녹록지 않았다. 두 시간 만에 겨우 내부로 들어선다. 나는 일단 엄마의 손을 잡고 뛰기 시작한다. 엄

청난 사람들이 모여 있는 그곳을 향해. 그렇다. 나는 지금 인류 역사상 가장 신비한 미소를 지닌 그녀에게 엄마를 인사시키러 가는 길이다.

"모나리자다! 진짜 모나리자야!"

엄마는 눈앞에 모나리자를 두고도 계속 '진짜' 모나리자라고 외친다. 역시 유명해지고 볼 일이다. 엄마는 마치 연예인을 본 것처럼 들떠서 어쩔 줄을 모른다.

"파리에 와서 에펠탑도 보고 모나리자도 보고, 엄마 완전 출세했네!"

하하. 출세까지는 무슨. 루브르에 할당된 시간이 세 시간이었기 때문에 나는 흥분한 엄마의 등을 밀면서 루브르의 대표작들을 훑기 시작한다. 루브르는 미술 작품 3만 5천 점을 포함해 소장품 수만 38만 점을 가지고 있다. 1초에 한 작품씩 본다고 해도 꼬박 나흘 반이 걸린다는 소리다. 때문에 미리 주요 작품들을 검색해온 터다. 엄청난 크기를 자랑하는 다비드의

〈나폴레옹 대관식〉을 지나 고대 그리스 조각상 〈니케〉를 눈에 담고 내가 좋아하는 아르침볼도의 그림들까지 정신없이 구경한다.

"어! 저건!"

잘 따라오던 엄마가 〈밀로의 비너스〉를 보고 또 한 번 비명에 가까운 환호를 지르며 멈춰 선다. 내가 어렸을 때 엄마는 골동품 가게에서 산 전시용 '밀로의 비너스' 상을 집 거실에 전시해둔 적이 있다. 바로 그 조각의 진품을 눈으로 확인하니 감회가 새로운 모양이다. 옛일이 생각나니 나도 〈밀로의 비너스〉가 새삼 멋지게 느껴진다. 그 앞에서 아쉽게 발을 뗀 엄마와 나는 다시금 수많은 작품 속으로 빨려 들어간다.

루브르를 나와서는 바로 현대미술관 퐁피두센터로 향한다. 샤갈과 마그리트, 뒤샹, 잭슨 폴록, 피카소 등 동시대를 살고 간 이들의 작품을 입을 벌리고 관람한다. 퐁피두센터 꼭대기부터 1층까지 차례로 섭렵한 우리는 다음 코스인 시떼 섬으로 바삐 움직인다. 시떼 섬에는 생뜨 샤펠 성당과 노트르담 성당이 자리 잡고 있다. 먼저 생뜨 샤펠 성당에 들어선다. 이곳이 유명한 이유는 바로 인간의 작품이라고 하기엔 너무 비현실적으로 아름다운 스테인드글라스가 있어서다. 우리는 그 절정의 아름다움을 맛보기 위해 성당 2층으로 향한다.

"와…!"

엄마가 또 움직임을 멈춘다. 하지만 이번엔 나도 입을 벌린 채 서고 만다. 한낮의 태양빛이 스테인드글라스를 지나 우리에게 닿는 순간 황홀함이 온몸을 감싼다. 규모도 굉장한데 더 놀라운 건 성경에 나오는 1천134개의 장면이 모두 표현되어 있다는 점이다. 이 놀라운 그림에 엄마랑 호들갑을 떨다가 혀가 꼬일 지경이다. 쉼 없이 셔터를 누르다 이번엔 내가 엄마에게 이끌려 성당 밖으로 빠져나온다.

정신을 차리고 다시 걷는다. 멀지 않은 곳에서 언젠가 다시 만나길 고대하고 고대했던 노트르담 대성당이 예의 웅장한 모습으로 나를 맞는다. 고딕 양식의 걸작 중의 걸작, 노트르담 대성당. 완공까지 200여 년이 걸린 엄청난 규모의 대성당 앞에서 엄마가 이 건물이 그 유명한 노트르담 대성당이 맞냐고 몇 번이나 물어온다.

"맞아! 엄마가 아는 그 노트르담! 노트르담의 꼽추의 그 노트르담!"

엄마가 만세를 부르면서 성당으로 들어선다. 파리를 대표하는 성당답게, 그리고 내가 예전에 봤던 것과 다르지 않게 내부는 정신이 혼미해질 정도로 아름답다. 막 미사가 시작된 모양인지 성직자들의 근엄한 기도 소리가 성당 내부에 울려 퍼진다. 얼른 엄마가 빈 의자에 앉아 기도를 올린다. 사실 노트르담 꼭대기에 오르고자 이곳에 왔는데 오늘이 지나기 전에는 오를 수 없을 만큼 사람들이 몰려 있다. 우리는 과감히 '탑 오르기'를 포기하고 다음 목적지를 돌아보기 위해 길을 나선다.

5분 정도 빠르게 걷자 꽁시에르주리가 나타난다. 센느 강변에 위치한 이 아름다운 건물은 본래 왕궁이었다가 16세기 프랑스혁명 때부터 감옥 및 처형장으로 사용된 드라마틱한 역사의 현장이다. '빵이 없으면 고기를 먹으라.'는 말의 주인공 마리 앙트와네트가 처형 전 이곳에 수감되었기 때문에 더 유명해진 곳이란다. 이곳은 미처 예습을 하지 못한 곳이라 많은 사진 자료와 역사적 사료들을 훑는 것으로 관람을 마친다.

이제 오늘의 마지막 코스, 개선문만 남았다. 숨이 찰 지경이지만 지치지는 않는다. 그건 엄마도 마찬가지. 어느새 해가 저물었다. 센느강도 어둠과 가로등 불빛을 머금은 채 천천히 흐르고 있다. 하지만 발걸음을 늦춰서는 안 된다. 오후 10시면 개선문도 문을 닫는다. 우리는 재빨리 지하철을 타고 개선문이 있는 샤를 드 골 에뜨왈 역으로 날아간다. 역시 사람

들이 많다. 역에서 내려 지하 통로를 건너는 것조차 쉽지가 않다. 하지만 우리가 누군가. 진격의 모자 아니던가. 우리는 수많은 사람들을 비집고 나와 개선문 앞에 선다. 워낙 높은 고딕 건물들을 봐와선지 개선문이 별로 높게 느껴지지 않는다. 하지만 그 꼭대기에 서니 말이 달라진다. 파리의 모든 면면이 한눈에 들어올 정도로 높은 건축물이라는 것 인정! 개선문을 기준으로 12개의 도로가 방사선 형태로 뻗어 있는데 그 모습이 정말 압권이다. 엄마와 나는 개선문 꼭대기를 뱅글뱅글 돌면서 파리의 야경을 원 없이 구경한다.

"엄마, 오늘 어땠어?"

"꿈꾸는 것 같았어. 파리는 정말 최고야!"

"그러니까! 내가 생각해도 파리는 정말 최고의 도시야!"

우리의 여행은 그렇게 파리에서 정점을 찍는다.

우리는 길 찾기 고수

이번 여행의 종착역 런던에서 카우치서핑 최대 위기에 봉착했다. 사연은 이렇다.

런던에서 우리를 초대한 이는 폴란드인 마체다. 나는 그와 메시지를 주고받으며 일정을 조율했고, 런던에 도착하는 날짜를 적어 최종 확인 메시지를 보냈다. 하지만 답이 없었다. 그리고 우리는 아무런 대안도 없이 런던에 도착했다. 우리가 믿을 건 오로지 그가 남긴 주소뿐이었다. 하지만 뭔가 확실한 답을 받은 게 아니라 난감했다.

"엄마, 그냥 저렴한 호스텔이나 호텔을 찾아봐야 될 것 같은데…."

"여행 마지막 도시에서 카우치서핑 실패라니, 너무 아깝잖아!"

나도 엄마의 말에 지극히 동의한다. 지난 4개월 동안 우리는 카우치서핑 이용자가 거의 없던 코소보를 제외한 30여 개의 유럽 국가들에서 카우치서핑을 성공리에 마쳤다. 카우치 호스트들과 나눈 추억의 필름이 머릿속에서 상영될 때마다 우리는 부자가 된 것 같았다. 이번 여행의 하이라이트라고 해도 좋을 만큼 찬란한 추억들이다.

사실 운이 좋기도 했다. 앞서 말했듯 카우치 호스트를 단번에 구하는 건 쉬운 일이 아니다. 포르투갈 리스본에서 우리를 초대한 미구엘은 파리 여행을 준비하면서 60명에게 요청 메시지를 보냈지만 단 한 명에게 초대를 받았다고 한다. 어쩌면 그게 정상이다. 하지만 우리는 달랐다. 이 모든 게 엄마 덕이라고 해도 무방하다.

그런데 마지막 도시에서 실패라니! 당장 카우치서핑 사이트에 들어가 다른 친구에게 메시지를 보내볼까? 하지만 당일에 오케이를 하는 친구가 도대체 어디 있겠는가. 나는 고민 끝에 다시 마체에게 메시지를 쓰기로 한다.

'마체, 우리 지금 네 집으로 간다.'

나는 잠깐 망설이다가 '보내기' 버튼을 누른다. 이제 어쩔 수 없다. 마체가 집에 있든 없든, 그가 우리를 정말 초대한 것이든 아니든 우리는 우선 마체네 집으로 가야 한다.

마체네 집은 런던 외곽에 있다. 그 말인즉 방문 난이도가 최상에 속한다는 뜻이다. 지하철과 버스를 갈아타고 그의 집 근처에 내리는 것까지는 좋았지만 그 다음이 문제였다. 지금에 와서야 이야기하지만 카우치 호스트들의 집을 찾아가는 건 엄청난 도전이다. 태국에서 휴대폰을 도난당했기 때문에 우리는 오로지 호스트들이 보내주는 주소 한 줄만 가지고 그들의 집을 찾아가야 한다. 여느 호텔처럼 친절한 설명을 얻을 수 있는 것도 아니다. '237, Rue Des 82 Arpents 93214 Le Pre St Gervais, Paris C4B 5AQ'와 같은, 읽을 줄도 모르는 주소를 들고 무작정 집을 찾아가야 하는 것이다.

처음에는 정말 막막했다. 해서 생각해낸 것이 주소를 손바닥에 적어 현지인들한테 물어서 찾아가는 방식이었다. 그마저도 영어가 아닌 현지어로 대답하는 사람을 만나면 참으로 막막했다. 하지만 사람의 적응력은 실로 놀라웠다. 한 10번째 서핑부터는 요령이 붙어 비교적 쉽게 목적지

를 찾아낼 수 있었다. 어떻게든 주소 근처에 있는 버스정류장이나 지하철역을 찾아내 이동한 뒤 주변 지도를 훑어보고 행인한테 주소를 확인하면 신기하게도 10분 내에 집을 찾아냈던 것이다. 하지만 마체네 집으로 가는 길은 미로가 따로 없었다. 누누이 말하지만 나는 길치가 아니다. 호스트들의 집을 빨리 찾고 못 찾고의 문제는 그야말로 그날의 운이 얼마나 좋으냐 나쁘냐에 달려 있다고 말하고 싶다.

거의 한 시간을 헤맨 끝에 겨우겨우 찾아낸 마체네 집. 우리는 땀을 닦을 생각도 않고 쾌재를 부른다. 역시 오길 잘했다는 생각이 든다. 마체네 집 현관문에 이런 메시지가 붙어 있었기 때문이다.

'원준, 지금 너 찾으러 나갔으니까 기다려!'

역시 카우치서핑은 우리를 실망시키지 않는다. 마음이 느슨해지자 몸도 노곤해진다. 런던 외곽까지 왔다가 정해진 숙소도 없이 왔던 길을 되돌아갈지도 모른단 생각에 순간순간 아찔했던 게 사실이다. 엄마도 자리에 털썩 주저앉아 마음 놓고 물 한 모금을 마신다.

얼마쯤 지났을까. 갑자기 나타난 피자 배달원이 주소 하나를 들이대며 길을 묻는다. 나 여기 사는 사람 아닌데… 라고 말하려다 우선 주소를 살펴본다. 이 주변을 워낙 헤매고 다닌지라 단박에 어딘지 감이 선다. 나는 이곳 토박이인 양 그림까지 그려가며 상세하게 길을 알려준다. '땡큐!'를 연발한 배달원이 군침 도는 피자 냄새를 남긴 채 사라진다. 그리고 잠시 후, 피자 배달원이 또다시 나타난다. 이번에는 종이가 아닌 감자튀김을 건넨다.

"고마워! 네 덕분에 헤매지 않았어. 이건 주문이 하나 잘못 들어와서 남은 거야. 누굴 기다리는 것 같은데 이거 먹으면서 기다려."

"와우! 고마워! 잘 먹을게. 안 그래도 배고프던 참이었어."

우리는 서로에게 고마워하며 손을 흔든다. 엄마와 나는 따끈따끈한 감자튀김을 하나씩 집어 먹으며 마체를 기다린다. 30분이 훌쩍 지나간다. 급하게 달려오는 발자국 소리가 들린다. 엄마와 나는 동시에 고개를 든다. 마체다!

"원준!"

한참을 뛰었는지 내 이름을 부른 마체는 숨을 고르느라 말을 잇지 못한다. 엄마와 나는 그저 웃으며 마체가 다음 말을 할 때까지 기다린다.

"미안해. 사정이 있어서 메시지 확인을 늦게 했어. 찾아오기 힘들었을 텐데 정말 미안해. 죄송해요, 어머니!"

"아니야. 문 앞에 있는 메시지만 보고도 얼마나 고마웠다고!"

"얼른 들어가자. 어머니 피곤하시겠다."

우리는 마체를 따라 기분 좋게 집 안으로 들어선다.

"나는 한국이 정말 좋아. 너와 어머니가 한국인이란 걸 안 순간 앞뒤 생각도 않고 바로 초청 메시지를 보냈어."

마체는 한국에 무한신뢰를 가지고 있었다. 몇 년 전, 한 달간 한국을 여행한 적이 있는데, 그때 만난 한국인들의 따뜻한 정을 잊을 수 없기 때문이란다. 당시 마체는 카우치서핑과 비슷한 커뮤니티를 통해 부산에서 한국 여행을 시작했다.

"그때 나를 초대한 한국인 친구가 다음 목적지를 물어보더라고. 울산이라고 대답을 했더니 글쎄 그 친구가 울산에 있는 친구한테 전화를 걸어서 나를 넘긴 거야! 그리고 그 울산 친구는 대구 친구에게 나를 넘기고, 그 대구 친구는…."

한 달간 이어진 친절 릴레이. 한국인인 우리가 들어도 참으로 훈훈한 이야기다.

"한국인들의 친절함과 상냥함에도 놀랐지만 또 하나 놀란 게 있다면 바로 손님을 대접하는 문화야. 밥도 사주고 입장료도 내주는 통에 아주 난감해서 혼났어. 고마우면서도 미안했으니까."

아무리 됐다고 거절해도 아침, 점심, 저녁을 다 챙겨주는 한국 친구들 덕에 마체는 거의 지출 없이 여행을 마무리했다고 한다. 하여간 한국인들의 정은 알아줘야 한다. 입이 풀린 마체가 자신의 여행 철학에 대해서도 이야기하기 시작한다.

"나는 평생 여행만 하고 살았으면 좋겠어. 그 꿈을 이루기 위해 9년 동안 런던에서 웨이터로 일하며 모은 돈으로 지금 이 집을 샀어. 그리고 작은 집을 하나 더 사려고 열심히 노력 중이야."

"어? 여행을 하고 싶다면서 집을 왜 두 채나 사려고 해?"

"월세로 여행하는 게 내 꿈이거든."

이 친구 독특하다. 살기 위해 집을 사는 게 아니라 여행을 하기 위해 집을 사다니… 대단한 발상의 전환이다. 장기여행을 하면서 집이야말로 정말 필요가 없는 것이라고 생각했다. 하지만 월세만으로 여행을, 그것도 평생 할 수 있다면 정말 금상첨화겠구나! 나는 이 참신한 아이디어를 엄마한테 전한다.

"그래! 우리도 돌아가면 집을 한 채 사야겠다!"

어, 그, 그렇지, 엄마. 여, 열, 심, 히 돈을 벌어볼게.

마체는 앞으로 우리가 봐야 할 런던의 명물들을 소개하는 것으로 이야기를 마친다. 도버해협을 건너 런던에 도착한 후 종일 집 찾느라, 주인 기다리느라 지쳐버린 우리는 마체가 일어서자마자 자리를 펴고 눕는다. 그런데 좀 이상하다. 금세 잠이 올 줄 알았는데 자꾸만 뒤척이게 된다.

베개에 머리만 대면 세상모르게 자던 엄마도 계속 몸을 이리 뉘였다 저리 뉘였다 한다. 그래, 엄마와 나는 슬슬 느끼고 있는 것이다. 이제 이 여행을 마무리해야 한다는 사실을. 며칠 후면 한국으로 돌아가야 한다는 사실을. 하지만 우리는 런던에 도착한 후 한 번도 귀국에 대해 이야기하지 않았다. 무언의 약속이랄까. 그저 하늘 위로 무심히 날아가는 비행기를 볼 때마다 작게 한숨을 나눠 쉴 뿐이었다.

템즈 강변 따라
마지막 호스트의 집으로

    런던은 미술관과 박물관이 무료다. 때문에 우리의 런던 일정은 대부분 미술관 관람 후 산책, 혹은 박물관 관람 후 산책이 주를 이뤘다. 오늘은 아침부터 세계 최초의 국립박물관인 영국박물관에 들러 소장품들을 구경한 후 템즈 강변으로 발을 내디뎠다.

    수도를 지나는 강들을 볼 때마다 늘 드는 생각은 서울의 한강이 정말 크고 넓다는 거다. 하지만 강변을 차지하고 있는 건물들의 모습이 너무 상이해서 아쉬운 마음이 든다. 세느강도 그렇고 템즈강도 그렇고, 유럽의 여느 강변 옆에는 눈을 한없이 즐겁게 하는 고풍스런 건물들이 자리 잡고 있다. 만약 서울이었다면 지리적으로 불편하다는 이유로, 땅값이 비싸다는 이유로 모두 개발되어 높은 시멘트 빌딩으로 바뀌었을 건물들. 유럽이 아름다운 이유는 개발에 앞서 그곳의 정취와 역사, 그곳을 기억하고 있는 사람들에 대한 가치를 더 높게 평가해서가 아닐까.

    "원준아, 여행 다니기 전에는 한국의 마천루들이 굉장히 멋있다고 생각했는데, 이젠 그저 그런 회색 빌딩으로 느껴질 것 같아."

    정답이다. 우리는 말없이 강변을 거닐며 주변의 아름다운 모습들을 찬찬히 바라본다.

"며칠 전만 해도 새로운 곳에 가면 새로운 것들과 첫인사를 나누는 기분이었는데, 런던에서는 눈앞의 것들과 작별인사를 하는 기분이야."

아… 이 말도 정답이다. 끝나가는 여행에 대한 아쉬움이 뚝뚝 묻어나는 대사다. 나는 고개를 끄덕이며 그저 먼 곳을 바라본다. 그러다 진심과 거짓말이 조금씩 섞인 말을 건넨다.

"또 여행 오면 되지."

"정말?"

"어디가 가고 싶은데?"

"음… 남미?!"

"한 100일이면 되겠어?"

"에이, 100일 가지고 어떻게 남미를 다 둘러봐?"

"엄마, 진심은 아니지?"

"진심인데…."

나는 엄마의 대답에 긍정도 부정도 아닌 웃음을 짓는다. 엄마는 환갑의 나이에 여행에 제대로 빠져들었다. 그것도 배낭여행에. 이를 즐거워해야 하나, 난감해해야 하나 잠깐 고민이 된다. 하지만 엄마가 앞으로는 이런 힘든 배낭여행 대신 편안한 패키지여행이나 다녔으면 좋겠다는 말을 하지 않는다는 게 기분 좋다. '세계를 무대로 신나게 한 판 놀고 오자!'던 이번 여행의 목표가 성공적으로 달성된 기분이랄까.

그렇게 슬슬 걷다보니 웨스트민스터 사원이 나온다. 어느 곳에서 바라봐도 한눈에 들어오지 않을 만큼 대단한 규모다. 하지만 안타깝게도 문이 닫혀 있다. 잠시 눈치를 보다가 몰래 잠입을 시도한다. 아니나 다를까. 경비원이 우리를 가리키며 소리를 지른다. 엄마는 뭐가 그리 웃긴지 깔깔 웃는다. 나도 엄마를 따라 웃으며 얼른 건물을 빠져나온다. 그런 우리를 런던의 상징 빅벤이 내려다보고 있다.

"와, 엄청 큰 시계탑이다!"

"저게 빅벤이야, 엄마. 런던에서 가장 유명한 건축물이지."

엄마와 나는 고개가 빠져라 빅벤을 올려다보다가 국회의사당 앞의 웨스트민스터 다리를 건넌다. 그제야 빅벤을 위시한 국회의사당의 전경이 한눈에 들어온다. 빅벤은 우아한 파리의 에펠탑과는 달리 남성적인 매력이 넘친다. 고딕 건물의 대표주자인 만큼 거칠게 뻗은 시계탑 상부가 마치 하늘을 찌르는 듯하다. 넋을 놓고 빅벤을 바라보고 있는 우리 곁을 수많은 사람들이 지나친다. 그들이 향하는 곳을 바라보니 런던아이가 떡 하니 서서 눈알을 뱅뱅 돌리고 있다.

"저건 밀레니엄을 기념하려고 영국항공이 만든 대관람차래. 한 바퀴 도는 데에만 30분이 걸린다니까 정말 크긴 큰가봐."

이곳까지 왔는데 그냥 갈 수는 없는 노릇. 하지만 사람이 많아도 너무 많다. 결국 한 시간 이상 내기해야 한다는 안내원의 말을 듣고 우리는 또다시 쿨하게 돌아선다. 날이 서서히 저물고 있다. 우리는 조금 더 템즈 강변을 거닌다.

"원준아."

"응."

"고마워."

가슴이 살짝 찌릿하다.

"알아. 그러니까 아들한테 잘해!"

엄마가 피식 웃더니 말을 잇는다.

"엄마가 앞으로 여행을 또 할 수 있을까?"

"…."

"그냥. 궁금해서. 앞으로는 또 내 인생이 어떻게 될지 모르니까."

나는 엄마의 말에 잠시 울컥한다. 그냥 놀아보자고, 아주 단순하게 시작한 이 여행이 엄마를 어떻게 바꾸어놓은 걸까. 엄마 가슴에 바람이라도 남긴 걸까.

"엄마, 기회가 되면 꼭 다시 여행하자. 그때는 엄마가 열심히 공부해서 나 가이드 해줘."

"그럴까? 그때는 윤미도 같이 갈까?"

"글쎄, 혼자 여행하는 거 좋아하는 누나가 우리랑 같이 갈까?"

"아마 해보면 알 거야. 믿을 수 있는 사람과 길을 걷는 게 얼마나 행복한지."

"…."

엄마가 화제를 바꾸려는 듯 씩씩하게 웃으며 말한다.

"이제 마지막 호스트 집으로 가자. 벌써 40번째 호스트네. 놀라워!"

엄마가 나를 앞서 걷는다. 나는 엄마의 등을 가만히 바라보며 걷는다. 어느새 이 여행에는 캡틴이 사라졌다. 캡틴이라며 의기양양하게 엄마를 이끌던 나의 모습도 사라졌다. 우리는 길 위를 함께 걷는 친구다. 나란히 걷다가 누군가가 지치면 등을 밀어줄 수 있는 친구. 그 친구가 뒤돌아보더니 얼른 오라며 손짓한다.

"엄마, 사진 하나만 찍고 가자."

찰칵, 찰칵. 이젠 정말 능숙하게 포즈를 잡는 엄마가 렌즈 속에서 당당하게 자신의 빛을 낸다.

"어머, 어머니! 안녕하세요! 너무 반가워요!"

정말 오랜만에 들려오는 한국말이다. 카우치 호스트의 집에 들어서는 동시에 엄마에게 통역을 해야 했는데 이제 그럴 필요가 없다.

"아이고, 내가 여행 막바지에 한국 사람을 다 만나네요!"

엄마가 은미 누님의 손을 덥석 잡는다. 나는 무언가 여행의 대미를 그럴싸하게 장식해야겠다는 생각을 하다가 마지막 카우치 호스트를 한국인으로 선택했다. 엄마에게 단 한 번이라도 호스트와 제대로 소통할 수 있는 기회를 주어야 한다는 생각에서다. 사실 은미 누님은 이전부터 알고 있던 블로그 이웃이다. 유쾌한 런던 생활기가 담긴 누님의 블로그를 보던 어느 날 누님이 카우치서핑을 시작한다는 포스트를 올렸고, 나는 그 즉시 누님에게 메시지를 보냈다. 우리의 마지막 호스트가 되어달라고. 누님은 우리의 이야기가 너무 궁금하다며 흔쾌히 초대장을 날려주었다. 그래서 바로 지금, 이런 그림이 나오게 된 거다.

집으로 들어서자 누님의 뉴질랜드인 남편 피트 아저씨와 귀여운 두 딸 루비, 엘리가 우리를 반갑게 맞아준다. 이미 저녁 준비가 한창이다. 피트 아저씨가 무언가를 지지고 볶는구나 생각했는데 식탁에 올라온 음식을 보니, 세상에! 해물파전이다! 게다가 이 파란 눈의 아저씨가 배추김치와 깍두기, 열무김치도 함께 내온다. 엄마와 나는 이게 도대체 무슨 횡재인가 싶어서 정신없이 눈앞의 음식들을 맛보기 시작한다.

"아이고, 어머니. 한국 음식이 많이 그리우셨나보다. 그동안 음식 때문에 많이 고생하셨죠?"

"뭐 그럭저럭 잘 버텼는데 김치는 너무나 먹고 싶었어요. 은미 씨 덕분에 소원 풀었네요! 아니 근데 남편분이 어쩜 해물파전을 이렇게 잘 만들어요? 너무 신기하다."

"저랑 살다보니 한국사람 다 됐죠. 사실 오늘 원준 씨랑 어머니 드린다고 국도 끓였는데 간이 안 맞는지 드리기가 좀 그렇다네요. 호호!"

대화가 오가는 중에 피트 아저씨가 하얀 쌀밥을 내온다. 지금 같아선 소금만 있어도 쌀밥이 술술 넘어갈 것 같은데 쌀밥에 해물파전에 김치라니! 이건 근 열 달을 타지에서 보낸 우리에겐 꿈이나 다름없는 식단이다! 우리는 피트 아저씨에게 연신 고마움을 표하며 숟가락 가득 쌀밥을 퍼 올린다.

아저씨는 한국음식뿐 아니라 한국말도 곧잘 했다. 은미 누님을 부를 땐 꼬박꼬박 '여보'라는 호칭을 썼고 두 딸을 부를 때도 "루비야, 엘리야!" 하며 한국식 호칭을 붙였다. 그런 피트 아저씨가 너무 살가워 보여서 나는 밑도 끝도 없이 피트 아저씨를 '형님!'이라고 부를 뻔했다.

저녁을 먹은 후 내가 피트 아저씨를 붙잡고 가볍게 맥주를 들이켜는 동안 엄마는 그간 겪었던 인어공주에 울분을 토하듯 은미 누님과 끝없는 대화를 이어간다. 마치 방언이라도 터진 사람 같다. 여행 중에 겪었던 다양한 에피소드들을 열거하는 엄마의 얼굴이 달떠서 점점 붉어진다.

"그러니까! 이게 참 도대체 무슨 복인지! 자식 덕분에 세계를 다 돌아다니네요."

어, 엄마. 이제 자랑은 그만. 엄마가 숨을 돌리는 사이 이번에는 은미 누님이 자신의 여행 이야기를 시작한다. 카우치서핑에서 우리가 가장 좋아하는 시간이다. 은미 누님은 매년 가족 여행을 떠나는데 결코 편한 여행이 아니란다. 열 살도 되지 않은 두 딸은 물론 가족 전체가 배낭을 메고 현지교통을 이용하며, 현지음식으로 끼니를 때우는, 그야말로 제대로

된 배낭여행이란다. 그리고 현지의 고아원이나 복지시설을 일부러 찾아가 봉사활동을 한단다. 아이들을 위한 산 교육이자 견문과 사고의 폭을 넓힐 수 있는 최고의 방법이다. 그간 엄마와 나의 여행 조합과 우리의 여행 이야기가 어디서도 꿀리지 않는다고 생각했는데, 이 가족의 놀라운 도전 앞에서 살짝 꼬리를 내리게 된다. 은미 누님의 이야기에 나는 물론 엄마도 폭 빠져버린다. 훗날에 이어질 또 다른 여행의 롤모델을 찾은 기분이다. 줄곧 느낌표가 찍혔던 길고 길었던 여행에 마침표를 찍을 시간이 얼마 남지 않은 지금, 은미 누님의 가족을 만났다는 게 또 하나의 행운처럼 여겨진다.

밤이 새는 줄도 모르고 우리는 이야기에 이야기를 더한다. 째깍, 째깍, 초침 도는 소리가 자꾸만 우리를 아쉽게 한다.

'BILLY ELLIOT REMAINS THE BEST SHOW IN TOWN'
'BEST MUSICAL OF THE DECADE'

SINGIN' IN THE RAIN

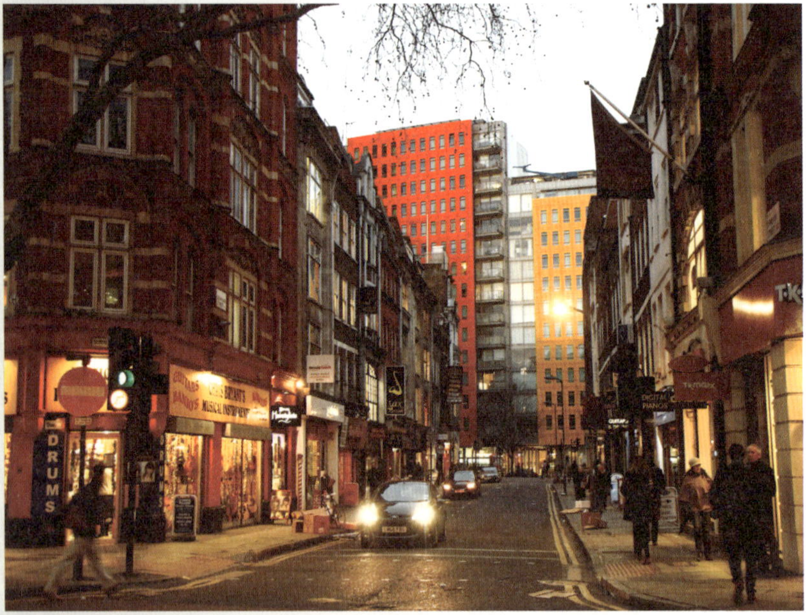
DRUMS

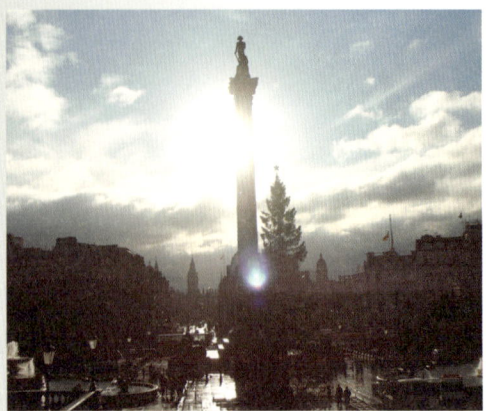

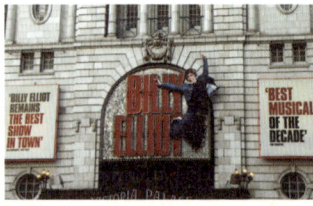

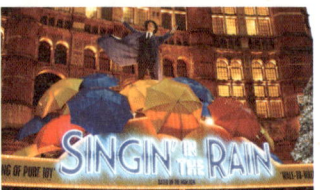

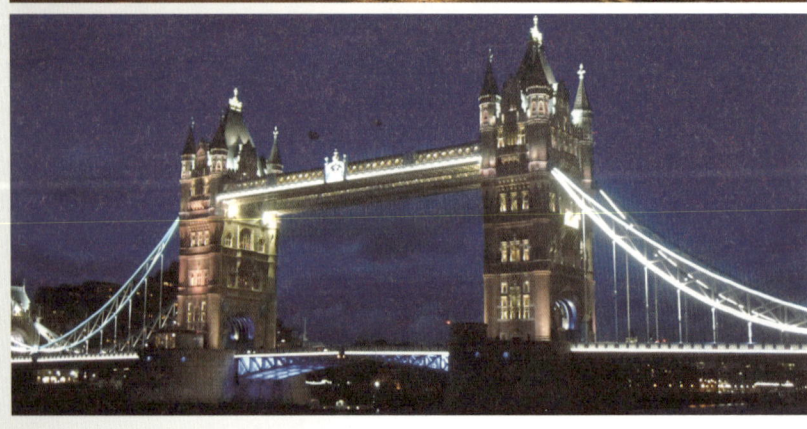

Just Passing By
─────── 런던

:

파리를 상징하는 것은? 에펠탑! 그렇다면 런던을 상징하는 것은? 꽤 많은 이들이 주저할 것이다. 빅벤과 빨간색 2층 버스, 빅토리아 여왕과 왕실, 셰익스피어와 대영제국, 안개와 축구. 어떤 답을 고르건 고개를 끄덕일 수 있는 런던은 그만큼 많은 매력을 지닌 도시다. 영국 문학사의 거장 사무엘 존슨은 '런던에 지친 사람은 인생이 지친 사람이다. 런던엔 인생이 향유할 수 있는 모든 것이 있기 때문이다.'란 말을 남겼단다.

버킹엄 궁전에서 왕실의 근엄한 모습을 볼 수 있다면, 피카딜리 서커스와 트라팔가 광장에선 젊은이들의 넘치는 에너지를 느낄 수 있다. 세계 최초의 국립박물관인 영국박물관에선 세계의 역사가 펼쳐지고, 웨스트엔드에선 매일 세계 최고의 뮤지컬들이 무대에 오른다. 보수와 진보, 과거와 현재, 역사와 문화가 어우러진 활화산 같은 도시 런던. 축제처럼 화려했던 이번 여행의 대미를 장식하기에 부족함이 없는 도시였다.

여행의 끝, 여행의 시작

"어쩌다보니 시작했는데, 어쩌다보니 마지막 날이네."

밤새 뒤척이다 깬 엄마의 첫마디다. 엄마는 이 한마디를 남긴 채 씻으러 방을 나간다. 부디 오지 말았으면 생각하기도 했고, 때로는 기다리기도 했던 여행의 마지막 날이 밝았다. 예상했지만 역시 실감이 나지 않는

다. 그도 그럴 것이 언젠가부터 이동한다는 행위 자체가 너무나도 익숙해졌다. 여행을 마치고 집으로 돌아간다는 느낌보다 대한민국 서울이라는 도시로 이동한다는 느낌이 더 강하다.

　방바닥에 배낭 두 개가 사이좋게 등을 맞대고 있다. 두 배낭에서 튀어나온 짐들이 방 안에 정신없이 흩어져 있다. 한 달여 전, 탈린에서 샀던 서유럽 가이드북은 벌써 새까맣게 때가 타 있다. 내일이면 귀국길에 오를 사람들이 아직도 짐 정리를 하지 않을 걸 보면 엄마나 나나 아직 집에 갈 준비가 안 된 모양이다.

　노트북을 끌어와 전원을 켜고 여행 사진 폴더를 연다. 그 안에 새 폴더를 만들어 오늘의 날짜와 런던이라는 단어를 적어 넣는다. 지난 열 달간 매일 아침마다 했던 일이다. 오늘의 폴더 생성을 마치고 나니 아래 정보란에 '299개 항목'이라는 메시지가 뜬다. 오늘이 여행 299일째라는 이야

기다. 언제 이렇게 되었나 싶어 폴더들을 찬찬히 살펴본다.

첫 폴더의 이름은 [120216-인천]이고 오늘 생성한 폴더의 이름은 [121210-런던]이다. 두 폴더 사이엔 우리가 지나온 도시들의 이름이 적힌 폴더들이 빼곡히 자리 잡고 있다. 여행 첫 사진이 궁금해 인천 폴더를 클릭한다. 처음 튀어나온 사진은 다름 아닌 내 배낭. 집을 떠나기 직전 짐 정리를 마친 뒤 찍은 사진이다. 열 달을 함께했던 물건인데 상당히 낯설게 느껴진다. 늘 등 뒤에 메고 다녔기 때문일까? 자연스레 엄마의 배낭과 등을 맞대고 있는 내 배낭으로 시선이 간다. 사진 속의 배낭과 같은 배낭인 게 의심스러울 정도로 색이 바랬다. 그동안 엄마와 내가 쌓은 추억도 많겠구나, 생각하니 괜스레 웃음이 난다.

인천국제여객터미널에서 배낭끈을 꼭 쥔 채 달뜬 표정을 짓고 있는 엄마의 사진도 보인다. 엄마가 찍은 내 사진도 듬성듬성 보인다. 여행의 끝에서 여행의 시작을 마주하니 기분이 이루 말할 수 없을 정도로 싱숭생숭하다. 나는 노트북을 그냥 닫아버린다.

"아들도 빨리 씻고 와. 머리도 좀 감고."

말끔히 씻고 들어온 엄마가 내 까치집 머리를 흐트러뜨리며 말한다.

화장실에 들어서서 거울을 들여다보니 첫날 사진에서 보았던 말끔한 청년은 온데간데없다. 대신 웬 기인이 거울 속에서 나를 바라보고 있다. 근 300여 일 동안 한 번도 자른 적 없는 머리칼은 어깨까지 닿아 있고 거친 수염은 뺨에서 턱까지 불규칙하게 삐죽삐죽 솟아 있다. 검게 탄 얼굴과 그보다는 조금 하얀 목의 경계가 우스울 정도로 명확하다.

일단 면도부터 하기로 한다. 하지만 케케묵은 수염은 쉽게 떨어져 나가지 않는다. 하관이 벌겋게 달아오를 정도로 칼질을 하니 그제야 좀 말끔해진 느낌이다. 정성스레 세수도 하고 칫솔질도 하고 머리도 감는다. 거친 발이 눈에 들어온다. 물집이 터지고 아물기를 반복한 발이 그간의 수고를 말해준다. 엄마의 발은 어땠었지? 나처럼 거칠기 짝이 없는 모양새였던가. 나는 쭈그려 앉아서 열심히 발을 닦는다. 그렇게 30분을 넘게 묵은 때와의 전쟁을 치르니 어느 정도 사람의 모습으로 돌아온다. 머리까지 질끈 동여매고 방으로 들어간다.

"아이고, 우리 아들 사람 됐네. 집에 간다고 꽃단장한 거야?"

엄마는 어느새 방을 말끔히 치워놓고 짐 정리도 마쳤다. 잘 정돈된 엄마의 배낭을 보니 그제야 여행이 끝나는구나 싶다. 나도 짐을 정리하기 위해 배낭을 뒤집는다. 열 달간 내 곁을 맴돌던 잡동사니들과 여행의 추억이 담긴 기념품들이 바닥으로 후드득 떨어져 뒤섞인다. 그것들을 가만 들여다보다가 하나하나 확인해가며 배낭에 담기 시작한다. 엄마는 침대 끝에 앉아 말없이 내 행동을 바라본다. 그간 동고동락했던 짐들과 추억의 조각들이 채 10분도 되지 않아 배낭 안으로 빨려 들어간다. 엄마가 미소를 지으며 내 등을 쓰다듬는다.

"수고했어, 아들!"

"엄마도 수고했어!"

나는 엄마를 꼭 끌어안는다.

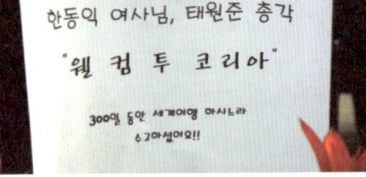

한동익 여사님, 태원준 총각
"웰 컴 투 코리아"

300일 동안 세계여행 하시느라
수고하셨어요!!

:

"우와, 이거 진짜 맛있다. 대체 이름이 뭐야!?"

"응, 불고기라고 외국인들이 제일 좋아하는 한국 음식이야! 엄마, 이 친구들이 불고기 진짜 맛있대. 좀 더 해줘야겠어."

엄마가 함박웃음을 지으며 주방으로 달려가 불고기를 맛깔스럽게 구워낸다. 스웨덴 스톡홀름에서 우리와 함께 첫눈을 맞았던 에릭이 서울의 우리 집 식탁에 앉아 불고기와 김치에 밥을 먹고 있다. 그것도 어린 시절부터 가장 친했다는 친구 프레드릭과 함께 말이다. 에릭은 단지 스톡홀름에서 맺었던 우리와의 인연으로 일주일간 서울로 여행을 왔다. 엄마가 에릭 옆에 딱 붙어 앉아 더듬더듬 영어로 말을 건넨다.

"원준아, 엄마 영어 잘하지? 에릭이 다 알아듣잖아!"

"응, 우리 엄마 역시 대단하셔!"

에릭과 대화를 나누는 엄마의 모습이 너무 행복해 보여 절로 미소가 지어진다. 우리 집을 찾은 건 에릭이 처음이 아니다. 체코 프라하에서 우리를 초대했던 토마스도 두 달 전 아시아 여행에 서울을 끼워 넣고 일주일간 우리 집에 머물다 갔다. 우리 집 냉장고에는 토마스가 떠나면서 남긴 정성스런 편지가 붙어 있다. 배낭 하나 메고 다시 길을 떠난 토마스. 그의 뒷모습은 여행을 마치고 귀국길에 오르던 우리의 모습을 다시 떠올리게 했다.

우리는 런던의 히드로 공항에서 서울행 비행기에 올랐다. 비행기 모니터 속의 인천과 런던은 불과 한 뼘 거리였다. 그 한 뼘을 횡단하는 데 그 오랜 시간이 걸렸다는 게 새삼 신기했다. 비행기가 이륙하자마자 우리는

머리를 맞댄 채 긴 잠에 빠져들었고 다시 눈을 떴을 때 비행기는 인천 상공을 날고 있었다. 인천에서 런던까지는 열 달이 걸렸는데 런던에서 인천까지는 열 시간이면 충분했다. 창밖의 한국은 온통 하얀 세상이었다. 비행기는 눈밭을 미끄러지며 고국 땅에 내려앉았다. 그 순간, 모든 게 거짓말 같았다.

"아들, 사람들이 왜 여행을 하는지 알 것 같아."

"왜 하는데?"

"예상치 못한 절경들과 생각지도 못한 경험들이 기다리고 있어서."

"오! 정답!"

"또 있어."

"뭔데?"

"나 스스로를 돌아보게 되니까."

"엄마, 책 써도 될 것 같아."

"벌써 마음속에 500페이지는 써놨는걸."

"엄마, 참 신기하지? 이렇게 오랜 기간 수많은 곳을 돌아다니다니."

"그러니까 여행이라고 하나봐. 나그네의 움직임, 여행. 그치?"

"… 응."

나는 엄마와 여행을 하면서 가끔 그런 생각을 해본 적이 있다. 내가 환갑이 되었을 때 내 자식과 함께 세계여행을 떠날 수 있을까. 지난 여정은 젊다면 젊은 나에게도 엄청난 도전이었다. 그런 내가 환갑에 여행이라니. 솔직히 엄두가 나지 않는다. 그러니까 엄마는 정말 대단한 여행자다.

그렇게 우리의 여행은 끝이 났다.

도대체 어디서부터 시작해야 할까. 아니 어떻게 끝을 맺어야 할까. 처

엄마의 여행 노트 #15

인생아, 고마워!

음 엄마와 여행을 떠난다고 했을 때 나는 이 여행이 길면 한 달 정도 이어질 거라 생각했다. 하지만 여행에는 마력이 있다. 그 마력에 한 번 빠져들면 헤어나오기가 쉽지 않다.

나는 엄마와 300일간 길 위에서 함께했다. 인천에서 시작해 중국을 돌아 동남아시아로 건너간 뒤 중동을 지나 유럽까지 내처 달렸다. 여행을 실제로 한 것도 이루 말할 수 없이 행복하지만 누구에게나 당당하게 '나는 300일간 엄마와 함께 여행했다.'고 말할 수 있는 게 더 행복하다.

그래, 만약 내가 혼자였다면 이 여행은 어땠을까. 아니, 혼자였다면 세계여행을 감히 꿈꿀 수 있었을까. 여행 중간 중간 엄마가 내게 고맙다고 말할 때마다 나는 으레 내가 정말 효자구나, 라고 생각하며 어깨를 으쓱거렸다. 하지만 그건 반칙이다. 정말 고맙다는 말을 들어야 할 사람은 바로 엄마다. 단언컨대 이 여행은 엄마가 있었기에 가능했던 여행이다. 나는 엄마 때문에 여러 대륙을 가슴에 담을 수 있었고, 엄마 덕분에 수많은 친구들을 사귈 수 있었다. 그 많은 날들을 함께 여행하면서 나는 제대로 엄마에게 말한 적이 없다. 고맙다는 말, 그리고 정말 행복했다는 말을. 하지만 이번에도 엄마가 먼저 이야기한다.

"원준아, 여행이 모두 끝났구나 생각했는데 이렇게 또 새로운 여정이 우리를 기다리고 있었어. 앞으로의 날들을 기대하며 살아갈 나는 정말 행복한 사람이야."

나는 무언가를 얘기하려다 그만둔다. 엄마보다 멋진 말을 뱉을 자신이 없기 때문이다. 그저 속으로 이야기한다.

'당신이 보여주신 용기와 도전 정신은 제 삶의 길잡이가 되겠죠. 당신과 함께했던 길 위에서의 10개월은 매 순간이 제 인생 최고의 순간이었습니다. 엄마, 수고 많으셨어요! 사랑합니다.'

책 속 부록

엄마에게 보내는 편지 by 동익
300일간의 여행 루트
우리가 만난 카우치 호스트

_____ 엄마에게 보내는 편지 by 동익 _____

고마워, 엄마!
그리고 미안해, 엄마!

 엄마, '엄마'라는 이름은 가슴 가장 깊은 곳에 숨어 있나봐. 슬픔과 기쁨으로 가슴이 흔들릴 때마다 '엄마'라는 이름이 툭, 툭 튀어나오니까. 이번 여행을 하면서 몇 번이나 엄마를 불렀는지 모르겠어. 원준이가 어느 날 갑자기 내 손을 잡고 세계로 나서더라고. 그때 엄마가 있었다면 뭐라고 했을까. '네 나이에 무슨 세계여행이냐?! 원준이 너는 엄마 고생시키려고 작정을 했구나!' 그랬을까? 아니. 나는 엄마가 '그래, 잘 갔다 와라. 만날 작은 가게에서 일만 하더니 네가 세계를 다 둘러보고 다니는구나.' 하며 좋아했을 것 같아. 우리 엄마는 내가 좋다 하는 것 한 번도 반대한 적 없으니까.

 시간은 참 빨라. 내가 벌써 예순이 넘었고, 원준이와 윤미도 서른을 넘어섰어. 엄마 돌아가신 지도 벌써 3년이 다 되어가네. 지금도 엄마 목소리가 듣고 싶고 '엄마, 엄마.' 부르고 싶을 때가 많아. 엄마가 해줬던 북어찜도 너무 먹고 싶어. 엄마 맛은 뭐가 그리 특별한 건지 어디서도 그 맛을 내질 못하네. 내가 아무리 만들어보려고 해도 안 되니 그 맛이 더 그리워. 내 입맛을 만들어준 사람. 옆에 있어도 그립고 옆에 없어도 그리운 사람. 문득문득 입에서 툭, 툭 튀어나오는 사람. 그래서 평생 잊히지 않을 사람. 그게 엄마인가봐.

 엄마도 다 지켜봤겠지만 엄마 딸, 손자 손잡고 정말 세계를 한 바퀴 휘휘 돌고 왔어. 다시 생각해도 참 기적 같은 일이야. 지금도 늘 하는 말이지만 나는 내가 이 여행을 끝까지 마치고 돌아올 수 있을 거라고 생각지 못했어. 아니, 세상으로 나설 수 있을 거라고 생각하지 못했지. 그런데 배 타고 중국도 가고, 걸어서 동남아시아도 가고, 비행기 타고 중동, 유럽에도 갔다 왔어. 든든한 원준이 때문에 무서운 적도 없었고, 먹는 걸로 고생한 적도 없었고, 하루하루 정말 새로 태어나는 것처럼 내일을 기대하며 걸어 다녔어. 그러니까 정말 300일이 훌쩍 지나가더라. 엄마 딸 참 호강했지? 그동안 얼마나 즐겁고 행복했는지 몰라. 엄마가 내게 준 복이다, 라고 나는 생각해.

   그렇게 즐겁고 행복한 와중에 문득문득 엄마 생각이 났어. 엄마, 그거 기억해? 15년 전인지, 20년 전인지… 까마득하게 느껴지는 그때, 우리 여행 갔었잖아. 나도 나이를 먹었는지 그곳이 필리핀인지 베트남인지는 잘 기억나질 않아. 그래도 그때 엄마가 얼마나 좋아했었는지는 또렷하게 기억해. 딸하고 하는 여행이 너무 좋아서 아침 일찍부터 일어나 호텔 로비에 미리 앉아 있던 모습도 생생하고, 웃으면서 씩씩하게 나를 앞서 걸있던 깃도 생긱나. 그때는 그런 엄마를 보며 뭐가 저리 좋을까 싶었는데…. 엄마, 나도 이번 여행에서 엄마의 마음을 알겠더라고. 원준이랑 여행한다는 사실이 얼마나 기쁘던지 나는 걔를 앞서는 줄도 모르고 걸었어. 그냥 '좋다.'라는 말로는 표현할 수 없는 그런 기분이었는데… 엄마도 그랬겠지?
   중국의 쿤밍이란 도시에서 원준이가 엄청 아팠을 때도 엄마 생각이 나더라. 계란하고 참기름이 귀하던 그 옛날에도 내가 아프면 없는 돈까지 빌려가며 계란죽 쑤어주던 엄마의 모습이 떠올랐거든. 이런 생각을 하다보면 나는 정말 엄마한테 더 잘했어야 했는데… 그러지를 못한 것 같아 죄스러울 때가 많아.

엄마, 나는 원준이랑 다니면서 엄마한테 한없이 고맙고 미안했어. 엄마 생전에 내가 엄마랑 좀 더 시간을 많이 보냈어야 했는데… 사는 게 뭐 그리 바쁘다고 나는 그러지 못했을까. 가게 문 닫고 가까운 데라도 잠시 나가는 게 왜 그리 힘들었을까. 아흔이 다 되어가면서도 늦게 들어온 딸 밥 차려준다고 부엌에 서 있던 엄마 얼굴이 참… 보고 싶다. 태어나 지금까지, 그리고 앞으로도 내가 엄마 딸이라는 건 정말 큰 축복이야. 많이 보고 싶어. 하늘에서 내가 행복하게 사는 모습 꼭 지켜봐야 해. 내가 '엄마'라고 부를 때마다 내 마음속에 와줘서 정말 고마워. 엄마, 오늘은 좀 많이 불러봐야겠다. 엄마…. 엄마!

고등학교 졸업식에서
엄마와 함께.

300일간의 여행 루트

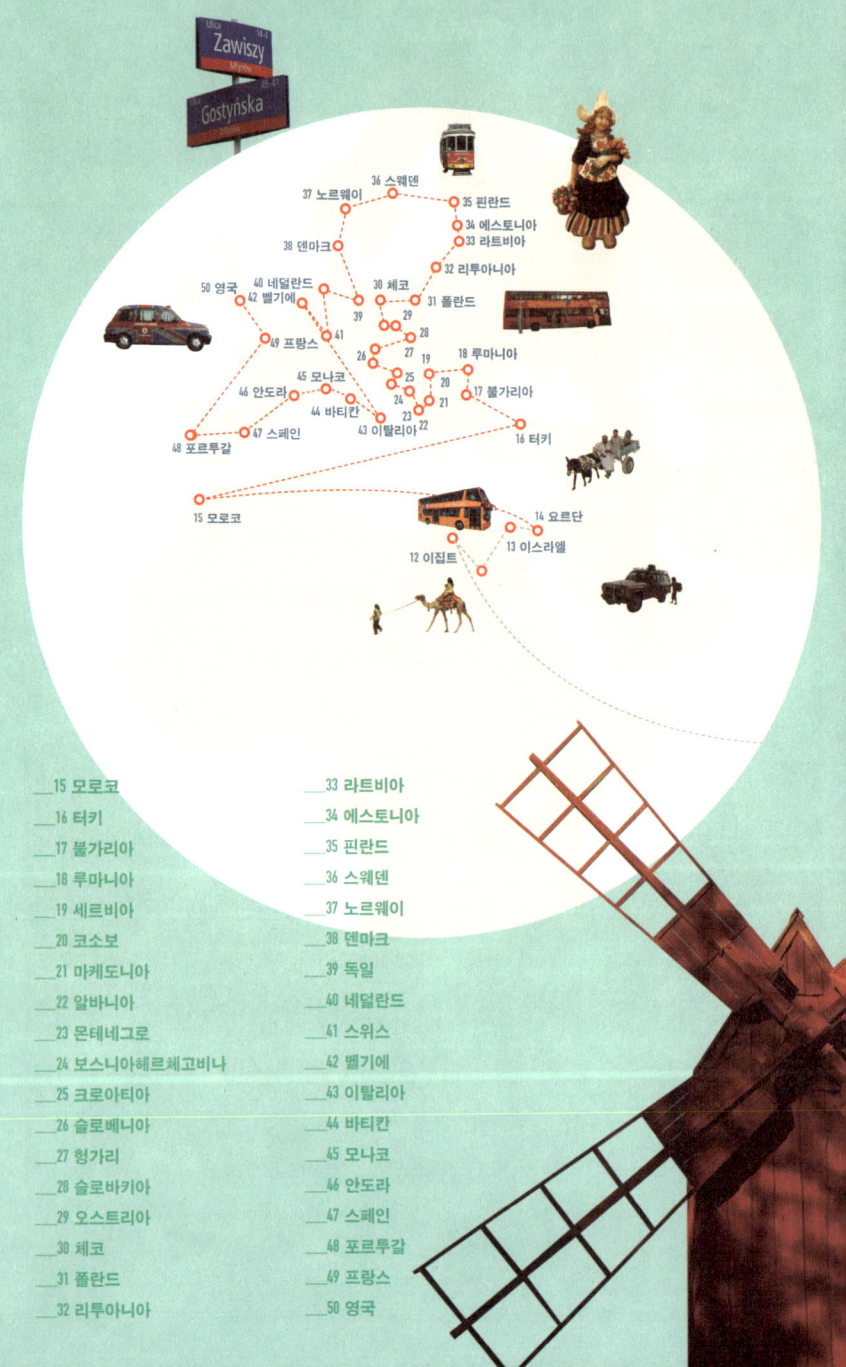

___15 모로코
___16 터키
___17 불가리아
___18 루마니아
___19 세르비아
___20 코소보
___21 마케도니아
___22 알바니아
___23 몬테네그로
___24 보스니아헤르체고비나
___25 크로아티아
___26 슬로베니아
___27 헝가리
___28 슬로바키아
___29 오스트리아
___30 체코
___31 폴란드
___32 리투아니아
___33 라트비아
___34 에스토니아
___35 핀란드
___36 스웨덴
___37 노르웨이
___38 덴마크
___39 독일
___40 네덜란드
___41 스위스
___42 벨기에
___43 이탈리아
___44 바티칸
___45 모나코
___46 안도라
___47 스페인
___48 포르투갈
___49 프랑스
___50 영국

___01 중국
___02 베트남
___03 캄보디아
___04 라오스
___05 태국
___06 말레이시아
___07 싱가포르
___08 인도네시아
___09 브루나이
___10 필리핀
___11 스리랑카
___12 이집트
___13 이스라엘
___14 요르단

우리가 만난 카우치 호스트

1st

필립__ Philippe Youssef Rother Casablanca, Morocco

2nd

수카__ Suka Fez, Morocco

3rd

히샴__ Khattabi Hicham Tangier, Morocco

오메르__ Ömer Hamdi Kaya Ankara, Turkey

4th

5th 하잔__ Hazen Kanney **Denizli, Turkey**

6th

폴리나__ Polina Soboleva **Sofia, Bulgaria**

블라드__ Vlad Savin **Bucharest, Romania**

7th

네나드 & 타냐__ Nenad Marković & Tanja **Beograd, Serbia** **8th**

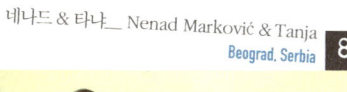

9th 밀로스__ Milos Konstantinov **Skopje, Macedonia**

10th 앤지 & 미렐라__ Enxhi Katundi **Tirana, Albania**

12th

11th 니키타__ Nikita Kovalchuk
Podgorica, Montenegro

눌바누 & 나게한__ Nurbanu Seniz & Nagehan Kocaba
Sarajevo, Bosnia & Hercegovina

처버 & 수지__ Csaba Gali & Zsuzsanna Szabo
Budapest, Hungary

14th

13th 아나 & 이바__ Ana Hizar Zagreb, Croatia

15th 카타리나 가족__ Katarina Hanzelova
Bratislave, Slovakia

로버트 & 베이다__ Robert Meier Vienna, Austria **16th**

17th

토마스__ Tomas Simco
Praha, Czech Republic

그레__ Grzegorz Borucki Warsaw, Poland **19th**

18th 마테우스__ Mateusz Michalak Krakow, Poland

20th

그레타 가족__ Greta Gaudi Vilnius, Lithuania

21st

일로나 가족__ Ilona Vilumsone Riga, Latvia

22nd

아누__ Anu Hint Tallinn, Estonia

23rd 우자이르__ Uzair Khan Helsinki, Finland

에릭__ Erik Fasterius Stockholm, Sweden

24th

한국에 온 에릭

25th 마리나 & 안드레아스__ Marina & Andreas
Stockholm, Sweden

군디 & 바네사__ Gudrun Marzetz-Dzeladini
Berlin, Germany

28th

26th 리바 & 킴__ Liva Ducena & Kim Field Oslo, Norway

27th 얀__ Jan Folkmann
Copenhagen, Denmark

29th 비츠케__ Wietske Geijteman
Amsterdam, The Netherlands

30th 재닌__ Janine
Zurich, Switzerland

31st 브루노 & 친구들__ Bruno bruinenwit Brussels, Belgium

32nd 비키__ Vicky King Rome, Italy

악셀__ Axel Gbedo Nice, France
33rd

34th 미리암__ Miriam Castilla Barcelona, Spain

35th

게르하드__ Gerhard Staflinge Madrid, Spain

미구엘__ Miguel Godinho Lisbon, Portugal **36th**

37th 제니__ Jenny da Suli Paris, France

38th 로레__ Laure Paris, France

39th

마체__ Maciej Wojtczak London, UK

은미 누님 가족__ Eunmi Wilson **40th**
London, UK